ミネルヴァ日本評伝選

北条時頼

誤りて征夷の権を執る

山本隆志 著

ミネルヴァ書房

刊行の趣意

「学問は歴史に極まり候ことに候」とは、先哲荻生徂徠のことばである。歴史のなかにこそ人間の智恵は宿されている。人間の愚かさもそこにはあらわだ。この歴史を探り、歴史に学んでこそ、人間はようやくみずからの正体を知り、いくらかは賢くなることができる。新しい勇気を得て未来に向かうことができる。徂徠はそう言いたかったのだろう。

「ミネルヴァ日本評伝選」は、私たちの直接の先人について、この人間知を学びなおそうという試みである。日本列島の過去に生きた人々の言行を、深く、くわしく探って、そこに現代への批判を聴きとろうとする試みである。日本人ばかりではない。列島の歴史にかかわった多くの異国の人々の声にも耳を傾けよう。先人たちの書き残した文章をそのひだにまで立ち入って読み、彼らの旅した跡をたどりなおし、彼らのなしとげた事業を広い文脈のなかで注意深く観察しなおす――そのとき、はじめて先人たちはいまの私たちのかたわらによみがえってくる。彼らのなまの声で歴史の智恵を、また人間であることのよろこびと苦しみを、私たちに伝えてくれもするだろう。

この「評伝選」のつらなりのなかから、列島の歴史はおのずからその複雑さと奥ゆきの深さをもって浮かび上がってくるはずだ。これを読むとき、私たちのなかに新たな自信と勇気が湧いてきて、その矜持と勇気をもって「グローバリゼーション」の世紀に立ち向かってゆくことができる――そのような「ミネルヴァ日本評伝選」にしたいと、私たちは願っている。

平成十五年（二〇〇三）九月

上横手雅敬
芳賀　徹

法然上人絵伝　最明寺入道臨終場面

（知恩院蔵）

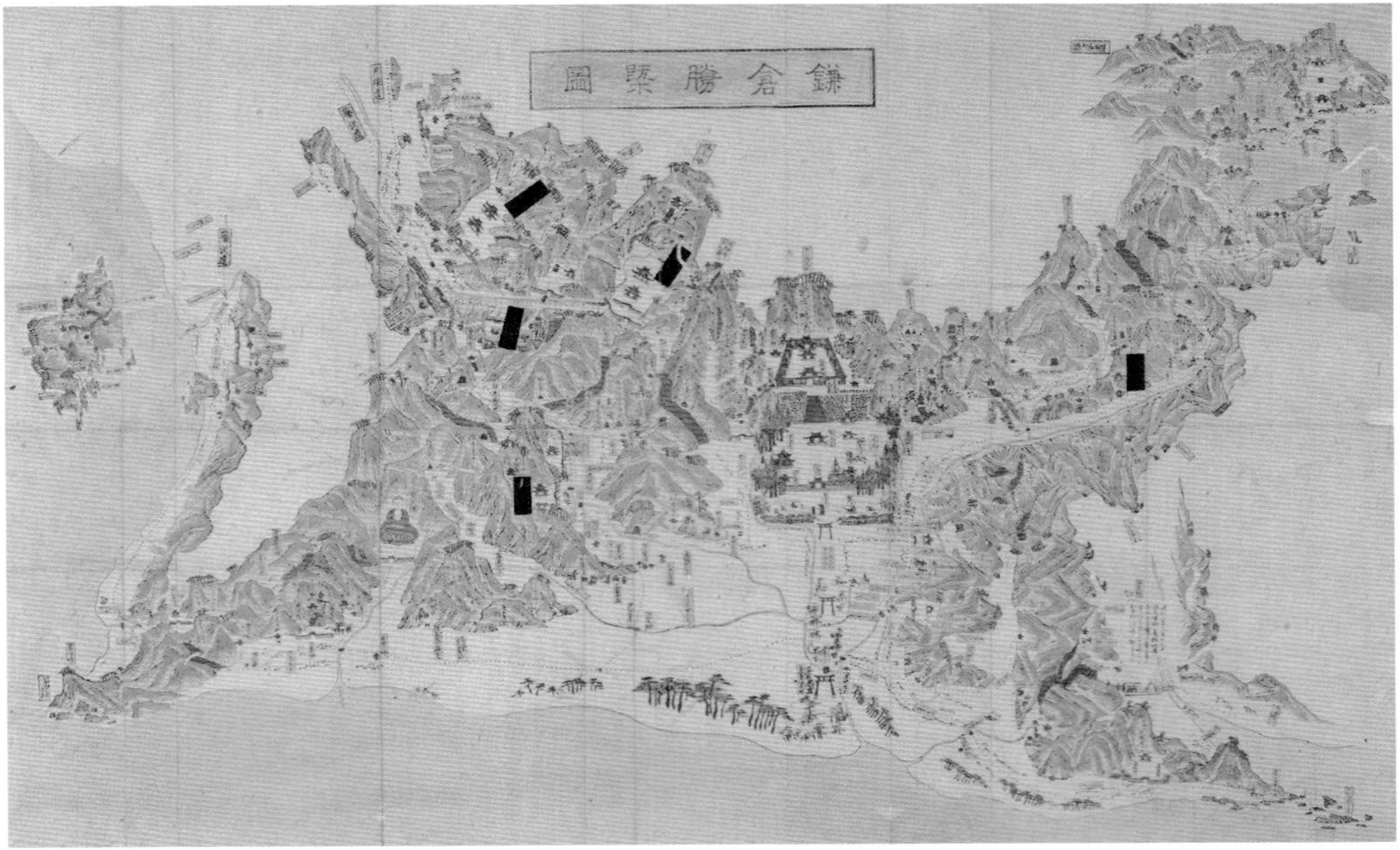

鎌倉勝概図（江戸時代）

（鎌倉国宝館蔵）

北条時頼——誤りて征夷の権を執る

目次

目　次

図版一覧

北条氏系図

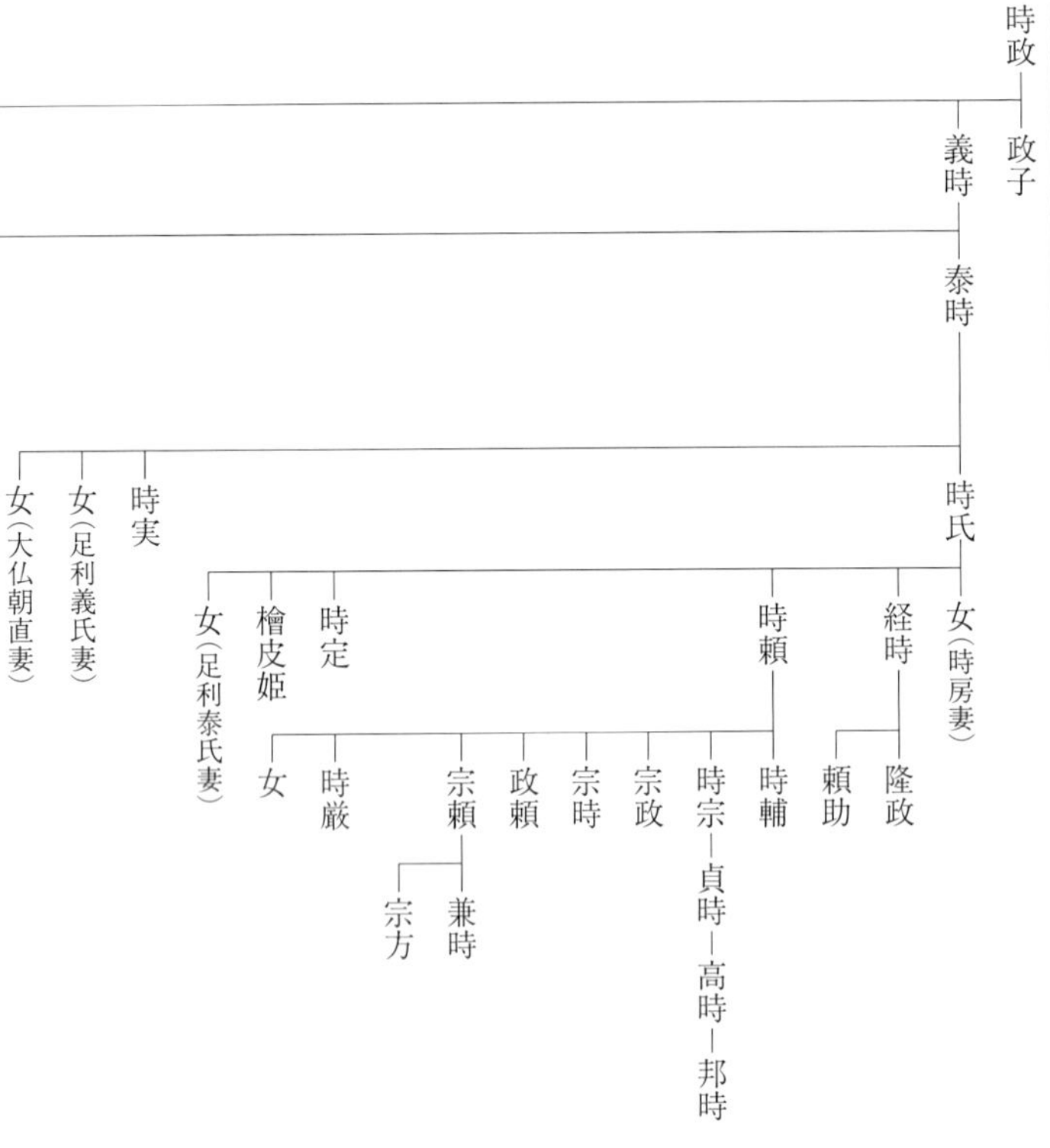
時政
政子
義時
泰時
時氏
時実
女(足利義氏妻)
女(大仏朝直妻)
女(時房妻)
経時
時頼
時定
檜皮姫
女(足利泰氏妻)
隆政
頼助
時輔
時宗
宗政
宗時
政頼
宗頼
時厳
女
貞時
高時
邦時
兼時
宗方

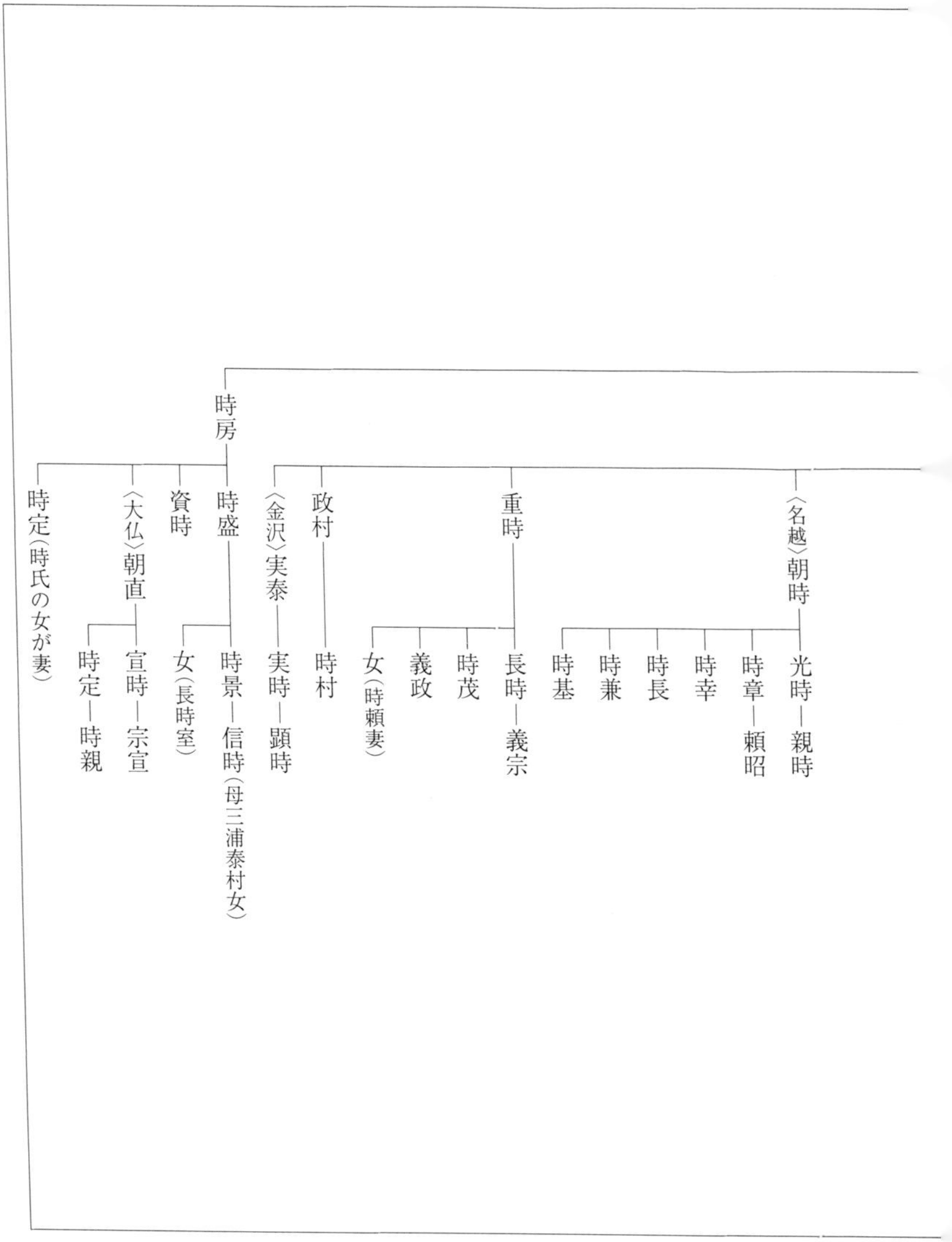
時房
〈名越〉朝時
光時―親時
時章―頼昭
時幸
時長
時兼
時基
重時
長時―義宗
時茂
義政
女（時頼妻）
政村
時村
〈金沢〉実泰
実時―顕時
時盛
時景―信時（母三浦泰村女）
女（長時室）
資時
〈大仏〉朝直
宣時―宗宣
時定―時親
時定（時氏の女が妻）

はじめに

寛喜二年（一二三〇）春、四歳（数え年）の時頼（幼名戒寿丸）は、父北条時氏に引率され、兄経時（太郎）とともに、東海道を鎌倉に下った。三月二十八日（陰暦、以下同じ）に京都六波羅を発ち、四月十一日、鎌倉の亭に入った。京都から鎌倉への旅は、四歳の少年の目にも、春の樹木や海の潮風を心地よいものに感じさせたであろう。

この東海道を、十年余り前、承久元年（一二一九）の夏、二歳の三寅（藤原頼経）が鎌倉に向かっていた。摂関家・九条道家の子である三寅は幕府と後鳥羽院との調整の結果、実朝後の新将軍にえらばれていた。六月二十五日に後鳥羽院に参り別れを告げ、一条邸から六波羅に渡り、即出発して鎌倉に向かったのである。鎌倉の北条義時の亭に入ったのは七月十九日の午刻（昼の十二時頃）、海風の吹く残暑のなかであった。

ほぼ十年を前後して、二歳と四歳という、幼い男子が、京都から鎌倉に下ったのであるが、この二人は、同じ鎌倉にいても長い間面会することはなかった。鎌倉では源氏将軍の時代は終わりをつげ、執権北条氏の権勢が拡大しつつあった。新しい時代にはいりつつあった。

二人は嘉禄三年（一二二七）四月二十二日に面拝した。じつに、時頼の鎌倉下向から七年が経っていた。その日は、装飾を凝らした北条泰時亭に四十九人の供奉人を随えた将軍が渡っていた。すでに元服し将軍となっていた頼経は威儀を示すように執権の亭にお成りしたのであるが、そこに戒寿丸（時頼）がいて、将軍の前で元服の儀が行われた。二人は、片や十七歳の将軍として、片や十一歳の執権孫として、正式な場で初めて、お互いを知ったのである。これが最初の面拝であったが、戒寿丸はよもや自分が執権の地位に就き、将軍を補佐するようになるとは思いもしなかったであろう。

北条氏はもともと伊豆国を本領とする武士であるが、鎌倉の地を徐々に本拠地としていった。北条時政が源頼朝の開いた幕府に参加し、鎌倉に進出した。頼朝の大倉御所の近くに邸を構え、やがて幕府の政所別当・執権となった。その子の義時は大倉邸を継承したほか、小町上にも邸を構えて執権としての根拠地とした。義時は和田合戦（一二一三年）により荏柄天神前の地を獲得し、御所の東の二階堂には法華堂を建立した。つぎの泰時は京都六波羅から鎌倉に戻った際に、義時の小町亭を継承するとともに、将軍御所の北方に邸を新造した。また郊外の山ノ内に別居を構えた（山村亜希二〇〇九）。

北条時頼は幼少時代、祖父泰時の小町邸でそだった。その場所は現在の大町通り北部の宝戒寺近辺に当たる所と考えられる。この時期の鎌倉は、鶴岡八幡宮とそこから南行する若宮大路が中心軸をつくっていたが、関東各地を本領とする御家人が邸を構えていた。若宮大路近辺に小山氏（下野国）や中条氏（武蔵国）、結城氏（下総国）、宇都宮氏（下野国）、大倉に後藤氏、若宮馬場近くに足利氏（下野国）、西の甘縄に安達氏、その安達邸近くに千葉氏（下総国）、東では二階堂の永福寺近辺に二階堂氏（伊豆国）など、名だたる御家人たちである。御家人の邸・館の周辺はその支配圏となったが、さらに北条一族では名越氏が名越に、大仏氏が大仏に屋敷をつくり勢力圏としていた。

北条時頼の生涯は、このような鎌倉社会のなかで、北条氏執権家の家柄を背負いながら、歩むことになる。ただ長子ではないこともあり、平穏でなく、苦難や葛藤の日々が続いた。その具体的な事実を知ろうとすると、私たちは『吾妻鏡』という書物に向き合うことになる。『吾妻鏡』は鎌倉末期に幕府が編纂した歴史書であるが、北条執権家（得宗家）権力が巨大化していた時期の書物だけに、北条氏を称揚するように書かれている。北条氏に失（間違い）があっても評価を下げないように整理されている。ただ取り上げている事実関係は、粉飾はみられるものの、全くの虚偽ではない。時頼に関する記事もそう考えていい。したがって私たちは『吾妻鏡』の記事を慎重に丁寧に読むことが必要であるが、また逆に時頼の人生に迫ることができると思う。他の史料も注意深く参照すれば、場面によっては深く入り込むことも可能である。私は北条時頼の歴史過程（生涯）に入り込み、距離をとって、観察・記述してみたい。

第一章　京に生まれ鎌倉に育つ

1　戒寿丸の誕生

京都六波羅にて誕生

北条時頼は安貞元年（一二二七）五月十四日（陰暦）京都で生まれた。父の時氏（修理亮）が探題（北方）として滞在していた六波羅で生まれたのである。この誕生を記述する『吾妻鏡』は、誕生の九日後の二十三日に無事に生まれたとの知らせが鎌倉に着き、これを聞いた祖父の北条泰時がおおいに喜び、担当した医師（和気清成）にお褒めのことばを送ったと伝えている。

幕府公式の歴史書である『吾妻鏡』のこの記事は、時頼誕生が祖父で執権の泰時をはじめ、幕府全体で祝福されたことを語っている。長兄の経時の誕生記事が『吾妻鏡』に見えないことと比較すると、幕府が時頼に期待する空気を感じる。ただ時頼を特別視するこの記述は、『吾妻鏡』編纂時（十四世紀

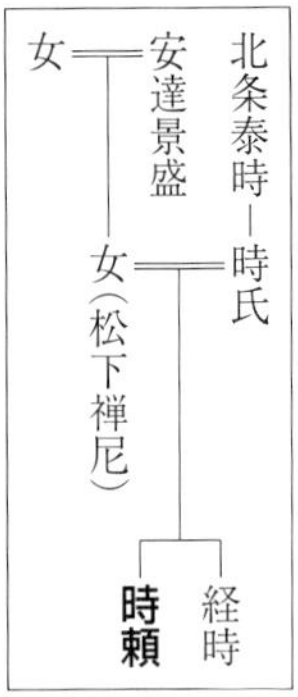

北条氏と安達氏

初め）のものであるから、割り引く必要もある。

時頼の誕生は『武家年代記』（治承四年から明応八年まで武家方と朝廷方両方の動きを年ごとに記述する書物）には「（時頼）安貞元誕生、時氏二男、…、母城介景盛の女」と見える。母は安達（城介）景盛の娘（松下禅尼という）であった。母方祖父の安達景盛は、鎌倉幕府樹立時代から三代将軍（頼朝・頼家・実朝）に仕えた有力御家人である。時頼は、幕府を支える北条泰時（執権）と安達景盛という二人の実力者を祖父として生まれた。幼名は戒寿丸となった。

戒寿丸の誕生は、もちろん父時氏（修理亮）の喜びでもあった。時氏は鎌倉で父泰時（戒寿丸祖父）に戒寿丸誕生の様子をつぶさに語り、ともに喜びたいと念願した。その機会はすぐにできた。鎌倉丈六阿弥陀堂の供養がおこなわれることになり、それに参加するとの理由で時氏は六波羅を離れ、鎌倉に下った。七月四日に鎌倉に着いたが、「二郎主」（戒寿丸）誕生を泰時と祝いたい一心で、途中鞭を揚げたという（『吾妻鏡』）。

この戒寿丸（時頼）は寛喜二年（一二三〇）三月二十八日に京都を去る。したがって誕生から、四年間ちかく、京都六波羅にて、母（安達景盛の娘）に養育されたことになる。

安貞～寛喜の京都社会

時頼（戒寿丸）が京都で過ごした期間はまったくの幼年期であるが、「三つ子の魂百まで」との言葉もあり、四年近い京での生活はそれなりの影響を与えた。

六波羅の探題館には北条氏の宅があり、京都に住む幕府関係者が定期的に出仕しており、また公家社会の使者なども出入りする。そのことで探題館に醸し出される雰囲気は、戒寿丸の母（安達景盛娘）に影響を与えたであろう。生まれたばかりの戒寿丸を育てる母は安達氏の出自であるが、京風の雰囲気のなかにいた。さらにその母にあたる景盛妻は「（景盛が）京都より招き下すところの好女」と言われ（『吾妻鏡』正治元年七月十六日条）、京都人であった。景盛妻のもとで育った娘（戒寿丸母）は、六波羅で京風の空気もすう中で、京都の文化・生活に好感を持っていた。その感触はまた、三歳～四歳であっても、戒寿丸の幼い感性に影響を与えた、と想像される。

時頼（戒寿丸）の生まれた安貞元年は、京都では三月～四月、激しい雨が何回も降った。藤原家光の日記『民経記』には「甚雨」・「洪水」の文言が散見し、五月十三日には鴨川が洪水で溢れそうになっている。その影響もあってか、秋になると「赤斑瘡」（皮膚病）が流行った。鴨川に面した六波羅も洪水の影響を受けたであろう。

六波羅探題跡地
（京都府京都市，六波羅蜜寺内）

鎌倉でもこの年は天候不順であった。三月七日に大地震が起こり、所々の門扉・築地が崩れて、地割れも発生した。鎌倉の古老たちは、和田義盛の乱の時（和田合戦、一二一三年）中下馬橋《なかげばばし》で起きた地割れを思い起こした。鎌倉では不穏な空気が広がり始めた。これが『吾妻鏡』が四月十六日条に「近日の世上、頓死の類、甚だ多し」

と記す状況となり、各所で「或いは餅を舂き粥を煮て食」したという。五月には「諸国飢饉」と言われ困窮者（「疲民」）が伊勢大神宮の造営費用が決められた期日には納入出来ない事態がうまれていた（『吾妻鏡』）。鎌倉周辺（相模）でも六月には甚雨が旬をわたり（十日間以上つづき）、洪水が各所で発生し、ここでも十一月には「赤斑瘡」が流行り、将軍藤原（九条）頼経もこれに罹った。

京都政界では、安貞元年（一二二七）～寛喜二年（一二三〇）の時期、一時的に政治力を落としていた九条道家が鎌倉将軍頼経の父親であることから復調し、安貞二年（一二二八）末には関白となり、その権勢は寛喜三年七月まで（長子教実に譲るまで）続いた（森茂暁一九九一）。関東・幕府との協調的関係をきずくことが、関白権力の一要素となっていることが分かる。

天皇は後堀河であった。承久の乱後に、幕府の介入のもとに、天皇の位に就いた人物である。後鳥羽院関係者が退けられるなか、後高倉天皇の子が即位したのである。諱は茂仁《ゆたひと》。貞永元年（一二三二）十月まで親政が約十年間つづくが、朝廷・公家文化の隆盛をえがく『増鏡』（藤衣）は九条道家娘を女御に迎えたことを「これ程は光明峯寺〈道家〉又関白におはする、この御むすめ女御にまいり給。世の中めでたく花やかなり」と記述して王朝政治文化の復活を描く。さらに三条太政大臣公房の娘や前関白近衛家実の娘も入内したこと、ここに混乱が始まったとも記す。天皇家は摂関家との協調のなかで、混乱を含みつつも、その文化的正統性を発揮していたのである。ただ『増鏡』は、後堀河から四条への譲位を記した場面で、「大方世も静かならず、この三年ばかりは天変しきり地震ふりなどして」とも記述し、世上不安も言う。

このように、京都公家社会の華やかさは、不安を含みつつも、幕府との関係を重視する九条道家らに支えられて維持されていた。朝廷と幕府との協調関係の有効性を、六波羅館に住む人たちは日々感じたであろう。その雰囲気は京都文化に親しみを持つ安達景盛娘もおおいに感じるところとなり、その子戒寿丸（時頼）もその空気を吸ってそだった。年中行事の清らかさ（美しさ）を誇る京都人の感性（『増鏡』の叙述にうかがえる）のなかで幼年期をすごしたのである。

2　鎌倉に下向

寛喜二年下向

寛喜二年（一二三〇）三月二十八日、戒寿丸（時頼）は父時氏・兄経時らとともに京都を離れ、鎌倉に向かった。六波羅探題北方には、時氏に替わって、北条重時（泰時の弟）が就任して、すでに三月二十六日に入京していた。祖父泰時の方針により、六波羅探題北方が交替したのである。理由は不明であるが、時氏の体調不良の可能性もある。

六波羅での交替は秘密裏に行われた。北条重時の入京は京都公家の日記にも見えないが、時氏の出京については藤原定家の日記『明月記』（当日条）に見える。それによれば、定家の子である為家（宰相）は、その日の明け方に時氏朝臣が密々下向するのを見た。時氏は単《ひとえ》の葛直垂に夏毛《なつげ》行縢《むかばき》を着け征箭《そや》を負い、黒作の剱を持ち黒鞍の馬に乗っていたという。また然るべき郎従三百騎ばかりは暁以前に進発していて、自身は暁後に出立したという。暁（明け方）に、目立たないように、六波羅を発ったのである。

『明月記』は続けて「七歳小兒小馬に乗り扈従す、馬の傍らに手戟を持たしむ」と見える。時氏に随っている七歳小兒とは、兄の経時のことである。経時は馬に乗り、戟（げき、矛）を手にする従者をともなっていた。七歳の兄は、父時氏の長子として、武士の嫡男として、武士の姿であった。ここに戒寿丸の記述はないが、数え四歳であるから、馬に乗れたかどうか分からない。乗れないとすれば、騎馬の従者に抱えられて、鎌倉までの旅をしたであろう。

六波羅から鎌倉へ

時氏・経時・戒寿丸（時頼）らの、京都から鎌倉への旅はどんなものであったろうか。この時の様子は史料がなく分からないが、参考に暦仁元年（一二三八）上洛した将軍頼経が鎌倉に戻る際に辿った道筋を見てみよう。『吾妻鏡』には、四条河原（京）→小脇駅（近江）→箕浦宿（近江）→垂井宿（美濃）→小隈宿（美濃）→萱津（尾張）→熱田社奉幣→矢作宿（三河）→豊川駅（三河）→橋本宿（遠江）→池田（遠江）→掛河（遠江）→島田（遠江）→蒲原・手越（駿河）→車返（駿河）→鮎沢・竹下（駿河箱根）→酒匂（相模）→鎌倉と見える。四条河原を出たのが十月十三日であり、鎌倉御所着が同月二十九日。十六日を要している。

北条時氏らの一行は三月二十八日に六波羅を出て、鎌倉には四月十一日着。十三日間の日程であり、将軍頼経一行より二日間ほどすくない。ただ将軍の旅程が熱田社奉幣など途中の行事を含むのを考慮すると、ほぼおなじ日数であり、時氏らの一行もこの道筋を進んだものと思われる。

寛喜二年の北条時氏たちの旅の様は分からないが、子息の経時・時頼（戒寿丸）には初めての田舎社会の光景が目に入ったであろう。この道筋は東海道であり、宿駅がおおく立ち、交通の要衝には市・町も見られた。そこでの賑わい・騒々しさは幼い戒寿丸の耳にも届いたに違いない。この市・町が直後の寛喜年間の飢饉には大勢の流浪民で溢れたのであるが、鎌倉にいた時頼も旅で見た流民の光景に重ねたに違いない。

東海道の道筋では、近江→美濃→尾張と近江→伊賀→伊勢→尾張の二筋が合流する美濃・尾張一帯は交通の要衝であり、信濃方面からの東山道も合流していた。ここに位置する萱津（宿）は将軍頼経一行も一日滞在したように、公的な宿として整備されていたが、近隣の人々が集まり市を催し物を売り買いした。その声は騒々しく「そこらの人々のあつまりて、里もひゝく計にのゝしりあへり」と『東関紀行』に記述されている。この書物は都周辺に住む人物が仁治三年（一二四二）に京から鎌倉に下った時の紀行文であるから、将軍頼経も、また北条時氏一行（時頼を含む）も、同様な雰囲気を味わったであろう。萱津だけでなく、この一帯では、下津《おりづ》の馬市など、ほぼ毎日どこかで市が開かれていた（山本隆志二〇一二）。

三河→遠江→駿河の道筋は海岸にそっているが、矢作《やはぎ》から豊川にかけての沿道には柳の木が植えられており、道標となっていた。これは「故武蔵の司（北条泰時）、道のたよりの輩におほせて植へをかれたる柳、いまだ陰をたのむまではなかれども」と『東関紀行』に記述されている。北条泰時の指示により、この辺の住民に柳を植えさせたのであるが、まだ木陰を作るほどにはなっていない、という。この柳は枝が蔭をつくる程ではないとのことなので、植樹は『東関紀行』（仁治三年）の五～六年前で

北条泰時邸跡
（神奈川県鎌倉市，宝戒寺内）

あろうか。頼経の上洛・鎌倉下向には東海道の整備も行われたことが考えられるから、柳植樹はその時かもしれない。

幼年期

北条時氏ら一行が鎌倉に着いたのは寛喜二年四月十一日であった。ところがそれからまもなく閏四月一日、時氏が死去した。そのため、兄の経時、戒寿丸（時頼）、弟の時定、妹（檜皮姫）らは、祖父の泰時に養育されることとなり、泰時亭に住むようになった。この年は、夏に冷気が東日本を覆い、京都・美濃・信濃などで冷夏となり、翌年以降の寛喜の大飢饉へとつながる。

四歳〜九歳頃の、鎌倉の戒寿丸の様子を伝える逸話が幾つか残されている。僧無住の『雑談集』には北条時頼（相州禅門）のことが何箇所か記述されているが、その一つに次のような話がある。故最明寺ノ禅門（時頼）は幼少の時、仏堂や仏像を作ることに夢中になっていたので（「幼少ノ時、遊ニ堂作リ仏作リナドセラレケルヲ」）、北条泰時側近の平左衛門入道（平頼綱、盛阿）、諏訪入道（盛重）が「あなたは弓箭の家柄に生まれたのですから弓矢の遊びをなさってください」と諫めるように申し上げた（弓矢トラセ給御身ハ、弓矢ノ御遊コソ候ハメ。所詮ナキ御事也、ト制シケル）。小さな仏像をつくり、それを納めるお堂をつくっていたというが、幼子であるから、その仏像とは顔立ちがふくよかでやさしい阿弥陀・観音・地蔵であろう。泰時亭に奉仕していた平頼綱や諏訪盛重はそれを物足りなく思ったのである。ところが、その様子を知った泰時は、「なぜ制止したか。私は、先世に須達《しゅだつ》長者が祇園を造った時に、東北角に番匠の頭（かしら、棟梁）が生まれたという夢を見たことがある。きっといいことがある」と言い、戒寿丸（時頼）の遊びを吉祥と感じたという。『雑談集』はこれに続けて、時頼が建長寺を建立し、唐僧を招き、禅院を興隆したこと、時頼が建仁寺本願（栄西）の再誕と言われたと記述する。そうした時頼は幼少から仏教に理解が深かったという文脈である。だからと言って時頼（戒寿丸）が武勇的面を備えていなかったとは言えないが、仏教に惹かれていたのはたしかであろう。幼年の戒寿丸が慕う仏像は、荒々しいものでなく、穏やかな顔立ちのものであり、穏やかな気風（京風の一面）を感じさせる。

また九歳の戒寿丸が鎌倉にて親鸞と問答したという逸話も残っている。親鸞の「口伝抄」という書物である（『真宗史料集成一』所収、法蔵館）。親鸞が弟子の如信に語っていた事柄を、如信から伝聞した覚如が書き表したもので、奥書のもっとも古いのは元弘元年（一三三一）であるから、鎌倉末期には成立していた。この「口伝抄」は二十一の話題にまとまっているが、その一つが「一切経御校合の事」であり、「最明寺の禅門の父修理亮時氏、政徳をもはら《(専)》にせしころ《(頃)》、一切経を書写せられき。これを校合のために智者学生たらん僧を屈請《くつじょう》あるへしとて、武藤左衛門入道〈不知実名〉ならひに屋戸や〈宿屋〉の入道〈不知実名〉両大名におほせ《(仰付)》つけてたつねあなくられける時、ことの縁ありて聖人

（親鸞）をたつねいたしてたてまつりき。聖人その請に応しましまして一切経御校合ありき」と始まる。北条時頼（最明寺の禅門）父である修理亮時氏が幕府政治を担っていた時、一切経を書写する事業が行われた。書写した一切経を校合するために、学問のある僧に依頼することとなり、武藤左衛門入道と宿屋入道が相応しい僧を隈無く探したところ、縁があり、聖人（親鸞）も尋ね出され、親鸞は要請を受けて一切経校合に参加した、という。この校合作業は鶴岡別当坊で行われたと考えられるが、その日その日の校合作業が終わると、副将軍（執権）は僧をもてなすに種々の珍物を用意して、僧も諸大名（幕府有力者）とともに盃酌に及んだ。献立には「魚鳥の肉味」も出ていた。僧はみな袈裟を脱いで食していたが、親鸞ひとりは袈裟を着しながら魚鳥の肉味を食していた。そこに居あわせた開寿殿（戒寿丸）が不思議に思い、理由を親鸞に尋ね、親鸞が答えると物語は続く。これが「西明寺の禅門ときに開寿殿とて九歳」の時であったという。

戒寿丸が九歳（数え）は文暦二年（一二三五）である。この一切経書写事業を推進したという修理亮時氏は寛喜二年（一二三〇）閏四月一日に死去しているので、事実関係が整合的でない。だが「口伝抄」初稿本には「祖父武蔵守泰時世をとりて政徳をもはらにせしころ」となっているという（平松令三一九九八）。こちらは泰時執権時代の話であり辻褄が合う。事実をもととした逸話と判断できよう。親鸞を一切経校合に招請するに探し歩いた武藤氏・宿屋氏も北条得宗家に仕えた家柄として確認できる。

この話の核心は、袈裟を着しながら魚鳥の肉を食す親鸞に対して、その理由を尋ねる戒寿丸に親鸞が答えるところにある。親鸞は「私は食物に出逢うことのうれしさに急いで食べるのです」（急ぐので袈裟を脱いでいる間がない）と答えたが、戒寿丸は、これは偽言だ、何か理由がある、幼稚な私を蔑如しているのであろう、と思った。戒寿丸はあきらめずに再三尋ねたところ、親鸞の答えは次のようであった。「たまたま人身に生まれた私が生命を滅ぼして肉味を貪ることはよいことでないので、如来も禁じている。だが末法濁世の今の衆生は、戒めのない時なので、守るべきもなく、破るべきもない。いまの僧は剃髪染衣の姿であっても、世俗の群類とおなじ心なので、この肉味を食している。食すならば、その生類が解脱できるようにねがう。袈裟は三世の諸仏が解脱できる霊服である。そのため袈裟を着用しながら肉味を食している」。これを聞いた戒寿丸は幼少に身でありながら感動したという。

この話は、親鸞の言説を幼少ながら理解した戒寿丸（時頼）を褒め称えることに主眼があり、文末も「このとき、開寿（戒寿）との、幼少の身として感気おもてにあらはれ、随喜もともふかし、一天四海をおさむへき棟梁、その器用はおさなくよりやうあるものなり、とおほせことあり」となる。幼少の時から、一天四海を統治する棟梁としての器量が窺えたと、親鸞が述べたという。日本全体を治める器量が時頼には幼い時からあった、それを親鸞も認めていた、という趣旨である。

こうして、幼少時代の時頼（戒寿丸）については、仏像や僧侶・袈裟に興味を示す人柄として描かれることがおおい。後々、時頼が地蔵菩薩の化身と言われるのも、幼児のような顔立ちをした地蔵が浮かぶからであろう。

時頼（戒寿丸）も、泰時の孫であり、武士の集まる鎌倉に育ったのであるから、武芸を身につける人間への道も歩んでいた。

武芸にはげむ

兄経時は狩猟を好む傾向にあったが、時頼も次第に武芸の力量を高めていた。母方安達景盛の家には従兄弟の安達泰盛もいる。安達泰盛は寛喜三年（一二三一）生まれであり、時頼の四歳下であるが、寛元二年（数え十四歳）には京都大番役の番頭になっている（『吾妻鏡』）。したがって十歳頃には武士として育ちつつあった。時頼の母は安達景盛娘であり、泰盛の叔母にあたる。時頼は、母方の安達亭に、よく出向いていたらしく、相模守になってから訪問した際には、母（松下禅尼）から家具なども大切にしてぜいたくに走ってはならないことを教えられている（『徒然草』百八十四段）。

時頼は、この安達亭で、乗馬の基礎訓練をしていたと想像できる。安達泰盛が上手な馬乗りであったことは、『徒然草』（百八十五段）に「城陸奥守泰盛は、左右なき馬乗りなりけり。馬を引き出させけるに、足を揃へて閫《しきみ》をゆらりと越ゆるを見て、是は勇める馬也とて、鞍を置き換へさせけり」との記述からうかがえる。馬が入り口の横木（閫…しきみ）をゆらりと越える様を見て、泰盛は勇める馬だと判断したという。泰盛はまた「悉興の馬書」を伝えていたとも言われており（双林寺伝記、長塚孝二〇二二）、馬術書をふまえた乗馬技を持っていたのである。安達亭に通っていた時頼も同様の力量を持つ道を歩んでいたとみていい。脚力のある馬を乗りこなすには、それ相応の技と基礎体力（身体能力）が必要であろう。馬を乗りこなすには根幹的体力（体幹の力）が必要であるが（近藤好和談）、とくに鐙を踏む力加減と、馬体を挟み締め込む力が求められる。文治三年（一一八七）八月十五日の鶴岡八幡宮流鏑馬では、射手の諏訪盛澄は御厩人から馬が的前で右寄りに駆ける癖があることを聞いていたので、馬の体勢を立て直して見事に射たという（『吾妻鏡』）。馬体を立て直すには、弓も持っているので、的に近づく前の段階で馬を股で挟んで、調整するしかない。こうした体力（股の力、内転筋）が騎手には求められるのである。

『法然上人絵伝』（第一巻）には、武士の家（美作国漆間氏）に生まれた法然が幼い時期に、笹竹を股にはさんで庭をかけまわる姿が描かれているが、時頼少年もこうした遊びに興じて、下半身を鍛えていたにちがいない。

3　将軍補佐の家柄——泰時・時氏の器量

父の時氏

戒寿丸はやがて元服し、北条惣領家（得宗家）の一員として歩むこととなるが、その家柄は幕府の執権に代々就任する責任の重い、また名誉あるものであった。

戒寿丸（時頼）の父・時氏は泰時の長子であり、母は三浦義村の娘（矢部禅尼）である。有力御家人三浦氏を母にしていて、三浦氏と北条氏の接点にいた。泰時の後継者と目されており、承久の乱の合戦では期待通りの活躍をした。承久三年六月、時氏は泰時の命令を受けて、宇治川を渡り敵陣に進入したが、その際従者六人に盃・贈物を与えた。従者をいたわる術を知っている。また、その合戦にて、秘蔵の馬の両足に矢が刺さったのを、敵方にいた伯楽《はくらく》（ばくろう）に見せて治術させている（『吾妻鏡』)。軍馬を大切に扱う姿勢が身についている。

元仁元年(一二二四)六月、執権北条義時が死去し(十三日)、六波羅北方泰時はいそぎ鎌倉に下向した(二十六日)。六波羅には、泰時の子である時氏が時房(義時弟)子息時盛とともに入った(閏七月十四日)。六波羅探題に就任したのである。この直後、義時死去をうけて、政変が起きた。義時の妻である伊賀朝光娘が兄光宗と謀り、娘聟の一条実雅卿(宰相中将)を将軍にたて、北条政村(北条義時と伊賀朝光娘との間の子)を執権にすえようとする計略が発覚したのである。一条実雅は政治工作に、伊賀光宗の子を二人ともない閏七月二十三日上洛した(「鎌倉年代記裏書」)。この直前に六波羅に入っていた北条時氏・時盛は、伊賀光宗の子(二人)を捕らえ、一人ずつ預かり、鎮西に配流した。この行動は、鎌倉に戻り、執権職を継承せんとしている泰時を助けるものであった。時氏は謀叛の疑いの濃い伊賀光宗の子息を捕らえるのに、六波羅の従類を動員したであろう。従者に的確な指図をする力量を示した。

六波羅での時氏には、前述したように、安貞元年(一二二七)五月の子息(時頼・戒寿丸)誕生があったが、探題としての活動は史料上見えなくなる。盗賊が京都を騒がせている状況が生まれていたが、六波羅北方時氏の動きがみえないのである。そして寛喜二年(一二三〇)三月の鎌倉下向となるが、下向直後六月十八日に死去した。時氏の六波羅での最後の二年間くらいは、体調がすぐれなかったのではなかろうか。それを察した父の執権泰時が、六波羅探題を退かせたと思われる。

時氏の死去年齢は二十八歳である。ふつうならば働き盛りであり、あまりに若い。だが北条氏には、若くして死去する例がおおく見える。時頼の兄の経時（享年二十三）、経時の子の隆政（享年二十八）、時頼の子の時輔（享年二十五）などである。得宗家に多くみえるが、時頼はそうした血筋に生まれた身であることを、長じるにしたがい意識していたであろう。妹や子女の死に直面した時などはいっそう感じたであろう。

父の時氏が死去したのは戒寿丸（時頼）が四歳（数え）の時であった。その後は、戒寿丸（時頼）は兄経時とともに祖父泰時の家で育った。

祖父泰時の気風

執権泰時は幕府に評定衆をおき、裁判制度を整えたことが有名であるが、その運営の仕方は道理一辺倒ではなく、恩（情）をも勘案したものであった。鎌倉をよく知る無住の『沙石集』（巻第三）には、九州から鎌倉に出てきた兄弟の所領相論を裁いた泰時の話が記述されている。嫡子（兄）は父思いで、父が売りさばいた所領を買い戻して父に与えていたが、父は死去に際して所領を次男に譲り、譲状を書き与えた。嫡子は鎌倉に上り、みずからの孝養を訴えたが、幕府法家の判断にもとづき、泰時も二男を勝訴とした。ただ泰時は嫡男を不憫に思い、やがて出る闕所（没収地）を与えようと近くにおいた。この男（兄）には貧しい女が妻となっていたが、本国（九州）に出た闕所を給付されて妻をともない下国した。泰時はこの下国に際し、男に馬鞍を用意しただけでなく、妻の分の馬鞍も与えた。この話を記述した無住は、泰時を「実ニ情アリ」と、また「民ノ歎《なげ》キヲ我歎トシテ、万人ノ父母タリシ人ナリ」評している。

時頼元服前の時期（一二三〇～三七年）、執権泰時を中心とする幕府は飢饉・天災に見舞われ、それに対しての政策が展開された。それは「徳政」と言われた（『吾妻鏡』など）。

4　元服する

兄経時の元服

時頼（戒寿丸）は兄経時と三歳違いであったが、兄に親しんでいた。その兄が文暦元年（一二三四）三月五日元服した。経時、数え十一歳（この時時頼は七歳）。

文暦元年は、前年六月に三十日間にわたる炎干があったが、幕府の正月垸飯《おうばん》は例年のように行われた（一日は北条時房沙汰、二日は泰時沙汰、三日は不明）。『吾妻鏡』の編者は、幕府正月垸飯に次いで京都北野神社焼失（二月三日条）の記事を入れ、続いて三月五日の経時元服（首服）となる。その首服の様子を記述して、北条得宗家の継承者出現を祝うことが叙述目的である。それは「武州（泰時）の孫子、〈匠作（時氏）嫡男〉、御所において首服を加えらる」との文章で始まる。経時は死去した時氏の嫡男と明記されている。北条得宗家の血筋継承者として認識されており、将軍御所にて行われた。列席者には時房・泰時・政村・有時の北条氏一族のほか中原師員・三浦義村・中条家長・後藤基綱の幕府有力者が見える。理髪（北条時房）・加冠となり、北条弥四郎経時と名乗ることとなった。堂上では垸飯も催され、その様は「いつに元三のごとし」（正月垸飯）という。なお名乗りのうち、弥四郎は時政・義時の四郎を意識したものであるという（森幸夫二〇一〇）。

元服した経時はこの年の八月一日には幕府の小侍所《こさむらいどころ》別当に任命された。小侍所は将軍に供奉し警衛する機関であり、別当には北条氏の者が就いていた。経時もその道を歩んだのである。期待された経時であるが、嘉禎二年（一二三六）十二月二十六日に、小侍所別当を退いた（その事情は未詳）。年が明けると（嘉禎三年）、正月二日の幕府垸飯は軽服の泰時の替わりとして経時が沙汰し、二月二十八日の臨時除目にて経時は右近将監となった（十四歳）。

兄経時の元服から任官までを近くで見ていた時頼（戒寿丸）は、北条得宗家嫡男が幕府でどのように扱われるかを見ていたであろう。時頼元服は、経時任官の直後であった。

鎌倉大地震と徳政

経時の元服から時頼の元服の間に、文暦二年（一二三五）三月十六日、鎌倉で大きな地震が起こった。『吾妻鏡』は「十六日己酉。卯刻に大地震。今日、天変地妖等の事により、御祈禱徳政等あるべきの由、武州御亭に於いて其の沙汰あり。師員朝臣奉行たりと云云」と記述している。日記風の簡単な文章であり、粉飾がなく、事実をそのまま書いているであろう。卯刻（午前六時頃）に大地震が発生したこと、それを天変地妖と受け止めた泰時（武州）は祈禱徳政を行うべしと自亭にて即座に判断したこと、それを中原師員が奉行したこと、が書かれている。ここで記述に使用されている文言に注目し、「御祈禱徳政」と「武州御亭」を用いた意図を探ってみよう。

「御祈禱徳政」とは、地震を「天変地妖等」のなせるわざとしてそれを鎮める祈禱を行うのであるが、それに「徳政」が付いている。祈禱自体が徳政となるとの考えであるが、「御祈禱徳政」とあり、これは将軍御所での祈禱実施を意味しよう。「武州御亭」はその祈禱徳政を行うことを決めたのが、泰時であり、泰時自亭での判断であることを示している。

鎌倉の天変地異をどのようにとらえ、どのように処理するかは、将軍が陰陽師らの意見をもとに判断するものであるが、ここではそれが執権泰時に移っている。この案件がその後どのように展開したかは不明であるが、おそらくは将軍（頼経）のもとで決裁されたであろう。緊急時の処理が執権泰時のもとで進んでいることを示す事例である。

この大地震・祈禱徳政は文暦二年三月のことであるが、先に時頼幼年期の出来事として逸話の残る親鸞参加の一切経校合はこの年である。九歳の時頼の聡明さを示す話として浄土真宗側に残った話であるが、北条氏の側から見ると、執権泰時が主導した一切経書写・校合の事業の話である。幕府は鶴岡八幡宮寺にて一切経会を三月三日に催し、北条氏も嘉禄二年七月十一日に故政子の一周忌を勝長寿院で修した際に一切経供養を行った。その後も故政子追善供養のため、寛喜元年、寛喜三年、嘉禎三年（十三年忌）、泰時は一切経供養を行っている（『吾妻鏡』）。文暦二年の書写・校合も故政子追善事業の一環かもしれない。時頼の幼年時代のことに属するが、祖父泰時の事業に、北条得宗家の仏教興隆の姿勢が影響を与えたであろう。

時頼の元服

時頼は三年後の嘉禎三年（一二三七）四月二十二日に元服した。十一歳である。『吾妻鏡』のこの日の記事には、将軍頼経が檜皮葺に新造なった泰時亭を訪問したことが記され、供奉人二十五人の名前が列記される。その泰時亭の将軍御前にて時頼は元服した。「左京兆孫子小童〈字戒寿、故修理介時氏二男〉、御前において元服の儀あり、先ず城太郎義景、大曾祢（根）兵衛尉長泰ら雑具を持参す、駿河前司義村理髪に候ず、次で御加冠……」と『吾妻鏡』は記す。母方祖父の安達義景や三浦義村の有力者が近くで奉仕したのである。続いて剱・調度・行縢・甲・馬などが主催者の泰時から引出物として出され、また三浦義村、さらに将軍からも同様の引出物が用意された。その引出物には担当者が配されている。北条氏では政村・時定・経時の名前が見える。一足先に元服していた経時も役を果たしている。時頼は元服し「五郎時頼」と名乗るが、五郎は兄弥四郎（経時）の弟であること示すという（森幸男二〇一〇）。北条氏で「五郎」を称したのは時房（時連）であり、『吾妻鏡』に散見する。時房は義時の弟であり、この系統から大仏氏がでる。系図（続群書類従、系図纂要）には、ほかに実泰（泰時弟であり、金沢氏の祖）や時綱（義時弟）、宣時（大仏氏）、時貞（時房孫）も五郎と見える。得宗家ではないが、北条氏有力庶子の家柄である。時頼は嫡子（弥四郎）経時の弟として、北条氏有力者になるべき「五郎」を仮名《けみょう》としたのである。

成人時頼の流鏑馬

四月二十二日元服した五郎時頼は、この年の鶴岡八幡宮寺放生会流鏑馬を射る役を演じることとなった。鶴岡流鏑馬は鎌倉武士の晴儀であるが、とくに八月十五日・十六日の放生会流鏑馬は衆目が集まる場であり、この役を勤めることは武士の誇りであった。五郎時頼はこの放生会流鏑馬を射ることが事前に決まって、七月十九日に前もってその芸を披露することとなった。泰時が見守るなか、執権・祖父の泰時の肝いりで、三浦義村以下の幕府宿老が集まり、弓射故実堪能の海野幸氏も招かれた。弓射が終わると、泰時は射芸に失礼（欠点）があれば諷諌を加えるよう海野幸氏に言った。幸氏の答えは次のようなものであった。「時頼様の射手の体はもっとも

鶴岡八幡宮流鏑馬（神奈川県鎌倉市）

神妙であり、生来の堪能さがうかがえて、感銘しました。もし失があるとすれば、箭を挟む時に弓を一文字に持ったことです。かつて頼朝将軍の前で談義をした時に、佐藤憲清入道（西行）だけは、弓を拳より押し立てて引くように弓を持つべきだ、流鏑馬では矢を挟む時に一文字に持つ事は礼にあらず（矢である）、一文字に持てば弓を引きそのまま射るという体勢には移れません、いささか遅くなる、だから上を少し揚げて持つべきであると言ったのですが、それを聞いた下河辺行平・工藤景光・和田義盛・望月重隆・藤沢清親・諏訪盛隆・愛甲季隆らは頗る甘心し承知しました。ですからそれだけは直すべきです」。海野の発言は矢を挟む直前の弓の持ち方を、一文字でなく（水平でなく）、弓の上部を少し揚げるべしとの趣旨であるが、これを聞いた三浦義村もなるほどそうだといい、泰時も感心し、弓持の様は今後この説を用いるよう指示した、との記事である。

この話は、射芸を披露した五郎時頼も、その場で聞いていたはずである。そうでなければ、放生会当日（八月十五・十六日）の流鏑馬芸を披露することができない。五郎時頼は、見事な姿であり生来の堪能さがうかがえるとの評価を名手海野幸氏から聞き、ほっとしたであろう。矢を挟む前の弓の持ち方につき、頼朝の前で佐藤憲清が弓先を少し揚げるべきだと発言し、下河辺行平以下の名手たちが賛同したとの逸話を海野幸氏が泰時に披露したのも聞いていたであろう。またそれを聞いた三浦義村もなるほどと感心し、泰時もそれを支持した。同席していた幕府宿老も同じであろう。この様子を間近で見ていた五郎時頼も、頼朝時代以来培われている武芸の伝統を思い知ったであろう。そして、執権以下幕府宿老もいるなかで、五郎時頼は、それを継承して本番の放生会流鏑馬を演じる意志を固めたであろう。幕府武芸を体現する者として自己を意識したのである。八月十六日、将軍頼経が参宮した鶴岡にて、馬場の儀として流鏑馬を射た。おなじく流鏑馬を射たのは後藤基綱以下の五位のものであった。十一歳の五郎時頼は、鶴岡流鏑馬という晴儀をりっぱにやりとげ、泰時配下の人物として公認されたのである。『諸家系図纂』の「清和源氏一甲斐信濃源氏綱要」に、武田信光が「平時頼年来の弓馬の師たり」と見えるので（『大日本史料』五―二七、二六九頁）、時頼は御家人武田氏の伝える弓馬術も習得していたと考えられる。武田信光は将軍頼嗣の弓馬稽古役にも選ばれている（『吾妻鏡』建長二年二月二十六日）。時頼は武芸を諸方から学んでいたのである。

『吾妻鏡』はこの記事（七月十九日、時頼流鏑馬芸披露）の直後に、七月二十五日の記事として、兄の経時が潜かに富士藍沢《あいざわ》に赴き三浦泰村・小山長村・下河辺行光という若手を率いて鹿狩をしたことを記す。こちらは狩野に出ての武芸である。五郎時頼の鶴岡流鏑馬武芸という神事武芸と対比した記事の配置であり、経時・時頼兄弟の性向の違いを表現しようとしている。

元服を終えたばかりの五郎時頼は、鶴岡流鏑馬という晴儀をりっぱにやりとげた。執権泰時のもとに居並ぶ幕府・公儀の人々に、兄とは違う存在感を示し、少し誇らしい気持ちであったろう。

暦仁元年の正月垸飯

五郎時頼元服の翌年、幕府正月垸飯は、一日が北条時房（連署）の沙汰、二日が北条泰時の沙汰、三日が北条（名越）朝時の沙汰で行われた。将軍に垸飯以下の膳を献上し、列席の御家人も相伴するのであり、年始めの主従関係更新の意味がある（村井章介 二〇二二）。各日には、剱・調度・行縢を献上する御家人、馬を引き献上する御家人もいて、一大行事となる。

二日の泰時が主催者となった垸飯儀では、剱は三浦義村、調度は後藤基綱、行縢は藤原為佐であったが、献上馬を引いた五人のなかに、泰時孫の経時・時頼兄弟がいた。経時は第一の馬、時頼は五番目の馬である。兄弟でも、兄経時は一番目、弟時頼は末尾の馬である。

この年の馬を引いた者には、その日の垸飯主催者の子孫が入っている。一日は時房（義時弟、泰時伯父）沙汰であるが、子の時直（一の馬）・時定（二の馬）がいる。二日の泰時沙汰には、孫の経時（一の馬）・時頼（五の馬）、三日の名越朝時の沙汰では子の時長（一の馬）、業時（二の馬）が見える。垸飯主催者の子・孫が将軍に年始の奉公をして、変わらぬ忠義を表したのである。時頼が経時とともに、祖父泰時主催の垸飯にて将軍への献上馬を引いたことで、時頼は北条氏得宗家の一人として、将軍に奉仕する御家人集団から認められた。

左兵衛少尉の任官

この年（暦仁元年、一二三八）九月一日、時頼は左兵衛少尉に任じられた。朝廷を守る衛府の官人であるが、十二歳でその下位の少尉に任じられた。ただこの任官は『吾妻鏡』には見えない（翌年・延応元年正月二日垸飯に五馬を引く北条五郎兵衛尉時頼が初見）。

『鎌倉年代記』が「嘉禎四年九月一日任左兵衛少尉」と記す。この任官を時頼は鎌倉にて受けた。嘉禎四年（暦仁元年）九月、将軍頼経と祖父泰時・兄経時らは上洛していたが、時頼はその随行に加わっていなかったのである。

暦仁元年将軍上洛

暦仁元年は正月垸飯が終わると、幕府は将軍頼経の上洛準備に入った。正月十八日に執権泰時・連署時房らが有力者を集めて評議し、路次（道筋）のことなどを決めた。幕府政所執事二階堂行盛は「御留守」となり、鎌倉の留守を預かることとなった。

将軍頼経は嘉禄元年（一二二五）十二月二十九日（八歳）元服し、翌年正月に右少将、征夷大将軍に任じ、その後も官位をあげて、暦仁元年（二十一歳になる）前に正二位・民部卿となっていた。この公卿・将軍の上洛の企画は、関東・鎌倉で成人し文事を身につけた姿を京都政界に誇示するとともに、それを支える鎌倉政界（執権・連署）と有力御家人の武的力量を知らしめることにあった。

頼経は正月二十日に鎌倉御所を出ていったん安達義景の甘縄《あまなわ》家に入り、立烏帽子・直垂の装束で輿に乗る。二十八日には上洛の出発となり、供奉人も進発し、この日のうちに酒匂《さかわ》駅（小田原市）に着いた。その後は天龍川を越え、掛河→池田宿→橋本駅→豊河宿→萱津宿→小隈宿→小脇→野路駅に着いた（二月十五日）。ここで一日逗留し翌十七日に六波羅に到着したが、その行列は三浦義村（騎馬）率いる先陣が三列に三十六人、御所随兵が三列に百九十二騎。泰時は水干を着し随兵三十人など多くの侍をしたがえ、時房は水干を着し後陣として随兵二十人を随えていた。巨大な軍勢の入京であった。京人はおおいに驚いたにちがいない。

京都に入った頼経は、まず父九条道家・伯父良平を訪問し、ついで参内して権中納言（還任）・右衛門督に任じられ検非違使別当も賜った。また民部卿を辞し、直後に賜った権大納言もすぐに辞した。ついで、頼経は春日社には大勢の供奉人を率いて参詣し（六月五日）、また石清水（七月二十三日）、賀茂・祇園・北野・吉田（八月二十五日）にも参じた。

春日大社（奈良県奈良市）

このうち春日社参は夏六月に夜には雹が降るという異常天候のなか行われたが、その行列は壮観であった。先陣に三浦泰村とその随兵六騎、次に将軍御輿と随兵三十騎、その次に直垂・帯剱にて御輿左右を列歩する十五人、その後に水干を着した六番編成の二十二人（六波羅探題北条重時・時盛を含む）、そして最後に数百騎を随えた北条泰時と同時房（執権・連署）。将軍頼経は翌六日に雷雨のなかを京都に還ったが、八月五日には春日社壇にて念願の一切経供養をおこなった。

この春日社参と一切経供養には、幕府側の企みもあった。それは、将軍頼経を藤原姓から源姓に変えるというものであったが、春日社側の抵抗もあり、実現しなかった。春日社参の将軍御輿に随った三十騎のなかには、三浦氏が三人、北条氏が四人見える。北条氏の四人は、相模六郎時定、北条左近大夫将監経時、遠江式部大夫光時（名越朝時の子）、陸奥掃部助実時（金沢氏）である。時頼の兄経時は将軍御輿の左右を固める随兵を勤めたのである。北条泰時嫡孫であるから、当然の措置であろう。また名越氏・金沢氏の有力庶子家の嫡子も適任である。相模六郎時定は経時・時頼の弟ではなく、義時弟時房の子と見なされる。『系図纂要』北条系図の北条時房の子息たちにはいずれも「相模」を通称のなかに入れている。そして時定に「相模六郎」を注記しているので、ここは北条時房（重時とともに六波羅探題であった）の子と見られる。

兄経時は、暦仁元年、将軍に随い上洛し、春日社参に供奉した。弟の時頼はこれには参加せず、鎌倉に留まっていた。上洛した北条泰時・時房らは九月に御家人任官の推挙をしているが、時頼の左兵衛少尉任官はこの時の一括申請のなかで実現したものと考えられる。

頼経一行は十月十三日に京都を発ち、十一月二十九日には鎌倉御所に還った。祖父泰時・兄経時らを迎えた時頼は、得宗家の人間ながら、二男であることを痛感していたであろう。

深沢大仏

頼経・泰時一行の上洛中に、鎌倉では、深沢里に大仏ができた。三月二十三日に浄光《じょうこう》聖人が俗人にまで勧進を勧め、造営を企てた。そして五月十八日には周八丈の頭が挙がった。わずか二月の間である。鎌倉に残っていた時頼は、この事業を見ていたであろう。そして僧がすすめる勧進の力に感心したろう。この大仏は木像であったが、高徳院大仏の始まりであり、寛元元年六月十六日に完成・供養となった。のちに時頼が執権の時代に金銅像の鋳造がはじまり、支援もしたであろうが、時頼と大仏との関係は将軍・執権留守の時期に始まったのである。

延応元年（一二三九）十一月二日、時頼は毛利季光の娘を妻に迎えた。十三歳であるが、この婚姻は祖父の泰時がすすめてのものと思われる。毛利季光は貞永元年から評定衆となっていることが確認できる（『関東評定伝』）。初代問注所執事の大江広元以来、法曹官を三善氏とともに指導していた。泰時が三善氏ではなく、大江氏から嫁を取ったのは、三善氏が法律・文事に偏っていたのに対して、大江季光は承久の宇治合戦での活躍に見るように、武的力量にもすぐれていたからであろう。文武の両面をともに重視する泰時らしい判断であるが、これは時頼にもひきつがれていく。

ただ宝治合戦の際の大江季光は妻が三浦一族出身のため三浦方についた。時頼妻の大江季光娘は、この頃、北条氏から離れたと思われる。

毛利季光娘との婚姻

第二章　兄・経時の執権政治

1　執権の家柄

義時は武内宿祢の後身という伝説

建長六年（一二五四）十月に成立した『古今著聞集』の巻第一（神祇第一）に「北条義時は武内宿祢の後身たる事」という文が収められている。ある人が八幡（石清水）に参籠したところ夢を見た。神殿の戸を開いて出てきた高年白髪の俗形の人物が「武内」と呼び掛けて、「世の中が乱れようとしている、（北条）時政の子となって世をおさむべし」と仰せ出されたので、武内は承諾しましたと言うところで夢がさめた。

石清水八幡での神のお告げが、白髪老人によって出されているが、老人は髭が身長と同じくらいの長さといい、俗形ながら神意を告げるに相応しい相貌である。『古今著聞集』の編纂者（橘成季）はこの文の末尾に「されば義時朝臣は彼《かの》御後身にや。其子泰時までも、只人《ただひと》にはあらざりけり」と述べて、

石清水八幡宮摂社武内社（京都府八幡市）

泰時まで続く北条氏を讃えている。

この義時＝武内宿祢という伝説は最近では北条氏権力の問題として取り上げられ、鎌倉末期の「平政連諫草」（『鎌倉遺文』三〇巻、徳治三年八月日）とともに考察されて、この伝説が幕府奉行人層には鎌倉末期にも生きていたことが論じられた（細川重男二〇一一）。執権北条氏の出発点となった時政も義時の先代として伝説のなかでもいきている。

『古今著聞集』は従五位下であった橘成季が官を辞した後、蒐集した説話を二十巻参拾篇に分類した編纂物であるが、証拠・典拠のある説話を重視しており（『日本古典文学大系』解説）、王朝社会の話題が多く、部門別に分けられた類話はふるい順に並べられているという（松薗斉二〇一八）。義時を武内宿祢の後身とする説話は、この書物では高倉院厳島御幸（治承四年）と重源東大寺建立発願（治承四年）の間にある。著聞集編纂の原則からすると（編年）、この説話素材の成立は治承四年頃のこととなろう。

ただこの伝説は末尾の文章で北条泰時の名声を踏まえているので、泰時の六波羅探題時代あるいは幕府執権時代を背景にしている。だが石清水参籠を契機とした話として成立しているので、もととなった典拠書物は治承四年頃の話としていると判断される。治承四年頃は北条時政が京都で源頼朝代官として政治活動を展開している時期であり、義時はその時政の子として政治力を支えていた。『古今著聞集』の言説が流布している京都では、北条氏の時政―義時―泰時の系列は武内宿祢の生まれ変わりとして意識されていることを知らせてくれる。

鶴岡八幡宮武内社（神奈川県鎌倉市）

鎌倉にも武内社

武内宿祢（宿祢は尊称）は『古事記』・『日本書紀』に現れる伝説上の人物であり、孝元天皇の孫（『記』）またはひ孫（『紀』）に位置づけられる。景行・成務・仲哀・応仁・仁徳の五代の天皇に仕えた勇猛な人物という。『記』には武内宿祢の子がおおく見えて、その一人の木（紀）角宿祢は木（紀）臣などの祖となったという。石清水社神職の紀氏もこれに連なると考えられ、室町期にも、武内宿祢が男山八幡宮（石清水）に大菩薩を祀ったと意識されている（『大日本古文書　石清水文書二』、五三八号）。石清水に武内社が祭られているのである。

鎌倉幕府では、建長六年（一二五四）四月十八日、北条時頼が極楽寺付近に聖福寺を建立したとき、その鎮守神として「武内・平野・稲荷・住吉・鹿島・諏訪・伊豆・箱根・三島・富士・夷」の十一社を勧請した（『吾妻鏡』）。畿内からは武内・平野・稲荷・住吉の四社であるが、石清水とは書かず、武内と書いている。時頼はこの正福寺を関東長久と子息二人（正寿〈時宗〉、福寿〈宗政〉）

の息災延命を願い、両名の幼名の一字ずつをとり、正福寺と名付けたという。

時頼が石清水を勧請するのに、そのなかの武内社を撰んだのには、時政・義時いらいの「武内宿祢」後身伝説が影響していることがあろう。将軍後見の血筋として、北条氏が継続してゆくことが関東長久を実現するとの思いがうかがえよう。時頼にはこうした思い込みがあった。

将軍と執権は異なる次元

執権は、このように将軍の後見（補佐する）として意識されており、将軍あっての執権であった。したがって執権が将軍を廃止するということはない。将軍補佐の執権が担う政治的・実効的範囲が広がってゆき、将軍権力が形式化するように見えるが、それは将軍―執権の新しい関係である。

執権が開拓する幕府政治は、「雑務」を取り込んで、従来よりも拡大する。将軍権力がそうすることも可能であったが、幕府はそれを担う存在として執権権力を拡張してゆく。その事業は北条義時・泰時に始まっていたが、時頼の時期に明確となってゆく。

2　祖父泰時の死去

経時・時頼の幕府行事への参加

仁治二年（一二四一）、時頼は十五歳、兄経時は十八歳になっていた。この二人は北条氏の若手として、幕府の行事に参加することとなり、正月恒例行事では、泰時が主催した一日垸飯は経時が御馬役（一の馬）を担当した。足利義氏主催の二日垸飯では足利泰氏が剱役を担当し、三日垸飯の北条（名越）朝時主催ではその子の時章・時幸が馬役を担当している。いずれも主催者に近しい人物が役をつとめている。経時も泰時に最も近い（嫡孫）人物として、北条得宗家を代表して奉公したものと皆に認められた。

正月二十三日には、将軍頼経が幕府馬場殿に出御して笠懸が行われ、次いで弓場にて的射が見られた。笠懸では若輩が射手となったが、その筆頭は北条左近大夫将監（経時）と同五郎兵衛尉（時頼）であった。的射の方は一番に若狭前司（三浦泰村）・氏家太郎（公信）が選ばれた。終わるといつもの垸飯の儀があった。この騎射は宿老たちも見物しており、懸勝負にもなっていたが、そこでは懸物は将軍の御前で分配されたという（『吾妻鏡』）。経時と時頼の兄弟は、武芸の優秀を競う場に出て、声望を集めるほどに成長したのである。

泰時不例と百度詣

北条泰時は、北条氏惣領家のなかでは、比較的長命であった。死去は六十歳であるが、時政の七十八歳、義時の六十二歳、政子六十九歳と、前代までの長生きを受け継いでいる。これが時氏・経時・時頼・時宗になると、二十代・三十代で死去している。

その泰時も、五十九歳の仁治二年（一二四一）六月九日には「不例」となった（体調をくずした）。七月二十日には回復したというが（『吾妻鏡』）、軽いものではなかったらしい（翌年六月十五日に死去した）。祖父の不例ということで、経時と時頼は、直後の七月六日に鶴岡上下社に百度詣をして、息災延寿の祈禱をした。百度詣は鎌倉時代の武士にはあまり見えない。『吾妻鏡』を検索すると「百度詣」の記事はこの例のほかは一件である。もう一件は文治五年（一一八九）八月十日に政子と御所女房数輩が奥州追討の祈願のため鶴岡八幡宮に百度詣をしたというものである。頼朝の奥州攻めは頼朝が関東から出ての戦争であり、難事業である。政子が無事をねがう気持ちは真剣そのものであろう。経時・時頼が泰時回復を願う鶴岡百度詣は同じように人々の目を引付けるほどのものであった。時頼は兄とともに、祖父の延命を切に願ったのである。

「百度詣」は京都の公家社会では、この時期に行われていた。『平戸記』延応二年二月十一日には、ある人（礼部）が平経高亭を訪れて、密々行っていた祇園社への百度詣をこの夜満了したと告げた。また藤原経光（中級公家）は寛元四年二月に七社（北野・祇園・日吉など）への百度詣を発願し九日から始めている（『民経記』）。百度詣はすべて本人が詣でるわけでなく、代官を派遣する場合も見られるが、弘安九年九月には亀山上皇自身が賀茂社に一日二〜三度ずつ参詣したことも見える（『實躬卿記』）。熱心な場合は本人が向かっている。

また国立歴史民俗博物館のデータベース（民俗語彙）で検索すると、静岡県浜名郡和田村では重病人がでたとき近所の者が氏神に百度参りをするが、これを「カズマイリ」という事例が見つかる（一九三六年報告）。百度詣が在地に生き続けていることを示している。

こうして、公家社会から在村レベルまで連綿とつづく百度詣が、鎌倉時代の鎌倉武士社会でも見られた。『吾妻鏡』は百度詣を二例記述するが、経時・時頼兄弟の泰時病気回復祈願が一例となっている。政子が将軍頼朝の奥州遠征の成功を願う（奥州で戦死することなく成就する）記事とともに、鎌倉政治を作り上げる主人を尊重する感情がうかがえる。

御家人の喧嘩

仁治二年（一二四一）十一月三十日、三浦家村と小山（結城）朝村は幕府への出仕を止められた。前日の三浦一族と小山一族との喧嘩の際、この二人は武勇を競ったという。二十九日の喧嘩は次のようなものであった。鎌倉市中の下下馬橋《しもげばばし》の西面《にしつら》にあった「好色家」にて三浦泰村・光村・家村らは酒宴を催し乱舞となっていた。同時に下下馬橋の東に面する好色家にて結城朝広・小山長村・長沼時宗ら小山一門も興遊の宴を催していた。そのなかで、小山一族の結城朝村が座を発ち、遠笠懸のために由比浦に向かったが、門前にて犬を追いだすのに放った箭が三浦一族宴会の簾の中に入った。朝村は下男を遣わし箭を取り返そうとしたが、三浦家村が拒否した。二人は言い争うところとなり、あわや乱闘かと思われたが、それを聞いた執権泰時が派遣した後藤基綱・平盛綱が両者を宥めおさめたという（『吾妻鏡』）。

鎌倉では、このような御家人たちの喧嘩がよく起こったらしい（『吾妻鏡』の記事は多くはないが）。三浦・小山は好《よしみ》があったというが、普段はいがみ合っていなくとも、起こるのである。無骨を誇る鎌倉武士の習性であるが、喧嘩に走るばかりを押さえるため、泰時は両方の、血気盛んな家村と朝村を出仕停止の処分にしたのである。

経時・時頼の対応と泰時の訓戒

この三浦―小山の喧嘩の際に、経時と時頼に対応の差がでた。経時は兵具を着けた祗候人（従者）を三浦泰村方に派遣した。泰時の室（妻）が三浦氏出身（泰村妹）であり、日頃から昵懇であったことから、この反応に出たのであろう。いっぽうの時頼は慎重に構え、どちらにも肩入れすることもなかった。

二人の違いを目前にした泰時は、兄経時の行動を「はなはだ軽骨なり（軽率）、暫くは私から離れていなさい」と叱責し、時頼に対しては「よくよく斟酌していて大事なことをわきまえている、褒美をあたえよう」と言った。泰時は常日頃から、些細な喧嘩が不測の乱闘に発展するのを危惧していた。そのため経時の粗忽を咎め、時頼の慎重さを褒めたのであるが、泰時は三浦方惣領（泰村）と小山一門代表格（長村）を呼んで、「二人はたがいに一家数輩の棟梁なのだから全身で不慮の凶事を防ぐべきだ、それなのに私的な武威をひけらかすは愚の極みである、今後は謹むように」と皆を戒めた。

泰時六十二歳の裁きであるが、みごとである。翌月十五日、時頼には一村が与えられ、同時に経時への叱責も許された（『吾妻鏡』）。この経緯を記述する『吾妻鏡』は、兄経時と弟時頼の武勇・慎重の差を強調している。ここには後に、執権が経時から弟時頼に継承されたのは当然だとする意識がうかがえる。割り引いて読む必要があろう。経時とともに時頼にも武勇にはやる気性もあったであろうし、経時にも思慮深い面もあったろう。二人は両面を持っている。この喧嘩での対応に出た差を際だたせる叙述であろう。

泰時死去の記事

泰時は仁治三年（一二四二）六月十五日に死去した。幕府側の『鎌倉年代記裏書』は仁治三年に「六月十五日入道前武蔵守正四位下平朝臣泰時卒」と記し、京都公家の編纂物『百練抄』も「関東飛脚上洛す、泰時朝臣去十五日事切れ畢んぬと云々」と記述している。ただ『吾妻鏡』は仁治三年が欠落しており、泰時死亡の叙述はない。『吾妻鏡』の欠本については政治的意図があるとの推測もあるが、仁治三年欠本の理由はよく分からない。

泰時の体調は死去の一月以上前から悪化していた。五月八日には所労により出家しているが（『鎌倉年代記』）、死を覚悟したのであろう。平経高（中級貴族）の日記（『平戸記』）の五月十三日には、六波羅辺の騒がしい様子を見聞してきた従者が「関東の泰時が去月（四月）二十七日頃から病気となり、症状が上下しているが、将軍から出家の許しが出たという、また六波羅探題の北条重時が鎌倉に下向するとのことです」と話した、と記述されている。探題の重時が下向となれば、京都の治安維持も不確かなことになるので、公家たちも心配し、後嵯峨天皇は制止した。が、重時は下向し、もう一人の探題の時盛も下向の風聞がたった。泰時の病状など実際の様子は、将軍頼経から父九条道家への報告はなかなか届かない状況のなか、京都政界はかたずを呑んでいたが、五月末になるとわずかな情報が入った。平経高は内裏にて参加した土御門前内府（近衛〈衣笠〉家良）がつぎのように話すのを聞いたのである。「幕府使者が去夕九条道家殿に参り、泰時法師は赤痢を煩っているとのことであり、京都の医師の看護を望んでいるとのことである。ただこの煩いは本当なのか、将軍が煩っているのではないかとも考えられる」。泰時の病気が赤痢だという情報が入っていたのである。赤痢については『民経記』（藤原経光の日記）も六月二十日（死去後）の記事で、九条道家に届いた関東飛脚の情報は累日所労の泰時に赤痢が交じったというものであった、と記述している。泰時の赤痢はたしかであろう。臨終には熱気が責め来て火が燃えるようで、まるで平清盛の如くであったという（『民経記』）。六月という夏の高温のなか赤痢に冒され泰時は十五日に死去した。京都では隠岐で死去した後鳥羽院の怨霊が噂された。

泰時の死去後、鎌倉では嫡孫経時が将軍補佐（執権）に就いた。死を前にした泰時が指名したのであろう。順当な人事かとも思われるが、六波羅から鎌倉に下向した重時の政治力がものをいった。

重時の鎌倉下向

泰時の弟である重時は六波羅北方であったが、泰時の危急を知り、五月十三日には京都を発ち、鎌倉に向かった。急いだであろうから、二十日過ぎには鎌倉に着いたであろう。そして七月十日には再び上洛しているので、鎌倉滞在は五月下旬から六月末まで、一か月余りであった。この期間、重時は執権を継承した経時にまず面会したであろう。また時頼とも会ったはずである。経時・時頼の兄弟は、祖父泰時の弟であり、泰時がもっとも信頼した重時と久しぶりに面談したのである。

重時が鎌倉でどのようなことをしたか、史料は全くない。ただ就任したばかりの執権経時の地位を確かなものにする努力をしたであろう。状況は、有力御家人だけでなく、北条氏一族にも、経時の執権就任を積極的に支持する雰囲気があるとは思えない。三十年の長きにわたって幕府を主導してきて、多くの人から支持を得ていた泰時が死去したのであるから、人々は喪失感のなかにあり、政治的空白が生じたと言える。

この状況のなか、ひと月余りで、重時ができたことは何か。まずは泰時の葬儀の沙汰であろうが、この様子は不明である。泰時の墳墓・堂は山内栗船《やまのうちあうふな》（青船）につくられた。山内（山ノ内）には泰時妻（三浦義村娘）の母の墓もあり、嘉禎三年十二月十三日には泰時はその供養をして、経時・時頼の父である時氏も聴聞していた。また山ノ内には泰時別亭もあり（『吾妻鏡』仁治二年十二月三十日）、泰時に所縁の深い地であったが、ここに決まったのは、泰時の実弟で北条一族長老の重時の賛同があったのであろう。

また泰時の従者（被官人）のなかには、泰時死去にともない出家する者もいた。諏訪兵衛尉盛重は寛元四年（一二四六）以後には「蓮仏」と『吾妻鏡』に見えるので、仁治三年に出家したものと思われる。また平盛綱も仁治三年以後は「盛阿」（出家名）と署名しているので、泰時死去にともない出家したと見られる。こうした泰時従者の身の振り方はややもすると得宗家の衰退につながるが、この人たちを繋ぎとめるに、泰時弟の重時が大きな役割を果したたであろう。

経時・時頼の袖判文書の発給

得宗家の所領は、おもに経時と時頼に分割相続された。二人は、すぐに、相続した所領に、知行権を行使する文書を出した。その文書発給に携わったのが平盛阿（盛綱）であり、経時・時頼両方を担当している。二つの文書を対比してみよう。

イ　北条経時書下（南部光徹氏蔵南部文書）

（花押）（北条経時）

平賀郡内大平賀村々事、任故入道殿御時之例、如元可令致沙汰給之由、所候也、仍執達如件、

仁治三年十月一日　　沙弥盛阿奉

曾我五郎二郎殿

〔読み下し文〕

（花押）（北条経時）

平賀郡内大平賀村々の事、故入道殿御時の例に任せ、元の如く沙汰致せしめ給うべき由、候う所なり、仍って執達件人の如し、

仁治三年十月一日　沙弥盛阿奉

曾我五郎二郎殿

ロ　北条時頼書下（陸奥新渡戸文書、岩手大学図書館蔵）

（花押）〈北条時頼〉

平賀郡内乳井郷内阿弥陀堂別当職事、任故入道殿御時之例、如元可令致沙汰給之由、所候也、仍執達如件、

仁治三年十月一日　沙弥盛阿奉

毘沙鶴丼女子鶴後家殿

イは、陸奥国平賀郡内大平賀村々を曾我五郎二郎が、故入道殿（北条泰時）の時の例の如く沙汰する（支配する）ことを認めた文書である。差出は、沙弥盛阿が主人の意向を受けて文章に認め、主人（経時）は文書冒頭（袖）に花押を据える形式である。発給年月日の仁治三年十月一日は、泰時死去

から三か月半後である。平賀郡大平村（青森県弘前市）は承久四年三月十五日北条義時が曾我五郎次郎に知行を認め、延応元年三月二十八日には北条泰時が曾我惟重に税を徴収する権利を認めているところの北条得宗家の所領である。得宗代々が奥州曾我氏の知行を公認してきたわけであるが、泰時から経時に代替わりした仁治三年十月にも曾我五郎二郎（惟重）の知行を公認する文書が出されたのである。

ロは、同じ平賀郡内の乳井郷《にゅういごう》内の阿弥陀堂別当職を、毘沙鶴并女子鶴後家に以前と同様の（元のごとく）知行することを認めた文書である（毘沙鶴は乳井郷阿弥陀堂別当の曾我一族小川氏カ）。この乳井郷内阿弥陀堂別当職に関する北条氏発給文書はこれしか残っていないが、「故入道殿（泰時）御時の例に任せて」の文言があることから、泰時時代から北条得宗領であったと考えられる。それが、仁治三年十月一日、得宗の代替りにともない、新領主の時頼が毘沙鶴らにその知行を認めたのである。

イとロは同じ平賀郡内の所領であるが、イは経時の発給であり、ロは時頼の発給である。平賀郡は前代の泰時までは得宗所領であったが、ここでは別々の所領に分かれている。得宗領が経時と時頼に分割されたのである。別個の所領となったわけであるが、その知行のしかたについて「故入道殿（泰時）御時の例に任せて」の文言がイ・ロともに入っており、経時・泰時は泰時を背負っている。得宗領は兄弟で分割したが、前得宗泰時とまだまだ一体なのである。

そのことは、イ・ロの文書の形にも見える。両方ともに発給主人は袖の花押に表現されているが、文書の作成は沙弥盛阿であり、文章表現もちかい。作成日も同じ十月一日。これはイ・ロが同時に同じ場所で作成されたことを意味しよう。この時、経時・時頼はともに泰時亭にいたであろうから、得宗被官に囲まれていた。盛阿の俗名は平盛綱であり、長きにわたり泰時の側近被官であった。イ・ロは泰時亭で、泰時側近だった平盛綱（盛阿）により、作成されたのである。文書作成の主体は平盛綱（盛阿）にあるので、得宗家の執事奉書とよぶのがふさわしい（細川重男二〇〇〇）。経時（十九歳）と時頼（十六歳）は、故得宗泰時の家政の枠組みのなかで、その被官人に支えられていたのであり、まだ独立した存在とは見なされていなかった。時頼は、兄経時とならぶように、得宗領知行に関する文書に花押を据えたのである。

このことは、執権に就任した経時が単独で家督を継承するに同意しない空気が、得宗家あるいは北条一族にあったのではないか、とも思わせる。被官人（平氏・尾藤氏・諏訪氏など）には、偉大な泰時後の得宗としては、経時一人では困難とする考えもあったのであろう。

3　執権経時の政治

寛元年間の正月垸飯にみる幕府内序列

経時は仁治三年六月執権に就いたが、すぐに幕府を思い通りに動かせたわけではなかった。宿老と言われた有力御家人たちが幕府政治を動かしていたのである。この有力御家人と北条氏の位置関係を、重要な幕府行事である正月垸飯のなかに見てみよう。

仁治四年（寛元元年）正月一日の幕府垸飯は足利左馬入道（義氏）の沙汰であった。将軍に献上する御剱の役は北条政村（前右馬権頭）、御調度役は三浦泰村（若狭前司）、御行縢役は佐々木泰綱（壱岐前司）である。足利義氏の父・義兼は将軍頼朝と同様に、熱田大宮司家と縁戚を持ち、鶴岡八幡宮寺に一切経を奉納している名誉ある御家人である。その足利義氏は幕府内で最有力に近いものと意識して一日垸飯役を沙汰した。北条氏では泰時弟の政村が御剱役である。三浦泰村は執権泰時を支えてきた有力者である。

この年の正月垸飯について、『吾妻鏡』は一日だけを記述していて、二日・三日のことは分からない。ただ正月垸飯では一日が重視されるから、ここに幕府での序列が表現されていると見てよい。垸飯が過ぎて、将軍（頼経）は御家人の家を訪問する行事になるが、この年正月は五日に秋田城介（義景）甘縄家に入り、将軍若君（頼嗣）は北条政村亭に渡った。安達氏も頼朝以来の有力御家人である。このように、仁治四年（寛元元年）幕府は有力御家人（豪族的領主）に支えられる体制で出発したのである。

北条得宗家を担うこととなった経時・時頼の兄弟には、この年の中頃に、名誉なことが訪れた。左近将監経時は正五位下に叙せられ（六月十二日）、七月八日の臨時除目では武蔵守に任じられた（同時に北条朝直も遠江守になった）。武蔵守は泰時がながい間背負っていた職であり、得宗家に相応しいものであった。これにより、経時の幕府内序列も上昇した。閏七月二十七日には大叔父の重時が従四位下に叙せられたが、同日に時頼が左近将監に任じられた。時頼は兄経時の官を継いだのである。この任官には六波羅探題重時の働きかけがあったものと推定される。

その次の年（寛元二年）の正月垸飯は北条氏によって推進された。一日は武州（経時）の沙汰であり、御剱は北条政村、御弓矢は三浦泰村、御行縢は安達義景である。得宗の経時が幕府垸飯を主催（沙汰）している。ともに進めたのは、前年からの北条政村・三浦泰村・安達義景である。三浦泰村・安達義景は北条経時の縁者でもある。二日垸飯の沙汰は相模左近大夫将監（時定）の沙汰、御剱役は北条左近大夫将監（時頼）である。ここに北条時頼が垸飯行事に初めて見えるが、兄経時の力添えがあったろう。二日の沙汰をした左近大夫将監は、時頼弟の時定ではなく、時房（義時の弟）の子である。時房の子は「相模」を通称に入れているので、ここの時定もそうである。三日の沙汰は遠江入道（名越朝時）であり、御剱に毛利広光（兵衛大夫）、御調度に名越時章（遠江式部大夫）、御行縢に北条時長（備前守、名越朝直の子）が就いた。名越氏が目立つが、得宗家に次ぐ有力な家筋であり、幕府内序列でも高い位置を占めたことを示している。毛利広光は大江広元の孫であり、実朝側近の季光の子である。毛利季光は娘をやがて時頼に嫁がせる。寛元二年正月垸飯は得宗家にかたよることなく、北条氏全体が役を分担するかたちで、参加していた。

寛元三年正月の一日垸飯については、武州（経時）の沙汰、御剱は北条左近大夫将監（時頼）、御調度は三浦光村、御行縢は三浦資村と見える（『吾妻鏡』、二日・三日の記事はない）。北条一族の名越氏が見えない。ここで注目されるのは御剣役である。北条政村が御剱役をつとめるという慣例が続いていたが、それを破って時頼が御剱役についている。これには相当な反発もあったことと思われるが、得宗経時の強い意向があったものと思われる。北条一族の名前が見えないが、これも北条氏の非得宗家の疎外と受け取られたかもしれない。

寛元四年の正月垸飯は一日に経時の沙汰で行われた（二日・三日の記事はない）。四日には入道した前将軍（頼経）と将軍（頼嗣）が御行始めとして時頼亭に入った。これにより得宗家の権威は確かなものとなった。時頼は得宗経時の下で、得宗家の第二位の人物として、幕府に参画している。

こうして寛元年間を通じて、幕府正月垸飯は、有力御家人（豪族的領主）が寄り合う形のなかで、次第に北条氏の参加が多くなり、得宗の意向が反映されるようになった、とみることができる。

執権経時と評定衆

経時の執権就任期間は、仁治三年六月から寛元四年三月までの三年九か月である。この期間連署は置かなかった。後世の目からすると、時頼が連署に就いてもよさそうであるが、それが実現していない。その背景としては、北条氏一族にも名越氏などに得宗家と距離をおく人々が多く、時頼の連署を許さない雰囲気があったと想像される。

経時執権時代の評定衆を並べてみよう。典拠は『関東評定伝』（群書類従）。

仁治三年（記載順）

執権　北条経時（左近大夫将監）

評定衆　北条政村（前右馬権頭）＊泰時弟

北条有時（駿河守）＊泰時弟

北条朝直（武蔵守）＊泰時弟

北条資時（相模三郎、法名真昭）＊時房子、泰時甥
北条経時（左近大夫将監）
中原師員（前摂津守）
毛利季光（蔵人大夫大江、法名西阿）
二階堂行盛（信濃、民部大夫藤原、法名行然、政所執事）
大江泰秀（前甲斐守）
三浦泰村（前若狭守）
後藤基綱（前佐渡守）
二階堂行義（前出羽守藤原）
安達義景（秋田城介藤原）
藤原為佐（前太宰少貳）
三善倫重（前対馬守）
三善康持（加賀、民部大夫、問注時執事）
三善康連（太田、民部大夫）
清原季氏（右衛門大夫）
清原満定（左衛門尉）

総数十九名を数えるが、北条氏では故泰時の弟や甥が多い。泰時存命時代からの体制が継続している。大江氏、二階堂氏、清原氏は各二人、三善氏は三人と法曹専門家が多くを占める。伝統的武士は三浦氏だけである。この年の評定衆は故泰時時代がそのまま続いていたと考えてよかろう。

経時が執権として初めて迎えた年の仁治四年（寛元元年）は評定衆が減少した。

仁治四年（寛元元年、記載順）

執権　北条経時（左近大夫将監）
評定衆　藤原為佐
三善倫重
三善康持（問注所執事）
三善康連
清原季氏
清原満定
宇都宮泰綱（新加）

評定衆として見えるのは全体で八名（執権を含む）と少ないなか、法曹官僚の三善氏と清原氏がおおい。前年の北条氏は、みな外れている。伝統的御家人では、三浦氏にかわり、宇都宮氏の泰綱が入っている。この宇都宮泰綱と北条泰時は親しい関係にあったと思われ、泰時孫の経時と泰綱娘との間では一時は婚約が成立したこともあった（伊藤邦彦二〇一〇）。宇都宮泰綱の評定衆参加は経時の意向と考えられる。寛元元年の評定衆人事には執権経時の政治的判断がうかがえよう。

寛元二年になると、評定衆はふたたび増加し、総数二十二名となる（執権をふくむ）。仁治三年当時に戻ったと見えて、そのメンバーもほぼ同じである。外れたのは北条有時と清原季氏であるが、新たに四名が加入している。伊賀光宗（法名光西）、三浦光村（泰村弟）、千葉秀胤、三善倫長である。新規に伝統的御家人が三人入っている。

寛元三年でもほとんど移動はみえないが、総数二十二名（執権を含む）。大江一族の忠成が入っている。

寛元四年、四月に執権は経時から時頼に変わるが、評定衆は総数二十二名である。メンバーは三月までは変化がない（六月に三人が除かれたが、これについては後述する）。

経時執権時代の評定回数

執権は評定衆の会合を主催するが、経時の時代にはどのくらい評定が開かれているだろうか。『吾妻鏡』を通覧すると、寛元元年が七回、同二年が十一回、同三年が二回、同四年は三月までに三回である。寛元元年・二年の回数が多いが、これは泰時晩年時代の延応元年八回（五月泰時不例）、仁治元年十三回、同二年十回の慣例を継承するものと言えよう。経時は寛元三年五月に黄疸を患い、間もなく平癒したというが、この年の評定会議が少ないのはそのためかと思われる（泰時不例の延応元年も同様）。

経時時代の評定は開催数からも、泰時時代の慣習を維持していたと言えよう。経時は評定衆を牽引するかたちで、執権権力を行使していたと見られる。

裁判迅速化の指示　執権経時は、泰時以来の慣例を改革する事業に着手した。理由は「成敗懈怠」（判決を下す作業を怠けている）である。審理・判決に日時がかかり、遅々として判決が出ないのである。そこでまず、経時は寛元元年二月二十六日自亭にて、訴論沙汰（原告・被告の主張を審理し判決案を作成する）の日取りと担当者を決めた（『吾妻鏡』）。三つにわけたが、次のとおりである。

一番　三日・九日・十三日・十七日・二十三日
　中原師員・三浦泰村・宇都宮泰綱・矢野（三善）倫重・太田（三善）泰連
二番　四日・八日・二十四日・二十八日
　後藤基綱・藤原為佐・二階堂行義・清原季氏
三番　六日・十四日・十九日・二十六日・二十九日
　二階堂行盛・長井泰秀（大江）・秋田城介（安達義景）・町野（三善）康持

日程を数えると、ひと月に十四回も開催される予定であり、二日に一回の割合で評定が行われることとなった。評定衆は三つの番に編成されているが、法曹専門としては三善氏が多い。三つの番に編成した評定衆に、それぞれが訴訟案件を分担させて、全体として扱う件数を増やそうとしている。そうすることで案件処理の迅速化を図ろうとしている。日程など、この規定通りに実施されたかは分からないが、この方向を打ち出したのである。

裁判・結審が遅々とすると、訴論人が疲弊してしまうが、遅々の理由はほかにもあった。評定で結審しても、その旨を載せた判決書（将軍の仰せを受けた正式の裁許状）の発給が遅いのである。執権経時は、五月二十三日に問注所執事町野（三善）康持に御書（書状）を出して、評定が終わっても（判決趣旨が決まっても）「事書遅々」（判決主文の作成が遅れている）としている状況を是正するように命じた。また九月二十五日にも再び町野（三善）康持に命じた。「訴訟につき評定で判決主文が決まり、実行に移すよう問注所に仰せ下したのに、将軍の御成敗状発給が遅れている。今後は問注所職員がその主文の趣旨を踏まえて将軍裁許を仰ぐべきである。将軍下知（裁許）状と評定主文とを勘合して間違いなければ、その旨を勝者に伝えていい」。これをみると、訴論につき、評定での判決趣旨に沿った裁許状に作りあげるのに、問注所で日数を費やし、遅々としていることが分かる。執権経時は、評定を主催する立場にあり、裁判を迅速に処理したいのであるが、評定での判断の結果がなかなか将軍裁許状として成文化されない事に苛立っている。裁判の数を多くし、はやく処理したい。それには問注所事務の迅速化が必要である。これが執権経時の判断である。

執権経時の裁判改革の方針は、翌年（寛元二年）十月十二日に十七箇条の法令（追加二一七〜二三三）としてまとめられたが、訴訟の担当者や問注所奉行人（役人）に対する指示がおおく見える。訴人・論人の貧福により一方に肩入れしたり、非公式に内儀をもらしたりしてはならない。また訴論人対決の場面で雑言を発する者を奉行人は容認せず退出させよ、訴人・論人のどちらに肩入れするのでなく、中立でなければならない。かつて泰時は延応二年に案件によっては評定の座から退くこと（祖父母・父母・養父母・子孫・養子孫・兄弟・姉妹・聟姉妹孫聟・舅・相聟・伯叔父・甥姪・従父兄弟・小舅・烏帽子子）を決めていたが（追加法一四〇）、経時はこれを問注所奉行人にも適用した（追加二二九）。問注所の役人（奉行人）が親類などの縁者に肩入れすることが多くなり、幕府裁判が法律専門家の利権発生の場になろうとしていたのである。

執権経時は、このように慣例化（利権化ともなる）していた裁判を改革しようとした。このとき弟時頼は評定衆ではないため、この場面の外にいたが、執権就任直後には経時法令十七箇条を徹底するよう指示しているから（後述）、兄経時に賛同していたのである。

経時時代の都市鎌倉政策

鎌倉は御家人の集住地であり、武士のまちである。そして鶴岡社など多くの寺社も立ち並ぶ。武士や僧・神職は従者をともなうが、寺社の増加にともない、従者の人数もふえた。鎌倉に人々が集うようになり、都市化がすすむ。泰時は鎌倉の都市整備化を図り、仁治二年には朝比奈の切通を開削して（『吾妻鏡』）、六浦《むつら》（武蔵）との連絡路を確保した。六浦は房総方面からの船が着く港であり、六浦～十二所（塩嘗め地蔵が所在）～朝比奈切通～雪ノ下という交通が盛んとなり、往来が活発になった。往来する人々は鎌倉のなかに一時的住居を求めて家屋が乱立するところとなったが、泰時は居住区ごとに「保」を設定し、保司に取り締まらせ、同時に鎌倉の辻々では篝火を燃やすよう保奉行人《ほぶきょうにん》に命じている（『吾妻鏡』仁治元年十一月二十一日）。この時期、朝廷から活動が規制された念仏衆が関東でも横行し、とくに黒衣の念仏衆が鎌倉で「不当濫行」に及ぶことが頻発したため、これを警戒した（追加法九〇）。鎌倉でも治安対策が必要となったのである。それほどに、鎌倉には御家人や僧侶以外の、その付属人や所属関係のあいまいな人々が集まり、時には治安を悪化させていた。

仁治三年は泰時死去の年であるが、死去の三か月前、泰時は「鎌倉中の僧徒の従類」が太刀・腰刀を身につけるのを禁じた（追加法二〇〇）。僧徒の兒・共（供）侍・中間・童部・力者法師が雄劔を横にし、腰刀を差し、闘乱をおこしたり、殺害に及ぶことが多発していた。具体的には勝長寿院《しょうちょうじゅいん》の僧房（坊）では酒宴を好み闘乱に及ぶことが連続していた（追加法二〇一）。勝長寿院は源義朝をまつる幕府後援の寺院であるが、僧の房（坊）が増加した。坊に付属する下層人（兒・共侍・中間・童部・力者法師）が別の坊の下層人と武器を持って闘争していたのである。理由は些細なことで、酒宴の延長だという。ひとりひとりの僧が武力を持つ集団の長であることを示しているが、この暴発が不安定要素の一つである。

幕府は、こうした事態に対して、寛元二年十二月二日富士下方諸社の供僧が念仏者の真似をして触穢のまま参社していることを禁止しているが（追加二三六）、富士宮だけでなく鎌倉中の神社にたいしても同様の方針を示したであろう。

執権経時は、鎌倉の治安対策の強化に乗り出した。寛元二年（一二四五）四月二十二日、鎌倉の保々奉行人に次の五箇条を指示している。

一、道を作らないこと（勝手に道を作らない）。
一、宅の檐（のき、ひさし）を路に差し出さないこと。
一、町屋を作り路を狭めないこと。
一、小屋を溝上に造り懸けないこと。
一、夜行しないこと。

五箇条のうち、四箇条は家屋にかかわることである。宅を構えても廂を路に差し出すな、宅へ通じる路をかってに作るな、という。空き地に宅が造成されている様がうかがえよう。また町屋は市《いち》のための一時的家屋であるが、路を狭めるように作ってはならない、付属の小屋は溝を塞ぐことがないこと、等々の規定からは鎌倉市中に入った下層人（雑人）の一時的家屋が急増している様子が読み取れる。それに対して、経時は保々の奉行人（監督者）に対して、この触れを掲示して七日を経た後、これに違反して建てたら、使者を派遣して破却するよう命じた。この時期の、鎌倉市中の取り締まり権は政所執事にあるため、経時はその政所執事である後藤基綱に命じたのである。

鎌倉が都市化するにしたがい、雑人の家屋作りを制約し、通路を確保する、公安的内容の規制が経時の時代に始まったのである。

経時・時頼第の火災

寛元二年十二月二十六日、経時と時頼の第（邸宅）が火災にあった。辰の刻（午前八時頃）である。冬の朝はやくに火が出て、燃え広がり、余煙は隣接する幕府政所に及んだという（『吾妻鏡』）。経時・時頼の兄弟は、祖父泰時の亭の敷地に、それぞれの第を構えていた。近接していた第が一挙に燃えあがり、北にあった幕府政所まで及んだのである。経時・時頼兄弟は焼け出されて、いったんは他所に身を寄せていたと思われるが、その場所は分からない。

鎌倉では火災がまま見える。この前年の仁治四年（寛元元年）の正月九日寅刻には足利家氏（大夫判官）の亀谷の亭の向かい頬《つら》にある人家が焼亡し、二月二日辰刻には故北条義時の崇敬あつい大倉薬師堂にて失火し、焼けた。いずれも冬の早朝であり、経時・時頼第と同じである。

経時・時頼邸の新造には、約半年の日数を要したが、翌年（寛元三年）六月に完成し、二十七日には二人とも新居に入った。経時は故泰時亭の北側に第をつくったが「花第」といわれた。時頼の新居は小町（宝戒寺の地）であるが、この地は故時房の旧跡であった（秋山哲雄二〇〇六）。

経時邸は故泰時亭の北半分であるが、泰時亭は御所の北側にあったので、経時新居は御所の北に近接する位置となる。経時の新居住まいが始まって一月後、経時・時頼の妹（檜皮姫）が新将軍（頼嗣）に嫁入りするが、姫は得宗の経時邸に同居していたと思われる。経時・時頼の新居への移動が六月末なのは、七月の婚姻と連動していたに違いない。

4　入道将軍の出現

頼嗣の将軍就任と婚儀

寛元二年（一二四四）四月二十八日、将軍が頼経から子の頼嗣にかわった。六歳の頼嗣は直前の四月十日に元服した。その儀は嘉禄の例（頼経の例）で行われることとなり、幕府有力者がほとんど参加した大儀なものであった。理髪加冠の役は執権経時であり（嘉禄では執権泰時）、御前物陪膳は時頼がつとめた（嘉禄では重時）。また庭上の座に着した人々が見えるように御簾を上げた役も時頼であった。成人した頼嗣は将軍宣旨を蒙り、右近衛少将に任じ従五位上に叙せられた。新将軍は直後に三日病（流行性感冒ヵ）を病んだが、間もなく回復した。こうして頼嗣は大人の将軍へと歩み出すが、十二月七日には読書始めが執権経時の主催で催され、時頼はじめ幕臣が拝聴した。将軍が帝王学を身につけて行く脇で、十八歳の時頼は、すでに武的名誉心を重視するようになっていたが、さらに政治的文事の世界にも触れるようになっていた。

翌年の寛元三年七月二十六日、新将軍の頼嗣と執権経時妹（檜皮姫、十六歳）との婚姻がなった。檜《ひ》皮姫《はだひめ》が御所に参じたのである。その様子を『吾妻鏡』は「今夜武州（経時）御妹（檜皮姫公と号す、年十六）将軍家御台所として御所に参じ給う、近江四郎左衛門尉氏信・小野沢二郎時仲・尾藤太景氏・下河辺左右衛門次郎宗光ら扈従す、これ厳重の儀にあらず、密儀を以てまず御参す、追って露顕の儀あるべし」と記述する。厳重ではなく（威儀を整えた形でなく）、密儀として、御参したという。それゆえ、護衛もわずかである。小野沢・尾藤らは得宗家に随う人たちであり、得宗・経時の強い意志により、この時期に実行されたと見てよい。八歳の将軍頼嗣と父の入道将軍（頼経）の賛同なしには行えないであろう。

将軍家と北条氏との婚儀は頼朝・政子以来であるが、経時も、また時頼も、婚姻による結び付きを重視してゆく。

前将軍頼経の出家

頼嗣の将軍宣下と婚姻の間、七月五日、前将軍の頼経が久遠寿量院で出家した。久遠寿量院は将軍御所内の持仏堂であるが、頼経は出家後も、ここで法華八講・法華十種供養、法恩舎利講などを催している（『吾妻鏡』）。

出家した頼経は、『吾妻鏡』では「大殿」・「入道大納言家」と表記されるが、『保暦間記』は「頼経将軍出家シ給ヒケル、此ヲ入道将軍ト申ス」と記述し、更に「頼嗣幼稚ノ間、出家ノ後モ政ヲバ聞給ヒケリ」と続けている。入道将軍として、幼稚な頼嗣の後見人として幕政を握っていたというのである。幕府の将軍後見役は執権であるが、ここにまた別の将軍後見が出現した。

『保暦間記』の記述からは、出家後の頼経には将軍を後見しようとする強い意志が見える。これと連動するように『吾妻鏡』には「入道大納言家御書」という文言が出るようになる。出家した前将軍が発給した文書である。こうした文書は現物としては残存していないが、『吾妻鏡』にはその例が三通ほど見える。そのうち二通は、寛元三年八月五日の執権経時不例（黄疸）回復の祈禱、同九月十四日の将軍不例回復祈禱をつとめた隆弁に謝意を伝えるものである。ともに自筆の書状であり、剣をいっしょに与えたという。九月十四日御書は『吾妻鏡』に引用されているが、「三位中将（頼嗣）所労火急のところ、母儀に夢の告あり、即時平愈の上、経時の病患、又もって減を得おわりぬ、法験重畳、言語のおよぶ所にあらず、勧賞を行わるべしと云云」（読み下し）とある。鶴岡別当隆弁が病気平癒の祈禱に励んだことの労をねぎらい、賞を与えると言っている。この御書は、内容的には感状である。書式は直状であるが、書状あるいは御教書となろう。この入道将軍書状は、この二例しか見えないが、他にも出されていたものと思われる。

将軍権力発給文書と執権発給文書

経時執権時代に幕府が発給した文書を調べてみよう（『鎌倉遺文』）。将軍権力が発給する政所下文・袖判下文は寛元元年が三通であり（六月十一日、七月二十八日、九月二十一日、いずれも政所下文）、同二年が四通である（五月日、八月十八日、十二月四日、十二月三十日、いずれも袖判下文）。同三年と同四年（三月まで）はない。

いっぽう、執権（経時）が発給した御教書・下知状は、寛元元年が九通、同二年が十二通（ほかに書状が一通ある）、同三年が六通であり、同四年はない。数の上でも、執権発給が圧倒的におおい。これは相論裁許が増加しているためであり、御家人の訴訟を裁く評定衆・執権権力のありかたを示している。相論裁許を求める御家人の要望に対して、執権が応じていたのである。

また『吾妻鏡』には執権経時も「御書」を発給していたことが見える。寛元元年五月二十三日、経時亭にて諸人訴論のことを沙汰した（評議）件につき、問注所執事の三善（町野）康持に御書を出した。事書（判決主文）が遅々としては諸人が嘆くので、事書と下知状草案を引合わせ（突き合わせ）迅速に進めるよう奉行人に命じよと指示したのである。評定での判決が決まっても、その判決状（下知状）作成に日数をかけないよう、問注所執事に命じたのである。評定の開催階数を増やすだけでなく、その結果がすばやく実行されるよう、執行過程に指示を出している。裁判組織の上下関係に任せきるのでなく、その運用が迅速に進むよう、執権として、御書を出しているのである。形式は書状か、御教書であろう。

こうしてみると、経時執権時代には、将軍を後見（補佐）する力関係が、執権と前将軍との複数に分かれていた。ただ幕府を実際に動かしていたのは、執権と評定衆であり、執権経時はその先頭にたち、裁判の迅速化をはかるなど、幕政改革に挑んでいた。時頼はそれをそばで見ていた。が、まさか執権職が自分に回って来るとは思いもしなかった。

第三章　不穏と不安の鎌倉政界

1　鶴岡八幡宮の別当と坊

鎌倉の政治的中心は将軍であるが、その将軍が参詣する鶴岡八幡宮が大きな影響力をもっている。将軍はほぼ毎年正月に鶴岡社に参詣し神性を身に帯びて御所に戻り、出仕した御家人に向き合う。将軍御所はその将軍と御家人が集う場であり、御所と鶴岡社は一体の関係にある。したがって鎌倉での政治変動は将軍―鶴岡社の関係性の変異となってあらわれる。

鶴岡八幡宮寺の神意

その鶴岡社で、宝治元年（一二四七）二月一日、神職が御供をととのえようとしたところ、扉がしばらく開かなかったという（『吾妻鏡』）。また四月三日の恒例神事はなぜか延期された。『吾妻鏡』は将軍の正月鶴岡社参詣を記述することが多いが、この年はみえない。こうしたことで、鶴岡社には何

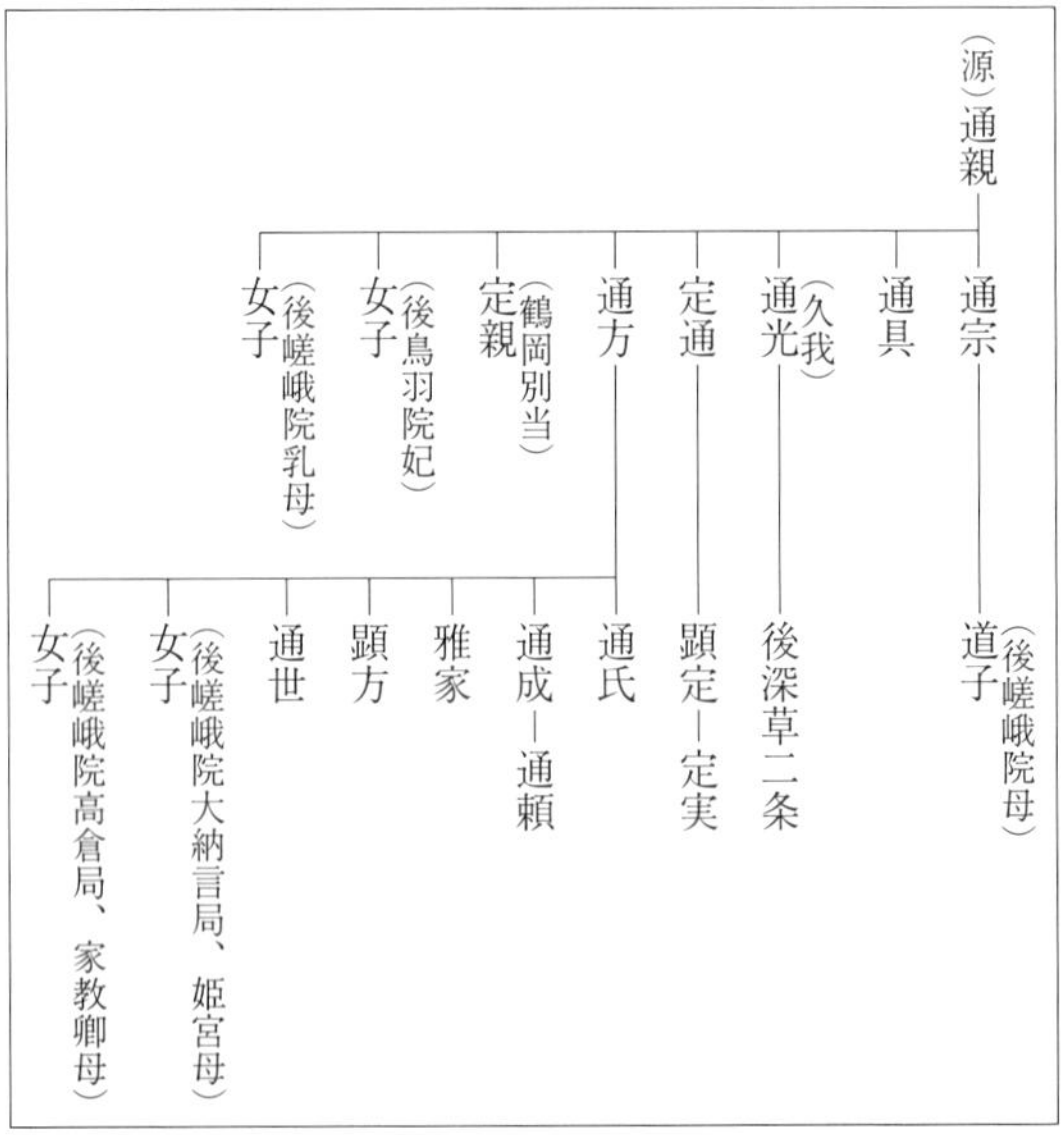

土御門家系図（抄）

か、例年とは違う雰囲気が漂い、鶴岡社西北麓に後鳥羽院の怨霊が現れた。

この年、五月末の政治的混乱から六月初め大規模な合戦（北条氏と三浦氏の合戦）が起こり、鎌倉は触穢となり、八月十五日の鶴岡八幡宮放生会も延期される。それが十一月十五日に実施され、九月九日祭礼が十一月二十日に遂行されて、もとの状態に復した。そして翌年（宝治二年）の正月には、将軍が鶴岡八幡宮に参詣する。こうして、鶴岡社に参詣する将軍、という中心軸が回復する。

社務職の土御門定親

鶴岡八幡宮は宮寺である。神前で最勝王経の読経や一切経供養が行われ、国家安泰を祈禱している。この八幡宮寺を統括する人物は社務（別当）と言われる。宝治元年当時、この社務には定親という人物が就任していた。定親は、鎌倉初期の京都政界に暗躍した源（土御門）通親の子であるが、兄通宗の娘（通子）が生んだ後嵯峨院が朝廷の中心となると、一族が繁栄した。この系統を『尊卑分脈』から抄出すると右頁系図のようになる。

このうち、通親の子の世代では、土御門を称した通方が、幕府にも近しい関係だったようで、その死去（嘉禎四年六月二十四日）が『吾妻鏡』の記事に採録されている。またその子の顕方は、宗尊親王が将軍として鎌倉に下向するのに同行して、時頼政権の将軍儀礼・行事などにふかく関わった。

この通方の弟が定親であり、鶴岡社別当（社務）となった。定親は先々代別当の定豪と同じく東寺の流れを汲み、寛喜元年に鶴岡社務を譲られた（「鶴岡八幡宮社務職次第」）。社務職期間は長く、宝治元年には十九年及んでいた。ただ京都の宗教界とも関わり続けており、京～鎌倉を往復していた。この一族のなかには鎌倉に下向する者も出た。妹は鎌倉に来て、鶴岡僧坊に関わり深い三浦泰村の妻となった。

僧坊二十五口と御家人

鶴岡社に奉仕する供僧の住坊は二十五坊といわれる。その坊の主（ぬし、坊主）はほとんどが三井寺（寺門）か東寺の出身であるが、御家人との縁が窺える坊もある。林東坊の行耀（寛元元年寂）は畠山重忠の推挙であり、文恵坊の永秀は梶原景時が送り込み、範祐は三浦尼公（三浦泰村妻）の申請による。また頓覚坊の良伝は山内首藤重俊の子であり、静慮坊の良祐は北条時政が送り込み、景辨は梶原景俊の子であった。実圓坊の猷辨は北条義時の挙達、南蔵坊の良成は足利義兼が一切経供養に置いた二口のうちの一口、もう一口は蓮華坊（勝圓）である。さらに慈月坊の慈辨の父は二宮太郎友忠子、母は河津三郎女・十郎祐成姉であった（『鶴岡八幡宮諸職次第』）。以上は坊の主であるが、こうした縁を頼りにして身を寄せる御家人出身僧もいて、鶴岡社の僧坊は関東御家人の出身者が出入りする場となっていた。鶴岡僧坊は御家人の政治的外縁部ともいえる状況になりつつあった。

したがって鶴岡八幡宮寺には関東御家人社会の利害が入り込む傾向にあるが、社務職の力も大きく、文恵坊の範祐のように社務定親（妹は三浦尼）の意向で坊主となった人物もいる。宝治合戦の一方である三浦氏の政治勢力の巨大化には鶴岡が一つの場を提供していたのである。そのため宝治合戦で三浦氏と社務定親が没落すると、北条時頼に近い隆弁が別当（社務）となり、定親系の僧は追われて、僧坊の半数は隆弁に近い人物が坊主となる（『鶴岡八幡宮寺諸職次第』）。

神職・供僧の悪行

鶴岡社の神職には関東地方の神社別当を兼ねる者も多かった。上総国海北郡久吉郷住人の僧善勝らは鶴岡職承に加えられていたが（『吾妻鏡』承元二年十二月十四日条）、鎌倉での奉仕の傍ら賭博に手をだしていた。また仁治二年（一二四一）五月二十九日、鶴岡職掌の常陸住人家重は博奕の科により神職を解かれた（『吾妻鏡』）。家重は常陸国国井住人であり、仲間を集めて博奕を行っていたが、幕府は罪科に処すよう主人の国井政氏に命じた。また甲乙人でありながら神人と号して煩いをかける者が出てきたので、幕府は神人を決まった人数だけにするよう宮寺（鶴岡）に要請した。鶴岡社の下層神職が地方で活動するところとなり、悪行に乗り出していたのである。

鎌倉では、鶴岡などの僧坊そのものが群飲・乱行の場となることがあった。延応年間（一二三九〜四〇）、幕府は僧坊で酒宴を行うことや魚鳥を食する会合を開くのを禁じたが、酒宴の場には俗人・

児童が交わり、肉類を酒肴に充てていると糾弾されている（追加法三七七）。僧坊が放逸の場となっていたのである。

鶴岡社は、宝治合戦後には別当が隆弁に変わり、綱紀が粛正されるが、それでも濫行（乱行）の傾向は続いていたので、幕府は取り締まりの対象とした（『吾妻鏡』建長二年十一月二十八日）。鶴岡社中心部は幕府体制のもと整然となったが、僧坊などには関東各地の不穏な空気が持ち込まれる場でもあった。

鶴岡八幡宮新宮（神奈川県鎌倉市）

新宮の怨霊

鶴岡社務の定親は、宝治元年四月二十五日、後鳥羽院怨霊を宥めるために、鶴岡社の乾《いぬい》方の麓に社壇を建立した。新宮《いまみや》である。別当には僧重尊が宛てられ、神領として上野国片山庄（群馬県高崎市）が宛てられた。この新宮の場所は鶴岡社我覚門を左に折れて行った山麓にあり、社の後ろは深谷の魔境で天狗が住むという（「新編鎌倉志」）。

後鳥羽院の怨霊に関しては、鎌倉には荏柄天神背後の山に棲むという少女霊の話が伝わっていた（『吾妻鏡』宝治四年正月二十二日条）。伊勢前司の娘というこの少女が言うには、「私は隠岐法皇（後鳥羽院）の御使として去る頃より関東に下向して日頃は相州（北条時頼）第に住していたが、隆弁法印が陪席し転経（読経）していたため、追い出された」。後鳥羽院の怨霊が憑依し鎌倉に下向し時頼第に入り込んでいたという。隆弁の読経・祈禱により、時頼第は事なきで済んだというが、この少女怨霊は鶴岡社の新宮建立が緊迫感をもった事業であったことを知らせる。

後鳥羽院の崩御は延応元年（一二三九）二月二十二日であり、幕府は三月十七日にその知らせを受けていたが、それから八年後の宝治元年に今宮を建立し、怨霊を鎮めようとしたのである。北条氏と三浦氏の合戦開始は六月四日であるが、その一か月余り前のことである。鶴岡では不穏な空気が漂っていたことが、『吾妻鏡』の記述から窺えよう。

2 三浦一族の勢力圏

三浦氏と北条氏の婚姻関係

北条時頼は宝治元年に三浦氏と鎌倉で戦い、ほぼ一族を滅ぼした。そのため北条氏と三浦氏は敵対関係で見られがちであるが、そうとばかりは言えない。北条氏と三浦氏との間には婚姻関係が系図類におおく見える（続群書類従など、『新横須賀市史』収録）。北条泰時は三浦義村の娘（のち矢部尼）を妻としており（時氏の母）、泰時の娘は三浦泰村（義村の子）の妻となっていた（早世）。このうち矢部尼は泰時と離縁した後、佐原（三浦）盛連（三浦義明の末子）の妻となり、その間に生まれた光盛・盛時・時盛は宝治合戦では三浦氏ではなく北条時頼方に参加している。

系図類の記載から、北条氏と三浦氏との関係を抜き出して整理してみると、左頁系図のようになる（矢部尼については『吾妻鏡』嘉禎三年六月一日条も参照）。

なかでも三浦盛時は、合戦の前年の十二月五日、時頼から陸奥国糠部五戸《ごのへ》の地頭代職を与えられている（宇都宮文書、『横須賀市史』、『青森県史資料編中世三』に写真）。文書の袖に時頼の花押が据えられた下文であり、得宗家公文所の作成であろう。書き出しは「下　陸奥国糠部五戸（改行）補任地頭代職

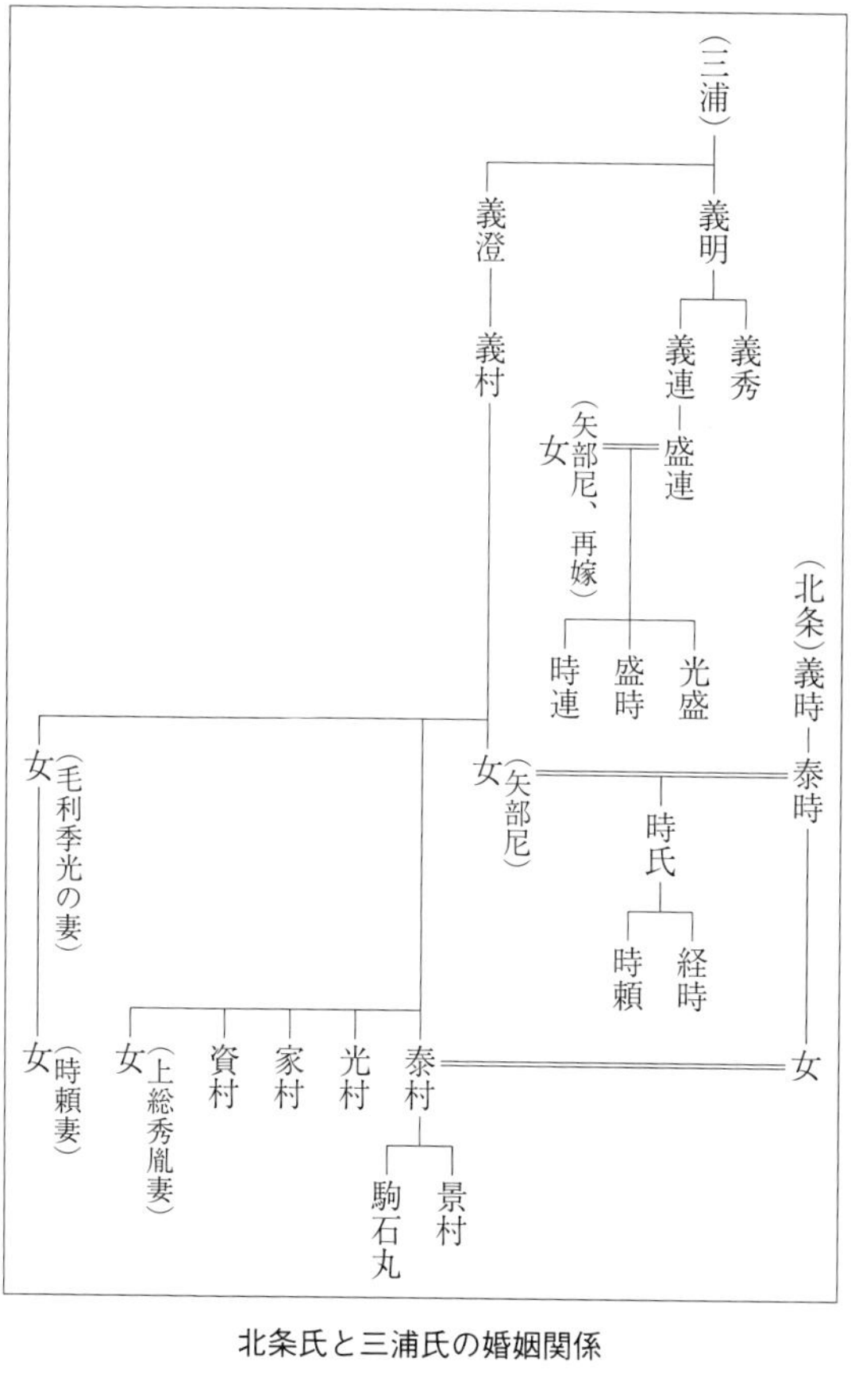

北条氏と三浦氏の婚姻関係

事」、宛所は「左衛門尉平盛時」。北条得宗家が地頭職を持つ陸奥国糠部五戸の代官職の補任状である。この文書を与えられた平盛時（三浦・佐原）は、得宗家所領の代官として知行にあたる。得宗の北条時頼の従者の立場に入っている。三浦氏一族の一部は得宗家との関係を深めていたのである。

三浦泰村

三浦泰村は暦仁元年（一二三八）に評定衆となっていたが、翌年十二月五日に父義村が死去すると三浦家の家督をも継承した。出生年は不明ながら、この時は二十歳前後と思われる。鎌倉の西御門《にしみかど》の義村亭や田村別荘（平塚市）を継承し、鎌倉では鶴岡社東側の地に拠点をもった。

寛元三年（一二四五）正月二十八日、執権経時（時頼の兄）以下多くの御家人が将軍御所に参じ、天変のことを驚き申し上げるということがあった。将軍頼嗣は広御出居《ひろのごでい》で御家人たちと対面したが、その時、八田知定と三浦泰村が座次を争い、喧嘩となった。どちらが上座に座るかという争いであるが、御家人はこうしたことに熱心であった。横並び意識（傍輩意識）が強いからであるが、泰村は評定衆でもあり、八田知定より上に座るのを当然と考えたのであろう。三浦氏では義村もかつて千葉胤綱と座次争いをしたことがあった（『古今著聞集』第十五）が、これについては後に述べる。

幕府有力者の序列を示す正月垸飯に、三浦氏は、寛元元年・同二年・同三年、三浦泰村と弟の光村・資村が重要な役をつとめている（前述）。同四年の正月垸飯は、一日に執権経時沙汰で実施されたが、詳細は不明である。ただ四日には前将軍（頼経）と将軍（頼嗣）の御行始《ごこうはじめ》として北条時頼亭に入御した。また同日、将軍御台（檜皮姫）が将軍といっしょに三浦泰村亭に入り、次に将軍母（藤原親良娘）とともに安達義景亭に渡った。執権弟の北条時頼が新旧将軍（父子）を迎え、三浦泰村・安達義景は新将軍の妻・母を受け入れているのである。三浦泰村は北条氏・安達氏とともに、将軍家の継続を寿ぐ舞台に立っていた。この時点では三者（北条氏・安達氏・三浦氏）は良好な関係であった。

三浦光村

三浦氏のなかで入道将軍頼経と昵懇の間柄であったのが光村（泰村の弟）である。後に頼経の京都送還に供奉した時に光村には、頼経との二十余年にわたる親しい関係を思い涙し、「もういちど鎌倉中に迎えたい」と話したという（『吾妻鏡』寛元四年八月一日）。このとき頼経は二十九歳であるから、三浦光村は頼経の十歳未満から側に仕えたこととなる。

三浦義明菩提所満昌寺（神奈川県横須賀市）

三浦光村は承久二年（一二二〇）十二月一日に駒若丸から光村に、貞応元年（一二二二）年正月一日に駿河三郎光村と表記が変わっている（『吾妻鏡』）。この頃、十五歳前後、元服していたと見られる。承久二年十二月一日の頼経着袴の儀に奉仕して以降、頼経の側に仕える記事が散見する（同）。頼経の幼少の時期から近仕したわけであるが、『吾妻鏡』はこのことを「能登前司光村は幼少の当初より昵近したてまつり、毎夜御前に臥し、日闌《ひたけなわ》に座右を退く。起居に御戯論、折に触れ御遊興、毎事いまだ懐旧を禁じざるのうえ、密密に厳約承るの事あり」（宝治元年五月二十八日）と記述する。幼い頼経が夜眠るまで側に臥して、日がたけると退いたという。光村がこれだけ頼経に親しくなったのは琵琶の名手である（『文机談』）など、文化的素養が感情交流の基礎となっている。寛元二年七月十六日には久遠寿量院に出向いた頼経・頼嗣の前で僧俗が延年を舞ったが、光村も「芸を施した」という（『吾妻鏡』）。光村の素養は、寛喜元年（一二二九）、三浦半島の海上で来迎会を行い、頼経らを三崎津に迎えて管弦詠歌の遊びをおこなった父義村の王朝的遊興を継承したものであろう。将軍が頼経から頼嗣に替わっても、三浦光村は新旧両将軍に仕えている。寛元三年四月八日には正五位下に叙され（『平戸記』）、また翌年二月の大納言入道（頼経）の二所参詣にも供奉している。

こうして、三浦氏では泰村の弟の光村がとくに将軍頼経に近しいが、兄泰村が北条時頼との協和関係を維持しており、初めから反時頼の立場であったわけではない。寛元四年五月～六月の政変（後述）では反時頼を顕著に現した人物名に光村は見えない（『吾妻鏡』）。それが宝治合戦では、光村は三浦軍の主力を率いている。この光村の政治姿勢の変化は、上洛後の頼経の扱いが明確化することに連動している（後述）。

佐原氏

三浦氏一族のなかで佐原氏は、義村―泰村の惣領系に対して、独自の距離をとっていた。

佐原氏は三浦義明の末子の義連から始まり、その子盛連は「悪遠江盛連」と呼ばれた猛者である。その盛連の子たち（六人）は宝治合戦では三浦一族とは行動を別にして、御所方（時頼方）についた（『新横須賀市史通史』）。

佐原義連は、三浦義村と同様に、京都に出て活動していた。母（矢部尼）の連れ子である北条時氏が六波羅探題として上洛したのに同道したと推定され、嘉禄二年（一二二六）から天福元年（一二三三）の京都公家の日記にその活動が散見する（高橋秀樹二〇一六）。京都では荒業（酔狂と乱暴）でひんしゅくをかっているが、その武力を当てにされていた。聟に迎えた西園寺庶家の人物（実任）も京中での紛争に「義連縁者」の威を張った。

ただ義連は北条時氏が探題をやめて鎌倉に帰った（寛喜二年、一二三〇）のを契機に、鎌倉に戻ったと思われる。この時から宝治元年（一二四七）まで、佐原義連と子息の活動はほとんど分からない。ただ義連子息のうち光盛らは「故匠作〈時氏〉との旧好を重んじていた」という（『吾妻鏡』宝治元年六月二日）。時氏との旧好とは、時氏の六波羅探題以来のことと考えられる。父義連とともに、光盛らは六波羅に奉仕しながら、京都で活動していたのであろう。そして、その在京活動は父義連の鎌倉下向後も続き、鎌倉～京都を往復していたものと思われる。この佐原義連系は宝治合戦以後も存続し三浦一族の主要部を担うようになるが、鎌倉での劣勢を補ったのは在京勢力との結び付きであった。ここに鎌倉武士の政治性の一面が見える。

光盛は母が矢部尼であり（『続群書類従』三浦系図）、盛時・時連もそうである。鎌倉に帰ったかれらは矢部尼（本領は三浦郡矢部郷）を頼りにしたであろう。矢部尼は時氏の母であり、時頼の祖母にあたる。時頼と光盛・盛時・時連は異父兄弟の関係になる。これが政治的な関係に直結するわけではないが、近しい関係である。矢部尼がこれを促した可能性がたかい。

3　時頼の執権就任と寛元四年政変

経時の死去と時頼の執権就任

寛元四年（一二四六）閏四月一日、執権経時が死去した。四月十九日に出家していたが（法名安楽）、半月ほどで死亡したのである。二十三歳の若さであった。死去の翌日、鎌倉佐々目山麓に葬られた。すぐに飛脚が京都に送られ、四日には京着した。葉室定嗣（京都の公卿）は日記に「関東経時入道、去一日酉時逝去す、去年六［五］月より病を受く、七月出家、病躰種々風聞あり、実説を知らず云々」（閏四月四日）と書いている（『葉黄記』）。昨年六月に受けた病が原因だとする風聞があることを記している。前年夏の黄疸が遠因であろうか。摂関家の近衛兼経にも情報が入り「去一日寅尅、前武蔵守平経時死去すと云々、生年廿有余歟、重病に依る也、先に官を辞し出家す、武家執権舎弟に譲ると云々」（『岡屋関白記』）と書いている。重病だったと聞いており、また武家執権（幕府執権）は舎弟（時頼）に譲られたと記している。

執権交替の経緯について、『吾妻鏡』は、三月二十三日条に経時が自ら「深秘の御沙汰」（秘密会議）を開催した上で舎弟時頼に譲った旨、また同二十五日条に時頼が将軍（頼嗣）と入道大納言（頼経）のもとに参じて報告した旨、を記している。新旧の将軍に承認されたとわざわざ記述しているのは、この交替が正統であったとする歴史観を示している。時頼としては思いもよらず執権職に就くこととなったが、後年「不肖の身として誤りて征夷の権を執る」と言っている（弘長二年、叡尊との会談）。

「誤りて」とは、順当な関係でなく（嫡流でない）勢いで執権に就いたという意味であろう。

ところが、閏四月十八日以降、鎌倉中は物騒な空気に包まれ、喧嘩も多発し、巷説が縦横に飛び交い、「世上物騒」の様相となった。こうしたなかで、名越《なごえ》氏の動きが活発となった。

名越光時と北条時頼の政争

名越は鎌倉の海岸線沿い地帯の東部にあり（『吾妻鏡』には名越浜という表記も見える）、ここの切り通しを越えると、三浦半島西海岸沿いに三浦に向かう。この名越には北条氏初代の時政が御亭を建てていたが、やがてそれを継承した義時から子の朝時に譲られた。この朝時から名越氏が始まるが、その嫡子である光時は北条氏本流の意識を持っていた。北条時頼が執権を経時から継承すると、「時頼は泰時の彦（ふつうの孫）に過ぎず、我（光時）は義時の嫡孫との自覚を強くした」という（『保暦間記』）。名越光時からみると、経時（時頼兄）は泰時の嫡孫であるが、時頼は経時の弟であり、泰時の嫡系ではない。それに対して光時は泰時の一代前の義時の嫡孫であるとの意識である。光時のこの発言は、自らの出自に弱みを感じる時頼には相当こたえたであろう。

名越氏は阿弥陀信仰に厚く、信濃善光寺をも支援していた。寛元四年三月十四日、名越朝時（生西）の遺言を受けた子息たち（光時ら）は善光寺供養を行った（『吾妻鏡』）。善光寺は頼朝がそうであるように、幕府権力主催者が保護に熱心な寺院である。北条氏でも政子・泰時やがて時頼も。名越光時はこの善光寺供養を、北条氏を代表する意識でおこなった。幕府執権職も、時頼ではなく、自分こそふさわしい、と強く意識した。

この光時と兄時幸が五月下旬から六月上旬に、時頼と対立して、失脚する。この事件の経緯については、史料によって記述に違いがあるので、点検しながら、整理してみよう。
まずは『吾妻鏡』記述（要旨）を掲げる。

五月

二十四日・鎌倉物騒。軍士が或いは御所に、或いは北条辺に参じた。
・時頼は中下馬橋《なかげばばし》辺を固めさせた。
・名越朝時子息らの逆心が発覚した。

二十五日・但馬前司定員は、御所方使者として時頼第に参じ、御所殿中に入らないよう、時頼被官たち（諏訪・尾藤）に命じた。
・名越光時は御所の中にいたが、暁に帰宅し落飾し、髻を時頼に献じ、時頼を追討すべき旨で一味同心したことを明かした。
・名越氏の時章・時長・時兼は逆心なきを旨を時頼に示し、陳謝した。
・但馬前司定員は出家し（安達義景預かる）、子息定範は縁坐となった。
・名越時幸が出家した（六月一日死去）。

この経緯から、御所方と北条方が対立していることが分かる。御所方の主催者は入道将軍（頼経）である（後述）。そこに参じていた但馬前司定員（頼経の腹心）は時頼方の人々に対して、御所に来るな（時頼を御所仲間から外す）と言った。また名越光時は時頼追討の一味同心の連署起請文を作成し、一族にまわした。ただ、時章・時長・時兼はこれに賛同せず、時頼に逆心ないことを示した。そのため御所方（頼経側）は形勢不利となり、但馬前司定員は出家し、名越時幸もやがて出家した。この反時頼の決起は「それ張本は名越一流にあるのよし風聞」と『吾妻鏡』は記しており、名越氏であると見ている。それには違いないが、御所権力の主催者である入道将軍（頼経）はどのような立場であったのだろうか。

この事件のことはすぐに京都にも伝わっていた。

後嵯峨院の執権（執事）である葉室定嗣は東山殿（九条道家、前将軍頼経の父）にも何回も出入りしているが、日記（『葉黄記』）六月一日条に「関東物騒」の情報を記し、六日条には関東（鎌倉）からの飛脚がもたらした情報を次のように書いている。「今日関東飛脚到来す、入道将軍御所警固の後、近習者定員召し籠められる。越後守光時出家し、伊豆国に配す。その舎弟修理亮（時幸）自害す。また秀種（上総秀胤）は本国に追い遣わされる。そのほか請（降）参の輩、或いは召し籠められる。此ら時頼沙汰か」。記述内容は『吾妻鏡』の主旨とほぼ同じであるが、違いもある。名越時幸は自害であることと（『吾妻鏡』では出家後死去）、上総秀胤の上総追放と名越光時の出家・伊豆配流もこの時点のことである。六日到着の関東飛脚の情報であるから、事件の発生は五〜六日前（五月末）であろう（『吾妻鏡』は六月十三日）。

京都でこの事件を記しているものに、近衛兼経の日記『岡屋関白記』（大日本古記録）もある。その六月九日条に「此の間世間静かならず、毎夜連日回禄〈火災〉、また関東に事あると云々」と見え、京都の世情が騒々しく、火災が続き、関東で起こったことが不安を掻き立てている様子をしるすが、その具体的な内容として、「入道大納言〈藤原頼経〉謀察を廻らし、武士等に相触れ時頼〈泰時朝臣の末子、兄経時死去の後執権の者也〉を討たんと欲す、また調伏祈禱せしむ」と書く。鎌倉では入道大納言頼経が時頼を討たんとしたという。時頼討伐の命令は前将軍頼経から出ているという。『吾妻鏡』では名越氏、とくに名越光時を主謀者とするが、『岡屋関白記』では入道大納言〈頼経〉だという。これは、寛元四年年末までの経緯を勘案すると、うなずける。五月〜六月政変は、光時・時幸らの名越一族の主力が直接行動に出たが、その政治的中心は前将軍〈頼経、大納言入道〉にあった。

時頼の多数派工作

名越光時の出家・配流は五月末であったが、『吾妻鏡』は六月十三日とする。この記述には何か意図があるかと思われる。『吾妻鏡』六月の記事〈要旨〉は以下のようになる。

六月
六日　三浦家村が諏訪蓮仏〈時頼被官〉と深夜から暁まで会談する。
七日　後藤基綱・藤原〈狩野〉為佐・上総秀胤・三善康持が評定衆から除かれる。
十日　時頼が深秘沙汰を催す。三浦泰村が新加入。
十三日　名越光時が伊豆江間《えま》に配流され、越後国務など没収された。また上総秀胤は上総に追放された。

二十七日　頼経が上洛の儀として北条時盛の佐介第に渡御した。

七月

一日　時頼は頼経旅宿に酒肴を進めた（旅の餞）。

これを見ると、七日に評定衆から四人が除かれ、十三日には名越光時と上総秀胤の鎌倉追放となっている。そしてその間に深秘沙汰（秘密の寄合）を入れている。『吾妻鏡』は時頼が三浦泰村を味方に引き込みこれを実行した、と整理しているのである。

自殺に追い込まれた名越時幸と伊豆に追放された名越光時はともに名越朝時の子息であり、得宗家に対抗する家柄である。また上総秀胤は三浦兄弟の妹聟である。この集団が時頼に挑み、弾圧された、という筋書きになろう。

こうした事態の背後には、時頼による名越氏分断策があったと見られる。名越にある名越朝時亭は、文暦～仁治の間、将軍頼経の方違《かたたがい》先として用いられていた。これがやがて時頼に接近した名越時章の亭となる。その経緯の詳細は不明であるが、光時没落後の名越には一時的に得宗時頼の亭があり（建長二年）、その後は名越時章の山荘が建ち（正嘉元年）、ふたたび将軍（宗尊）の方違先となる。これと、宝治合戦での名越時章に明瞭な動きが見えないことを勘案すると、名越時章は寛元四年六月政変頃には名越氏惣領である兄光時から距離をとり、得宗家と名越氏の中間的な位置で動くようになっていた、と想像できる。時頼は名越氏の内部に亀裂を生じさせ、一部を抱き込んだのである。時頼は、兄経時から執権職を譲られたという関係から、正統の意識が希薄であった。そのため北条一族に政治的分裂が広がらないよう、多数派工作を進めたのである。この年時頼は二十歳であるが、権謀術数の策にも長じるところとなっていた。不肖の身ゆえの狡猾さを備え、政治的実力を強化していた。

鎌倉という政治舞台では北条一族が互いに貶め合う暗闘が何回もあるが、執権という新しい権力が樹立されるなかで起きたものである（南北朝室町期の関東管領上杉氏相互の暗闘も想起される）。

時頼と三浦泰村との提携

時頼は三浦泰村を手近に引き込んだ。もともと良好な関係であったが、合戦（宝治合戦）前にはその距離を縮めた。名越光時配流事件の裏には時頼と三浦泰村の政治的合同が読み取れる。

名越光時の伊豆配流は『吾妻鏡』では六月十三日であるが、その直前の十日に時頼は自亭に北条政村（泰時弟）・金沢実時・安達義景を招き、会合をもった。こうした会合は以前にもあったが（三月二十三日）、今度は三浦泰村が初めて加わった。時頼は各自の思う所を遠慮無く（内々の心を隔てることなく）述べるよう求めた。今回も「深秘沙汰」（『吾妻鏡』）と言われるように、最上層部の極秘会合である。そこに三浦泰村が加わったのである。安達義景と同じくらいに時頼との距離を近くすることとなった。

またこの時に、金沢実時が時頼の昵懇者として見える。実時は、金沢氏の開祖となった実泰の子である。実泰は泰時の子なので、実時は時頼同様に、泰時の孫である。金沢氏は実泰・実時親子ともに文事に造詣深く、思慮ふかい。直後の宝治合戦では時頼方に参加した。こうした会合には必ず舞台回しがいるが、この時は諏訪入道（蓮仏・盛重）と尾藤景時がその場に参候している。諏訪・尾藤の両氏は泰時以来の得宗家被官である。

この深秘沙汰（六月十日）に三浦泰村が参加するには下工作があった。三浦家村（泰村の子）が同六日夜遅く、ひそかに時頼被官の諏訪入道蓮仏（盛重）のもとを訪れ、しばし相談している。諏訪は相談事を聞き、重要な内容なのでと、三浦家村をその場に置きながら、御所の時頼に面会し、三度にわたり問答したという（『吾妻鏡』）。時頼と諏訪との話し合いは深夜から暁まで続いたが、その結果を聞いた三浦家村はようやく帰った。この時の話題がどのような内容なのか、『吾妻鏡』は記述しないが、数日後の深秘沙汰の会合に三浦泰村が初めて招待されていることを思えば、泰村から時頼へなんらかの提案があったと思わざるをえない。おそらくは、名越光時には与同しない旨を知らせたのであろう。

この諏訪蓮仏と三浦家村の深夜会談は、突如行われたように『吾妻鏡』は記すが、おそらく前提に諏訪からの接触があったものと思われる。家村が夜中に訪問するように、諏訪の側から申し入れがあったと考えざるをえない。こうして時頼の政治的危機は得宗被官が登場し、得宗家を支えることで乗り越えられたと、『吾妻鏡』は言外に言っている。

前将軍頼経の上洛

名越光時を失脚させた時頼は、前将軍頼経の上洛を強行した。二月には延期されたこともあったが、六月には幕府の大勢を掌握し、断行した。七月十一日鎌倉を出発した頼経と供奉人の一行は、同二十八日に入洛した。一行には、北条時定（相模左近大夫将監、時房の子）のほか、後藤基綱・狩野為佐（直前まで評定衆）、そして三浦光村が見える。

上洛した頼経は、北条重時の若松宅に入った。ここは重時の「閑移の地」（『葉黄記』七月二十八日）と言われた別荘であるが、重時の監視下に置かれることとなった。この頼経が京都でどのような立場となるか（政治的処遇がどうなるか）、しばらくは中間的状態となった。鎌倉から同行した供奉人らは八月一日に京都を発ち、同十二日鎌倉に還った。三浦光村は別離を悲しんだという。

鎌倉の将軍御所を舞台とする政争は、前将軍（入道大納言）の鎌倉追放という結果となった。十一年前（嘉禎三年）の元服の時、時頼は初めて将軍頼経を仰ぎ見たが、ここに執権となり幕府の実権を掌握して行く過程の不可欠な作業として、入道将軍（頼経）を京都に追放したのである。これにより将軍御所は将軍頼嗣と御台（檜皮姫）が君臨し、御台兄で執権でもある時頼が支え指導する場となってゆく。この事件の経緯を見ると、時頼には順当に継承したわけではない（「誤りて征夷の権を執る」）という複雑な感情があるだけに、その意識を振り払おうとする性急さがうかがわれる。

時頼殺害の風聞と京都政界

近衛兼経は頼経（前将軍）が時頼を討とうとしたとの風聞を日記に記したが、その風聞は増幅し、影響を広げた。頼経の父である九条道家は六月十日に告文（起請文）を書き、入道大納言（頼経）からいっさい知らされることはなく、同意したこともなく、まったく関知していないと誓っている（『鎌倉遺文』九巻六七一三号）。また二十六日の再度起請文では、関東騒擾のことにつき二心ないことを誓い、もし隠謀に加わることがあれば冥罰・神罰を蒙ると言っている（『鎌倉遺文』六七二〇号）。ただ十日起請文では鎌倉騒動を「武州経時を呪詛」と書いていて、時頼でなく経時を呪詛しようとした、と道家は風聞を受け取っている。風聞だけに不確かな情報が混じっていたのであろう。

九条道家が、こうした起請文を作成したのは、頼経の行動（時頼討伐）に関する噂や風聞が京都に広がっていたからであろう。もしそんなことがあっても、父の私はまったく関知していない、と誓っている。また頼経は「幽閉された」（政治的立場を失った）との言われており（『岡屋関白記』六月十日）、頼経について京都ではさもあらん、との風聞であった。

近衛兼経は京都の風聞につき、「（京と鎌倉は）使者はたしかには不通、仍って京都人実説を知らず」と書き、京都では鎌倉からの確かな情報がないので実説は分からないという。さらに「京都風聞此のごとし、但し虚言等相加わる」と書いている。虚実が混同されて増幅している。

事実でなくとも、風聞は増幅し、不安をあおり、人々を動かしている。この風聞を日記に書き記した近衛兼経は摂関家ではあるが、この時期、九条家に対して劣勢である。九条家に不穏なことがあれば、こちらに運が向くかもしれないとの、思惑が少し見える（宝治合戦の後に近衛兼経は関白に復活している）。

関東申次問題・頼経問題をめぐる政治工作～重時の政治力

京都での風聞増幅の情報は鎌倉にもたらされた。それにより時頼は頼経追放の政治方針を確定し、上洛させたのである。この間の京都の情報は、六波羅北方北条重時からのものであったと考えてよい。京都情報は、重時という人物が整理しまとめ上げたものである。重時こそが、時頼の京都対策をすすめたのである。このことは、十月の関東申次を決める経緯のなかに、明確にあらわれる。

関東申次は、朝廷と幕府の連絡がスムースに行われるよう、朝廷側に設置された役職である。承久の乱の後は、西園寺公経と九条道家が務めていたが、寛元二年（一二四四）の公経の死去後、寛元四年三月には三人に分担されていた。すなわち、秘事・重事は道家が、僧侶の官位は一条実経（道家子息）が、雑務は葉室定嗣である（森茂暁一九九一）。九条道家は、頼経（将軍）の父親であることもあいまって、関東申次の権限を独占していた。これが、七月の頼経上洛となり、道家の関東申次も危うくなった。

寛元四年、京都で幕府・時頼方の意向を朝廷方に伝え交渉したのは、六波羅北方の北条重時である。重時は兄泰時と交替して寛喜二年（一二三〇）六波羅に入って以来十六年が過ぎていて、年齢も四十九歳であった。分別もあり、人との距離を取るのに長けていた。

八月二十七日、院の執事（執権）である葉室定嗣は、後嵯峨院との打ち合わせを終えて、六波羅の重時亭のもとを訪れた。しばらく待っていると、使用人が来て「お見せする文が見つからないので遅れています、申し訳ない」と主人（重時）の言葉を伝えた。その後、重時が出て来て二人の会談となるが、『葉黄記』には会話風に書かれている。

重時「世間の事につき、院の近辺でも不審に思うことがあるでしょう。それにつき、関東から私

（重時）に連絡がきました〈北条時頼が重時に遣わした状のこと〉、内々に披露せよとのことです」
定嗣「その状を賜り（こちらにいただき）、院に申しあげたい」
重時「これは私が受け取った私的なものですので、院への奏覧には恐れおおい」
定嗣「では書写すべきですか」
重時「それも恐れあります」
定嗣「では状を給わり、篇目を書くことにしたい」

これで両者が承諾し、すぐに紙・筆を用意させ、折紙に書いた。定嗣は二枚書き、一枚は重時に与えて、後の控えとした。

定嗣は、会談を終えるとすぐに院の御前に参じ、人を交えず、内容を報告した。その主旨は、箇条書にすると、次のようになる。

一、大納言入道（頼経）の上洛は遁世のためであるが、今後も将軍家人（幕府方）が護衛する（幕府方の監視下におく）。
二、謀略の輩には罪科を行った。関東は静謐である（不穏な事態はない）。
三、天下の事、公家徳政を行ってほしい。叙位除目は万事正道をお願いする。
四、関東申次の人事は、追って申し上げるが、東山殿（九条道家）は近日種々の讒言を構えている。

時頼から重時への書状の主旨がここに見える。前将軍上洛は遁世のためであり、京都では俗人としての行動を慎むべきであり、その護衛は幕府御家人が担当する（遁世者としての生活を監視する）。鎌倉で謀略を働いた輩（名越時幸・光時ら）には罪科を与え、鎌倉は静謐に戻っている。朝廷では徳政を行い、叙位・除目は正道にかなうように、そして関東申次は九条道家は謀略に過ぎているので外すべきである（この時点での申次人物を決めないで、慎重な言い回しとなっている）としている。

それから二か月後の十月十三日に上洛した時頼使者が「関東申次は相国（西園寺実氏）たるべし」と定まったと葉室に伝えて、決着した。この時点で九条道家は関東申次からはずされたのである。

葉室が院に報告した内容は、重時が葉室に見せた時頼書状の主旨であるという。ただ時頼書状そのものではない。時頼書状から葉室が読み取った篇目（主旨）であり、しかも重時も納得の篇目である。重時と葉室の二人で、時頼書状の主旨が作成されているのである。

ここには、朝廷と幕府の間に介在した、院執事と六波羅北方の裁量の大きさをうかがうことが出来る。重時はおそらく自身でも篇目を作成していたであろうが、その線で葉室の篇目も作られた。これで葉室を納得させた。あるいは、時頼書状も、重時側が作成した案文であったかもしれない。

京都の事情に詳しい重時は、この八月末の時点で可能な範囲に、時頼の要求を再構成していた。時頼もこうしたことを想定していたであろう。それだけ信用していた。

第四章　宝治合戦の勝者と敗者

1　合戦直前の政局

宝治合戦の位置づけ

宝治元年（一二四七）六月、北条氏と三浦氏は、鎌倉で武力闘争となった。鎌倉を舞台にした合戦は、和田義盛の乱（一二一三年）以来のものであり、合戦規模も和田合戦に次ぐ。この宝治合戦は北条氏の勝利となり、北条得宗（時頼）は幕府権力を主導することとなり、以後幕府は専制化してゆくと通説では考えられている。この見方に大筋では異論はないが、深める必要がある。たとえば三浦氏と言っても一様ではなく、複雑であるが、軍事行動を促す要因はどこにあったのか。また北条氏側では、得宗・時頼の武力行使を決意する契機はどこにあったのか。そして北条方・三浦方にはどんな武士が参加したか（とくに三浦方）、鎌倉との関係を考慮して確かめたい。さらにこの合戦は政治的にはどのように決着がつけられたか、検討してみたい。

宝治元年正月の垸飯・御行

宝治元年（寛元五年）、寛元四年政変を乗り切った執権時頼は、初めて主催する正月垸飯を迎えた。まず一日垸飯を自身が主催した。御劔役は北条政村、御調度役は三浦光村、御行縢役は大隅前司（重隆、苗字不詳）。時頼は垸飯を主催（沙汰）するに、御劔役に北条政村を復活させたのである。寛元三年には正月垸飯御劔から政村を外して、時頼自身が御劔役をつとめていたが、この年、慣例となっていた御劔役政村という形にもどし、垸飯の儀を整えた。政治的変動により揺れ動いた幕府秩序を安定した姿で御家人たちに示そうとしたのである。御調度に三浦光村を起用していることも、三浦氏との協調を見せて、御家人社会尊重の姿勢を示した。

『吾妻鏡』に二日・三日の垸飯は記事がない。三日の記事は将軍の御行始めであるが、将軍（頼嗣）は時頼亭に入り、「若君」は毛利季光の家に渡った。毛利季光は娘を時頼の妻に出し、自らは三浦泰村妹を妻に迎えている。時頼と泰村をつなぐ存在でもある。そこに渡御した「若君」とは将軍頼嗣（九歳）の子とは考えにくい（前年の正月四日にも「若君」と見える）。おそらくは頼経の子であろう（母は二棟御方）。頼嗣の弟となる。幼い将軍と若君が、時頼亭と泰村亭にそれぞれ渡ったのである。ここには北条時頼と三浦泰村との良好な関係がうかがわれる。

将軍室・檜皮姫の死去

ところが鎌倉には不穏な空気が漂い始める。三月十七日、鎌倉では黄蝶が群れ飛び、古老たちは将門の事を思い出し、東国に兵乱が起こるかと不安がった。『吾妻鏡』の叙述であるが、この記述には鎌倉が合戦に向かう空気が醸成されていたと意識がうかがわれる。

時頼は三月二日に足利泰氏に嫁いでいた妹を亡くしていた。そして二十日には、母松下禅尼とともに兄経時の佐々目谷の墳墓に詣でて、一周忌を営み、供養した。執権としての兄を思い出し、自分のこれからに思いを馳せたであろうが、まさか二か月後にまた妹（檜皮姫）を失うとは思いもしなかったであろう。

将軍頼嗣の御台である檜皮姫が、五月十三日、十八歳にて死去した。以前から体調を崩し祈療を加えていたが、遂に大事となった。兄（経時）を失って一年余りの時期に、妹を突如失い、時頼は茫然としたであろう。幼い時期には仏像作りが好きだったという心根の持ち主には相当響いたであろうが、執権の立場にある人物としてこれらの死去を政治的に淡々と処理した。檜皮姫の死骸は兄経時墳墓（佐々目谷）の傍らに送られ、時頼は喪に服すため、三浦泰村の館に渡った。三浦氏とは親戚関係にあり、その縁で服喪したのである。

檜皮姫は時頼と将軍頼嗣をつなぐ血縁的紐帯である。この妹を失ったことは時頼にとって大きな痛手となる。いっぽうで前将軍頼経の処遇（京都送還・京都での扱い）に不満をもつ三浦光村はひそかに期するところが大きくなったと想像される。

将軍頼嗣の御台と女房

将軍御台死去の知らせはすぐに京都にもたらされた。『葉黄記』五月十八日条には、去夜（十七日夜）関東からの飛脚が到来し「去る十三日将軍妻室〈時頼妹〉死去す」と伝えた。朝廷ではこれが穢れとなるか否かの卜（うらない）が行われ、穢れと決まった（同二十九日条）。

将軍御台死去は六波羅で大きな騒ぎとなった。『葉黄記』でも六月九日条で、武家辺（六波羅）では物騒なことがおこっているとの巷説があるので、葉室定嗣（『葉黄記』記主）は六波羅にて北方北条重時と面会した。そこで得た情報を、葉室は後嵯峨院にまいり、次のように整理報告した。「重時朝臣（六波羅北方）子息の左近大夫長時が、将軍女房の事に依り、去月関東に下向しました、（鎌倉は）頗る不審の事等あり、まずその子細を父（重時）の許に報告するため、飛脚を去る三日に関東・鎌倉より起こした、（飛脚は）今日（六波羅に）馳せ着きました、重時朝臣いまだ分明の子細を申さず（報告の詳細を明かさず）、ただ用心の事あるの由申す」と。

これを箇条書きにすると次のようになろう。

北条長時木像（浄光明寺蔵）

①重時の子息である長時が、将軍女房の事で、去る月（五月）、六波羅から関東（鎌倉）に下向した。

②長時は、不審な事などにつき、父（重時）に知らせようと飛脚をだしたのが、今日馳せ着いた。飛脚の知らせるところ（情報）がどんなものであるか、重時は詳しくは語ることなく、ただ用心している、と言っている。

ここから分かるのは、京都にいた北条長時が、五月に関東（鎌倉）に下向した。父・重時の指示によるものである。目的は「将軍女房のこと」を調べることであるが、不審なことがでてきた。そこで長時が父・重時に知らせるために六月三日に鎌倉から出した飛脚が六月九日に六波羅に着いた。

北条長時は五月に鎌倉に下向したのである。十三日に死去した将軍妻室（檜皮姫）を弔うためとも考えられるが、鎌倉では調べてみると「不審なこと」があり、そのことを父に報告した。報告の内容は、重時が葉室にも詳しくは語らないので、不明のままであるが、将軍妻室（檜皮姫）死去の事情に関することであろう。事情は不明であるが、それだけに、京都六波羅では巷説が広がり、物騒な空気となっている。檜皮姫死去は五月十三日であり、合戦開始まではひと月もない時期であることを考えると、檜皮姫死去が尋常なものでなかったと受け取られていたのであろう。

2　合戦の勃発と展開

軍勢集結から合戦開始

将軍御台（檜皮姫）死去をめぐる雑説が広がり、騒然とする鎌倉には、各地から武士が集まってきた。『吾妻鏡』が記述するに、六月四日に、三浦一族の郎従・眷属が三浦氏宿所（西御門宿所）に来集し甲冑を着けていた。また北条時頼の祇候人が群参し鎌倉中の家々に充満した。三浦方と北条方の軍勢で混在状態となり、自他の区別がつかないようになり、一触即発になりかねないこととなった。そこで、時頼被官の諏訪蓮仏と万年馬入道はそれら軍勢に退散するよう鎌倉中に命じた、という。衝突を回避しようとしているが、軍勢はそのままであった。

翌日（五日）になると、時頼は万年馬入道を三浦泰村に遣わし郎従騒動を鎮めるよう要請し、また使者（平盛綱）に託して和平の御書（書状）を泰村に届けさせた。三浦泰村はたいそう喜び、いっしょに応対した泰村妻も安堵した。時頼はしばらくの和儀（合戦回避）を提案したのであり、騙したとも評されるが、これはおそらく、鎌倉に下向していた重時子の長時の考えを踏まえたものであろうと想像される。宝治合戦での長時の動きは不明であるが、父重時の指示のもとに鎌倉情勢を把握しようとしていたのであるから、将軍・北条氏・三浦氏の動向を詳しく調べていたに違いない。彼は三浦氏の動きがはっきりするのを待ったのである。

こうした時頼・泰村の合戦回避の思惑は、安達景盛の言動により、一挙に吹き飛んだ。景盛は義景（子）と泰盛（孫）を呼びつけ、「和平が維持されれば、今後は三浦一族が驕りを極め、安達家は蔑ろにされる、躊躇しないで運を天に任せて今すぐ雌雄を決すべきである」と一喝した。これにより、安達氏は、一族や一味の者が甘縄館《あまなわ》を馳せ出て、東に向かい、若宮大路中下馬橋《なかげばばし》北に進軍し、鶴岡八幡前赤橋《あかばし》を渡り、神護寺（神宮寺）門外で鬨の声を上げたという（『吾妻鏡』）。安達館のある甘縄から東に向かい、中下馬橋で北へと道沿いに進行し、鶴岡八幡境内に入っている。三浦氏側の本拠のある西御門《みかど》を目指している。これが、宝治合戦始まりの戦闘である。『吾妻鏡』では安達軍の先制攻撃が強調されているわけであるが、これは架空の話ではなく、事実をもとに創作されたストーリーであろう（高橋秀樹二〇一六）。後世の編纂物であるが『保暦間記』は宝治合戦を安達氏と三浦氏の戦いととらえている。

この安達景盛の行動は、三浦氏を挑発するものであったが、それ以外の狙いもあった。それは、結城氏や毛利氏（時頼岳父の毛利季光ら）など、政治的態度が曖昧な有力御家人の旗色を鮮明にさせるには、鎌倉内での武力行動にでることが必要であるとの考えである。安達の思惑の背後には、北条長時の動きがあったとも考えられる。長時の鎌倉滞在は、和儀という不安定状態を長引かせることになる

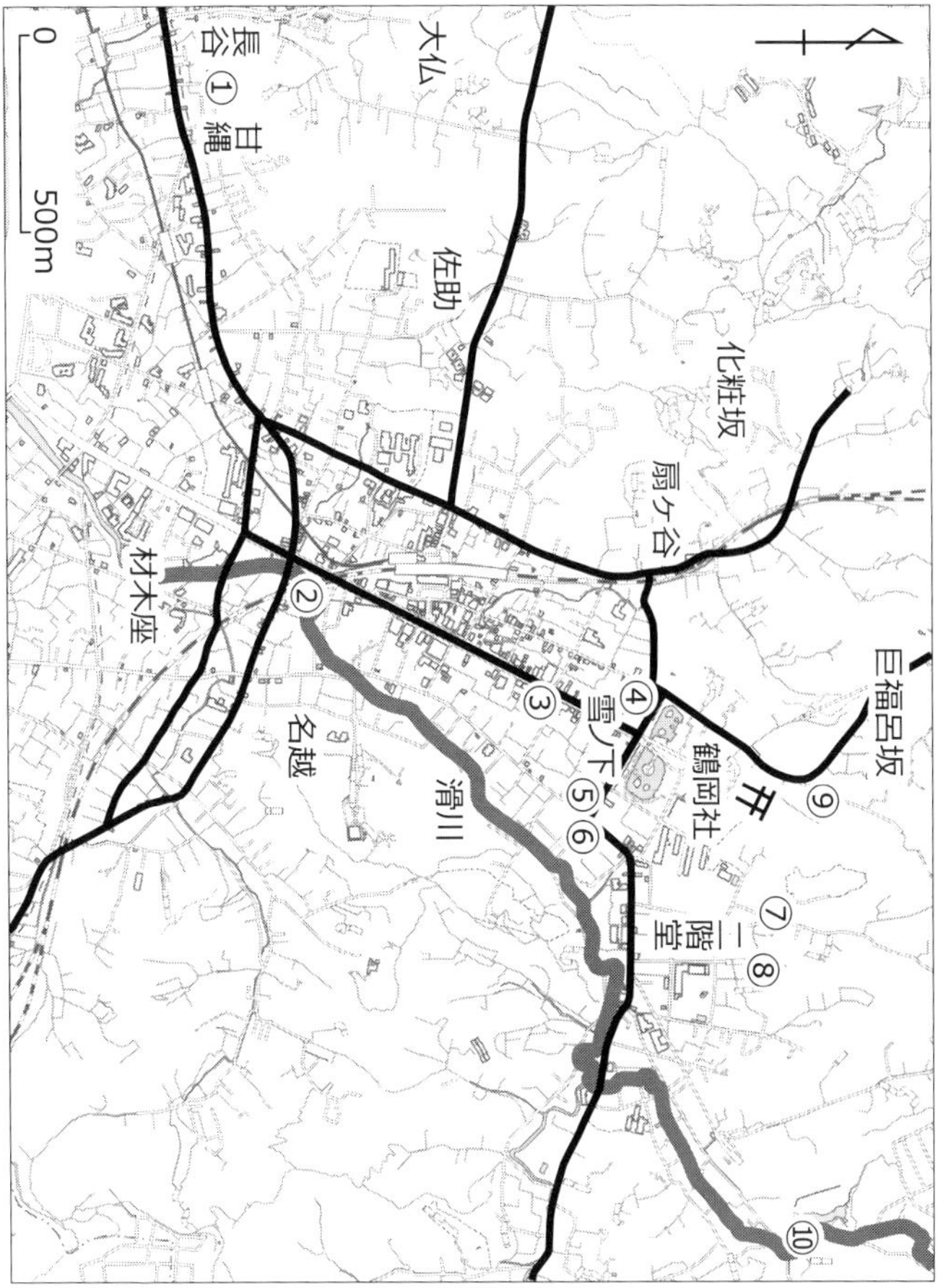

①甘縄神明社　②下馬橋　③中下馬橋　④寿福寺　⑤御所
⑥北条時頼亭　⑦三浦泰村亭　⑧法華堂　⑨新宮寺　⑩永福寺

宝治合戦期の鎌倉（作成：山本・武田）（背景地図：地理院地図 Vector を利用）

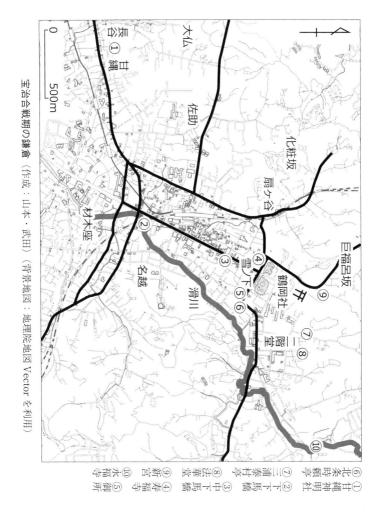

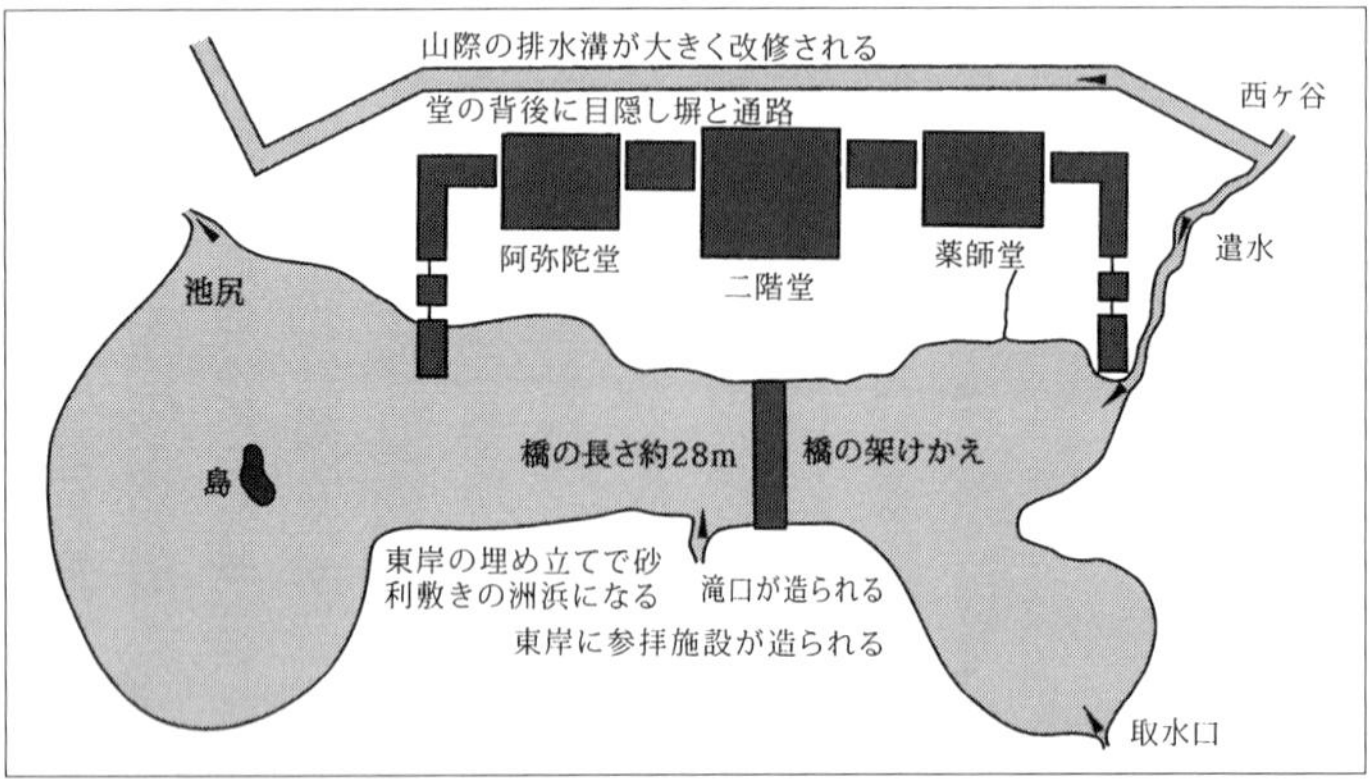

永福寺の伽藍復元図（五味文彦代表『吾妻鏡と中世都市鎌倉の多角的研究』，東京大学，2006年，251頁）

と、考えた。直前まで高野山に籠っていた安達景盛は京都での北条重時の老獪な工作を知っていたであろうから、その子息の長時の動きの背後を読んでいた、と考えられる。

同じ時、安達軍の一人である橘公義《たちばなきみよし》は筋替橋《すじかえばし》北辺で鏑矢を放ち、戦闘開始を広く知らせた。筋替橋は三浦方の西御門宿所に近接し、鶴岡八幡宮の東になる（前頁地図参照）。鶴岡宮中に陣取っていた武士たちは態度を決めかねていたが、合戦開始を知って、北条方に加わる者が続出した。これらの『吾妻鏡』記事は、合戦開始時に、鶴岡社とその近辺で戦闘が開始され、情勢は北条氏有利に展開したと叙述するものである（ただ鶴岡の神意がどう現れたかの記述はない）。

永福寺～六浦の三浦軍

三浦側では光村が行動を起こしていた。彼は従兵八十余騎を率いて永福《ようふく》寺《じ》物門内に陣をはった。永福寺は頼朝法華堂の東に谷二筋隔てた山の裾にある。『海道記』も「東山の裾に望みて二階堂（永福寺）を礼す」と書かれる。また最近の発掘調査でも永福寺背後の山裾の排水路が次第に拡張されていると報告されている（福田誠二〇〇六）。地形から戦国期の詰城的な位置にあると言えよう。三浦光村は「当寺（永福寺）は殊勝の城郭たり」と言い、ここでともに敵軍を迎え撃とうと泰村（兄）に呼びかけている。籠城する計画であるが、敗戦を予期しているのではない（持久戦の想定もあった）。やがて金沢・六浦方面から朝比奈切通を越えて来る援軍（上総秀胤）が合流することを期しているのである。六浦道は鎌倉へ越える光触寺《こうそくじ》峠周辺に山稜がひろがり、西北では永福寺谷とも連絡する。この丘陵（天台山など）は北東に進むと多摩川沿いの武蔵河簀垣（かわすかき）宿に出るが、法華堂敗戦後にこの道筋で逃げた三浦方兵士もいた（六月八日条）。

六浦（横浜市）には、上総秀胤の与党人が群居していた。六月六日には時頼方の金沢実時らが家人を差し向けて追捕しようとしたが、逆に追い返された。前年六月の政変で上総に追放された上総秀胤が、郎従らを六浦に集めていたのである。この上総秀胤の動きは、六月五日の合戦が始まってからのことではあるまい。上総〜六浦は海上では至近距離であるが、軍勢派遣には日数を要する。合戦開始直前からの動きであろう。上総軍の動きは、鎌倉の安達軍の初動よりも早くに始まっていたと考えるのが合理的である。この六浦の上総秀胤と永福寺の三浦光村の動きは、お互いに知らせていたのかもしれない。

時頼は南風を利用

鎌倉市中では、安達軍と橋軍が三浦方を攻めている時、泰村との和平を謀る時頼の使者（平盛阿）が泰村亭からの帰り道で三浦一党の戦闘準備状況を見た。

そして三浦側はすでに戦闘準備に入っていて、もはや宥めることは困難だと時頼に伝えた。そこで時頼は、金沢実時に将軍御所を警備させ、弟の北条六郎時定を大手大将軍に指名した。これにより塔《とうの》辻《つじ》から馳せる時定は三浦氏方の郎従と所々にて戦った。三浦方は郎従の軍が主力であり、泰村の動きはまだはっきりしない。この状況のなか、毛利季光（西阿）が、妻（三浦泰村妹）の言説に動かされ、三浦氏の陣営に参じた。このことを知った万年馬入道がここに至っては大事必然だ（合戦は避けられない）と時頼に報じた。時頼は妻の父でもある毛利季光が三浦軍に与同したことに衝撃を受けて、将軍御所に参じ（将軍を確保し）、三浦泰村宿館を焼き討ちすると決意を述べた。毛利季光は娘聟である時頼よりも、妹聟の泰村を選んだのである。ほかの武士にしても縁戚関係などが、北条氏にも、三浦氏にも結ばれていて、どちらに付くか、決心できないでいる。毛利季光の場合は、妻の強い言動にしたがっている。

合戦の六月五日は夏の盛りである。鎌倉は昼ちかくになると、風が北風から南風に変わる。三浦泰村の宿館は西御門《にしみかど》であり、時頼亭や将軍御所の北にあたる。時頼は、ここで火を放てば、火の手は自分たちには懸からず、三浦のいる西御門方面に広がると予測したのである。鎌倉の気候をよく知っていて、泰村館の南隣の人屋に火を放った。時頼は意図的に火攻め作戦を採用したのである。時頼にとって不本意な合戦開始であったかもしれないが、即座の将軍確保といい、焼き討ち作戦といい、事前に想定していたものであろう。

3　三浦一族の最期

三浦泰村・光村の法華堂集結

時頼の火攻めにあった泰村は、煙に覆われて、宿館を離れ、頼朝法華堂に籠もることとなり、永福寺総門にいた弟光村に一緒になって戦おうと呼びかけた。泰村と光村の間を使者が何回か往復し、ついに光村も法華堂に籠もった。いっしょになったのは、この二人のほか、毛利季光・三浦家村・同資村・大隅前司重隆・宇都宮時綱・春日部実景・関政泰らであったが、彼等は頼朝絵像の前で往時を振り返り、最期の述懐に及んだという（『吾妻鏡』）。

この『吾妻鏡』の叙述は、三浦泰村が頼朝法華堂に籠もる時にはすでに敗戦を覚悟し、情感溢れる最期を迎えたと物語るが、記述に偏りがある。結果から遡及させて叙述している。確かに頼朝法華堂に籠もった全員が自害したのであるが、その作戦を取った泰村の戦略が間違いであった。またそこに光村を呼び寄せたのも誤算を大きくした。一箇所に集まっては、火攻めに弱い。光村を呼び寄せるのに、泰村と光村との間には「専使」が「一両度」行き来したというが、この専使が二人を説き伏せたのではなかろうか。泰村・光村が法華堂に入る前に、まず光泰という人物がこの堂に入ったが（『吾妻鏡』）、この人物こそ専使として、泰村・光村間を往復し、説き伏せた者であろう。この光泰という名前の人物は『吾妻鏡』のここ一箇所しか登場しない。あるいは、三浦氏一族を頼朝法華堂に集結させる（追い込む）作戦を使命とした人物かもしれない。

頼朝の法華堂（神奈川県鎌倉市）

泰村・光村の述懐

頼朝法華堂に籠もった三浦一族たちの述懐は、堂の天井に隠れていた承仕《しょうじ》（法華堂の下級僧）が聞き及んだ。それを平盛時と万年馬入道が詳しく聞き出し、文面に記した。その大意は中原盛時が記し、時頼が「披閲」するところとなった。承仕の話が文章化されるまでに何段階もの整理があるので、ここに記されていることは操作された文面である。そのままでは受け取れないが、その記術内容を箇条書きにしてみよう。

一、天井の隙間から窺い見たところ、三浦泰村以下の大名はかねてからその面（顔貌）を知っていましたが、その他の多くは知りません。

二、人ごとの発言は堂中が鼓をうったように騒がしく、末席の人が談話したことは聞こえませんでしたが、宗たる仁が、一期の終と称して、日頃の妄念を語っていました。

三、泰村と光村は権柄を取り氏族として（一族が）官職を極め、多くの所領を領掌したとの趣旨を語っていた。

四、とくに光村は万事において気骨ある人（自負心の強い）なのか、次のように言った。①頼経将軍の時、九条道家の内々の仰せにより、光村が武家の権を取ろう（執権につくこと）と企てるのなら、その通りにしようと、私（光村）は言われた。②今、泰村の猶予策に随っているのは、愛子（家族）との別離を愁うるからではなく、当家滅亡の恨みを残すためである。後悔してもしきれない。③だから、自分の刀で顔を削れば、見知できないのではないか、と周囲に質問した。また流血が御影を穢しても仏閣を焼失すれば自殺穢体ともどもなくなろうと言い、実行しようとした。

五、これを見た泰村は、顔を削ることも、仏閣に火を懸けることも禁じた。泰村は穏便の気風なのか、次のように言った。①いままでの数代の功績を思えば、たとえ類葉（一門）でも全体には罪状は及ぶまい（宥められる人もあろう）。②まして三浦義明以来四代の家督として、また北条殿の外戚として内外（幕府）を補佐してきたのに、ただ一度の讒により、多年の昵懇を忘れられ、誅伐されようとは、恨みと悲しみでいっぱいだ。ただ故三浦義村は自門・他門の人々に死罪を申し付けその子孫を亡ぼしたので、その罪報が現実となったのか。③いまは冥土の赴く身となってしまったが、北条殿（時頼）を恨むこともない。

この文章は、泰村・光村ともに、三浦一族が評定衆などの幕府要職につき、また官職も極めたと自認していたと記し、また光村と泰村の気性から出る政治的志向の違いも述べている。『吾妻鏡』は幕府の正史であるから、この二人の扱い方のなかに、宝治合戦の一側面をうかがう事ができると思う。

光村は、九条道家（禅定殿下）の意向を受けた将軍頼経から「武家の権」（執権）を取らせると聞いた、と言う。この記述は『吾妻鏡』が別の箇所で「（光村は頼経から）密密に厳約を承わるの事あり」（宝治元年五月二十八日）と記すことと符合している。頼経から光村に執権補任の口約束があり、光村はこれに乗せられた、と言っている。『吾妻鏡』編纂者は、三浦光村に最期の言葉のなかにこれを語らせることにより、頼経・光村による北条時頼討伐の動きがこの合戦を組み立てた主要な力学だと、暗に述べている。

泰村については、北条氏との外戚関係など、幕政（執権）に協力してきたことが強調されて、まさか一度の仲違いで討伐されようとは思ってもみなかったこと、ただ父親（義村）が多くの人々を死罪にし、亡ぼした因果がいま現れたかと観念する様子を叙述する。つまり泰村に父義村の悪事を思い起こさせ、滅亡するのも仕方ないと述懐させているのは、実話ではなく創作であろう。

また、泰村と光村の扱い方に違いがある。今回の合戦は三浦方では光村に責任があるとの見方がうかがえるし、泰村は北条時頼との協調関係を築いてきた側面が強調されている。

この法華堂承仕が語ったということをまとめた文章は、成文化されるまでに何人もの目が入り、時頼に上覧されている。時頼が読んだ時にどう思うかを意識している。泰村のことを書くのに、時頼との親和関係を軸にしてまとめているのは、時頼に宥和的戦後処理をもとめる意識があろう。

なぜ法華堂か？

三浦氏が自害（最期）の場として法華堂を選んだのはなぜだろうか。「頼朝こそ正統な君主であるとの意識」があったことは確かであろう（金永二〇〇一）。それするとともに考慮しなければならないのは、鎌倉での合戦では将軍をどちらが確保するかが、戦局を左右することである。

北条時頼は、将軍御所の北側に亭を構えていたが、安達軍の合戦開始ではまだ将軍確保の動きは見せず、毛利季光の三浦軍与同を知り、合戦開始を決意したところで、御所に参じ将軍頼嗣を確保した（これで将軍が三浦側に取り込まれることはない）。これで三浦氏討伐の正統性が担保される。

こうしたなかで、三浦泰村は時頼に対抗するには、将軍権威を象徴する何かを表示する必要があった。法華堂は頼朝墳墓堂であり、時政・政子・泰時が仏事を営み、仁治元年十二月二十一日には泰時以下評定衆がここに参じて仏事を修し、今後は評定衆など公事に携わる者の没後はここで追善することを談じた（『吾妻鏡』）。評定衆らにとっては、法華堂は目に見える将軍権威であり、将軍と精神的一体を実感できる場であった。三浦泰村も評定衆としてここに来て頼朝将軍の霊と交わった経験をもつ。

光村が陣取った永福寺惣門の軍事的優位を認めながらも、泰村が法華堂に一族を集めたのは、眼に見える将軍権威を、自軍の皆に感じさせるためであったろう。そうした場として法華堂はふさわしい所であり、最期の地となってもいい場所であった。或いは、ここでの持久戦が続けば、時頼との和儀の可能性もなくはない、との考えもあったかもしれない。

鎌倉と上総

鎌倉市中の合戦は、巳・午・未の三刻（午前八時頃～午後二時頃）で決着がついた。夏の暁直後から始まり熱い時間帯に激戦が交わされた。敗れた三浦方の軍勢は名だたる者が二百七十六人、その他を含め都合五百四人が自殺したという。場所は、若宮大路の中下馬橋から鶴岡社まで、その前を東に折れた横大路の筋替橋、大倉幕府の西にあった西御門の三浦氏宿館、法華堂、そして永福寺。鎌倉の中心部から東北部が戦場となっている。

横大路を東行すると朝比奈切通を越えて金沢・六浦にでる。六浦での合戦は六月六日合戦では上総秀胤側が優勢であり、追捕に向かった伊東祐長・小野寺通業らは追い返された。上総秀胤の本拠は上総一宮大柳館にあったが、東（千葉）素暹が上総御家人との連携のもとに急襲すると、秀胤と子息四人は自害して果てた。ここでも火攻めが行われた。武蔵六浦と上総一宮大柳は海上交通が盛んであり、六浦合戦に連動した合戦といえよう。上総秀胤は三浦泰村・光村の妹を妻にしているので、鎌倉政治の利害関係の上の合戦が上総まで及んだといえる。

4　戦後処理の政治

有力者の敗北

合戦が終わると、三浦方に参加した総てが調べ上げられ、おもだった人物の名前がリストアップされた。この作業は政所執事・評定衆の二階堂行盛（行然）が推進したが、時頼が主催する評定衆の会合で個々に審査されることとなった。二階堂行盛の作成した交名（名簿）は二十二日に披露された。その名簿に記入された人物は、自殺討死は百七人　生捕は八人、逐電は三人、ほかに不審一人。

自殺討死者（三浦方の戦死者）を『吾妻鏡』の記載に基づいて列記すると、三浦氏は泰村ら十二人、毛利季光ら五人、大河土氏（大隅前司重隆ら）三人、三浦義有ら四人、高井実茂ら三人、佐原泰連ら十一人、宇都宮時綱ら三人、春日部実景ら四人、関政泰ら三人、平塚光広ら六人、白河為親ら三人、上総秀胤ら六人、長尾景茂ら七人、などである。この人々の大半は鎌倉市中での合戦にて死去したと考えられる。

この名簿を見て分かるのは、当然ながら、三浦一族が多いことである。三浦泰村の子息のほか、その兄弟（義有ほか）、同族の佐原泰連や高井氏。また婚姻関係にある毛利氏。血族的な紐帯で合戦に与同しているのであり、苗字不詳の大隅前司重隆も婚姻関係があったものと思われる。

この名簿のなかで有力御家人と見なされる一族では、宇都宮氏の時綱らが見える。この時期宇都宮氏では惣領泰綱が評定衆として幕府を支えていた。時綱は泰綱の兄弟であり、鎌倉に居住し幕府公役を勤める名簿にも入っていたが（寛元元年七月十七日）、子息とともに三浦泰村軍に参加し、法華堂で自害した（系図纂要「宇都宮系図」）。宇都宮時綱は稲毛重成の娘を母としていたが、稲毛一族の一人（左衛門尉）も三浦方で敗死した。宇都宮氏―稲毛氏の婚姻も鎌倉を舞台とするものであり、鎌倉での婚姻関係が作用している。他の有力御家人では、結城氏は中間的位置を保ち（後述）、足利氏や小山氏さらに佐竹氏等の動きは見えない。宇都宮時綱の子のなかには本国に逃れて討たれた者もいたが（良深は宇都宮小田橋で討死）、北関東有力御家人の本拠地を場とした合戦はわずかである（ただ小山長村は奥州にいた三浦胤村が一族滅亡ののち降人となったのを鎌倉に召し進めた）。

南関東の伝統的武士の没落

討死（敗死）に長尾氏が七人と多いが、この一族の没落は鎌倉の伝統的風土を変えるものとなった。長尾氏は三浦氏と同族であり、当主（長尾景茂）らは法華堂で自害した。それを知らずに長尾家（鎌倉御霊神社近辺）に向かった佐々木泰綱らは長尾景忠を生け捕りにしたという（『吾妻鏡』六月五日）。和田義盛滅亡後の鎌倉党残存者はここに姿を消した。ただ「正統長尾系図」によれば、合戦で敗れた者のうち一部は秩父に逃げ籠もり、また生け捕りにされた景忠は死罪を免れて藤沢道場に蟄居し、その跡目は京都長尾家から鎌倉に下った景煕が継承したという。本領の長尾郷は山内庄内の範囲内にあったが、山内庄は和田合戦後に北条氏の所領となっていた。この長尾氏の没落により、御霊神社のある一帯も得宗領となり、極楽寺坂をふくめ北条氏の支配力がつよくなってゆく。

討死武士のなかには、相模・武蔵の鎌倉近くに本領を持つ者が複数見える。武蔵大河土御厨（千葉県八潮市・周辺）を本拠とする大河土重隆（大隅前司）・同子息重村・同次郎（三人）、また相模国平塚庄（神奈川県平塚市）を本拠とする平塚小次郎・平塚左衛門尉光広・同子息太郎・同三郎・同土用左兵衛尉・同五郎（六人）、相模国波多野庄（神奈川県秦野市）を本拠とする波多野六郎左衛門尉・同七郎（二人）、相模山内秋庭郷の秋庭又太郎信村など。この人々のなかで、平塚氏など、一族複数で参加したのは、鎌倉の政情不安が伝わり、駆け付けた武士であり、以前から三浦氏と気脈をつうじていたであろう。また秋庭氏など単独の参加者は鎌倉にいて上昇の機会をうかがっていたであろう。山内首藤一族と思われる秋庭氏は山内に進出してきた北条氏を心よく思っていなかった。

鶴岡八幡宮の改変

三浦方が敗戦したことにより、鶴岡八幡宮もおおきく変わることとなった。社務職の定親は泰村縁坐として、六月十八日に籠居し、やがて上洛した。また同宿の供僧四人（道範・良舜・円性・瑄親）も七月に職を棄て上洛した（「鶴岡八幡宮寺社諸職次第」）。

宝治元年六月二十日、将軍頼嗣（署判は右少将藤原花押）は相模国谷部《やべ》郷を鶴岡八幡宮領として寄進した（鶴岡八幡宮文書、『横須賀市史』に写真）。文面には「謀逆の輩あると雖も忽ち誅せられ畢んぬ、これすなわち神道加護の致すところなり」とあるので、三浦氏討伐が直接的な契機となっている。したがってこの谷部郷は三浦氏所領の矢部郷を指すであろう。この寄進状は将軍の発給であるが、合戦勝者の北条時頼の強い要請が背後にあろう。

六月二十七日、新しい社務（別当）として隆弁が任じられた。この後、鶴岡社の坊には隆弁法系（弟子筋）の人物があいついで入室する。智覚坊の性盛はこの年十一月に、永乗坊の弁鎮は翌年正月に、それぞれ坊主となっており、文永年間にはさらに増加する。

時頼は別当となった隆弁に鶴岡社の粛正をさらに求めた。直後の、建長二年十一月二十八日、執権・連署の発給する御教書を若宮別当法印御房（隆弁）に宛ててだし、「供僧に乱行する仁がいたなら解職せよ、乱行を聞き及ぶことがあったら隠すことなく注進せよ、隠し置くことは不忠である」（趣旨）と強い口調で命じている（鶴岡八幡宮文書、『鎌倉遺文』）。

宝治合戦の結果、時頼は鎌倉の御家人社会だけでなく、寺社にも改変を迫ったのである。

京都への報告

時頼は六月五日、三浦一族が法華堂で自害すると、京都六波羅の重時に書状を書いた。三浦氏討伐が「誅罰」であることを知らせて、朝廷にもそれを納得させるためであった。その書状の内容は京都の葉室定嗣の日記にもほぼ同内容が記述されているので、書状そのものに大きな潤色はないと思われる。『吾妻鏡』には、相模守（重時）宛書状二通と事書一通が掲載されているが、この時の時頼の緊張感を示すものであるので、原文のまま紹介する（参考までに読み下し文をつける）。

若狭前司泰村、能登前司光村以下舎弟一家之輩、今日巳剋、已射出箭之間、及合戦、終其身以下一家之輩及与党等被誅伐候畢、以此趣、可令申入冷泉太政大臣殿給候、恐々謹言、

六月五日　　左近将監

謹上　相模守殿

〔読み下し文〕

若狭前司泰村、能登前司光村以下舎弟一家の輩、今日巳刻、すでに箭を射出すの間、合戦に及ぶ、終に其の身以下一家の輩及び与党等誅伐さられ候い畢んぬ、この趣を以て、冷泉太政大臣殿に申し入らしめ給うべく候、恐々謹言。

六月五日　　左近将監

謹上　相模守殿

この書状は簡潔に、次の三点を記述している。①今回の合戦は三浦泰村・光村側から仕掛けられたのであり決して北条側が先ではない。②合戦は三浦一族を「誅伐」して終わった。③この趣旨を冷泉太政大臣（久我通光）に報告してほしい。ここで時頼は自らの行為を「誅伐」と表現して、罪のある者を征伐したと強調している。三浦側が最初に仕掛けたのであり、三浦側に罪があるという。そのため三浦側が箭を射出した時刻まで巳刻と書いている。

『吾妻鏡』収録のもう一通は、「毛利入道西阿不慮令同心之間被誅伐畢」との書き出しで始まるが、合戦記事は同趣旨である。違うのは、三浦氏は誅伐されたので、鎌倉に馳せ参じることはないことを、西国御家人に下知してほしい、と「仰により」通知している。この仰せは将軍頼嗣の仰せを意味し、将軍が時頼方にいることを暗示している。

もう一つの事書は「一　謀叛輩事」ではじまるが、京都における三浦氏の親類兄弟は召し取ること、雑掌・代官・所従等は探索し注進するようにと命じている。謀叛輩の親類兄弟だからこそ召し取るのである。ここで三浦氏側が「謀叛輩」と断定されている。謀叛（反）人にどのような刑罰を科すかについて御成敗式目は先例と時議によると規定しているが、時議は権力者（院や将軍）の意向を意味する（佐藤進一一九九〇）。ここでは処罰は将軍の判断であるとの意味となる。したがって「謀叛」との判断は将軍頼嗣の判断であるが、実質は時頼である。三浦一族は「謀叛」すなわち幕府体制への反乱であると、時頼は認定し、六波羅に通知したのである。

このように、時頼は六波羅北方の重時に、この合戦は三浦側に罪があり、また謀叛であると知らせた。この趣旨を朝廷に認めさせることが目的である。戦後処理は京都（朝廷）がこの合戦をどのように扱うかという問題を含んでいたからである。合戦翌日に時頼が六波羅（重時）に向けて書状を出したのは、重時の意向を受けて鎌倉に下向していた長時の進言があったものと思われる。鎌倉での合戦開始が京都に伝われば、朝廷の動揺だけでなく、六波羅に奉仕している御家人や武者が急ぎ鎌倉に下向するが、その隙を狙って京都の三浦勢などが六波羅を襲えば六波羅滅亡の危機となる。それを防止することが、京都の政情安定になり、ひいては鎌倉の合戦を三浦方有利にさせないという考えが長時にはあったと思える。『吾妻鏡』は鎌倉での長時の動きを一切書かないが、それだけに裏があると思える。

時頼の重時への報告は合戦の戦局とは関係がないように見えるが、そうではない。この報告により、京都の幕府方軍勢は京都に留まり、京都の情勢が維持された。もし軍勢が鎌倉に下れば、京都は騒然となり、京都世論は時頼から離れることもあり得た。それを防いだのは、時頼の報告と、七月まで京都に居続けた重時の存在であった。

宝治合戦は、軍事的にも政治的にも、時頼にとって難局であった。それを重時とともに乗り切った。これで政治的にも胆力が付き、合戦のことを振り返ることはあったが、後悔することはなかった。

八朔贈答の禁止

合戦終結後の七月十七日に鎌倉に下った北条重時は、二十七日に連署に就任した。その直後に二人は、諸人に対して、八月一日（八朔）の贈答を禁止し、将軍家への贈物も、後見人である執権・連署の家からの物の外は制止した（『吾妻鏡』）。ただこの禁止は長くは続かなかったようである。

八朔の贈答は鎌倉末期から京都・公家の間で盛んとなり（『花園天皇宸記』）、南北朝期の『園太暦』には記事が散見する。なぜ流行するようになったか、公家たちは不審に思っているが、八月一日が新穀（田の実）の収穫期であり、憑《たのみ》とほぼ同音なので、扶助の行為として理解されていたらしい。

そして八朔の贈答（相互扶助）が鎌倉で盛んになったことが清原家の家伝に見えること（『康富記』が伝える）、さらに一条兼良『公事根源』は、ある仮名文に「建長の比より此事あり、はじめは田のみとて、よねを打敷かはらけなどに入て、人のもとにつかはしけるとかや」、と紹介している。室町期の京都では、八朔の贈答慣行は鎌倉期に始まること、それも建長の頃（時頼の時代）であるとの伝聞が広がっていたのである（平山敏治郎一九八四、なお八朔民俗を踏まえた和歌森太郎一九八一も参照）。

こうしてみると、宝治元年八月一日、幕府が御家人たちに「恒例贈物」を禁じ、将軍へ進上するのは「両後見」だけに限ったという『吾妻鏡』の記事は、逆にこの時期の鎌倉では八朔贈答がひろく行われていたことを示している。そしてこの年は、合戦直後の異常な状況を鑑みて、この慣例を中止し、将軍には執権・連署から進上にとどめたのである。直前に連署に就任した重時は、時頼とともに、将軍家を後見する立場を諸人に示した。

5　合戦直後の京都政界

北条重時の鎌倉下向

京都六波羅から鎌倉に帰った重時の住居は、幕府御所の北方の小町上亭である。ここは泰時の屋敷を執権経時が継承していたが、経時死後は無住となっていた。時頼は小町亭（宝戒寺）を屋敷としたので、重時と小町大路を挟んで向かいあうこととなった。

重時の鎌倉下向は、朝廷側からは、今後の洛中守護はどうなるかと案じられたことであったが（『葉黄記』）、鎌倉側（時頼）が急いでいた。『百練抄』には「六月廿三日、…関東飛脚去夜到来す、重時朝臣忩《いそ》ぎ下向すべきの由、示し送ると云々、勲功賞已下の事、未だその沙汰に及ばす、示し合すべきの由、風聞と云々」と見える。関東（時頼）からの飛脚が、急いで下向してほしい、勲功賞などの沙汰をするための相談をしたい、と伝えたのである。合戦の功績は、鎌倉での状況は時頼が十分に把握している。重時と示し合わせるとは、京都・朝廷との関わりである。神崎庄・宗形（像）社（三浦氏の所領）の扱いなどを急ぎ協議することが目的であった。そのため重時の鎌倉下向は、鎌倉での軍事行動の終結と同時に、六月下旬には決められ、すぐに使者が京都に派遣されていた（二十三日に六波羅着）。

関東申次

合戦から二か月を経た八月十七日、幕府からの使者二人（二階堂行泰・大曾根左衛門尉）が四・五百騎で入洛し、翌日に関東申次の西園寺実氏第を訪問した。使者が朝廷側に申し入れたのは七ヶ条であるが、そのなかに①神崎庄・宗形（像）社のこと（三浦氏の所領）、②勲功勧賞は公家沙汰であること、③泰村反逆造意のこと、がある（『葉黄記』十九日）。ここで「三浦泰村反逆」と明確に規定され、三浦氏の所領として神崎庄・宗形（像）社があること、その勧賞（その所領を誰にどう与えるか）は朝廷の沙汰であること、というのが幕府からの提案である。後嵯峨院側ではこの趣旨を受け入れ評議を重ね、二十七日には神崎庄・宗像社は中宮（藤原能子）に与えることで決着した（『葉黄記』）。この交渉過程では幕府からの使者が政治力を発揮したが、そのうちの一人である二階堂行泰はこの時の評定衆・政所執事二階堂行盛の子である。

これが、宝治合戦の、朝廷と幕府を含めた、国家としての政治的処理である。時頼は三浦泰村を「謀叛人」とすることに成功したのである。このような政治的手腕と力量は、時頼一人では困難なことであり、おそらく重時の助言に依存していた。

神崎庄・宗形（像）社の扱いを仕切った西園寺実氏は、前将軍敗北による九条道家の政治力衰退にともない、関東申次としての立場を強化した。また二階堂氏はこの後も幕府から朝廷との交渉に派遣される「東使」に起用されることが多く（森茂暁一九九一）、その政治力は北条得宗とは距離を保ちつつ維持された。二階堂氏の政治的位置も宝治合戦後の政治処理を京都と交渉する中で培われたものであった。

近衛兼経の復権

いっぽう京都では近衛家が勢いを増した。三浦家の所領であった神崎庄・宗像社の扱いが政治問題となったであるが、その勧賞沙汰には近衛兼経（殿下）と西園寺実氏（前相国）が後嵯峨院に参じて評議している（『葉黄記』十九日・二十日・二十二日）。

このうち、近衛兼経は、寛元四年の五月～六月政変では、鎌倉で前将軍頼経が時頼を殺したとの風聞があると日記に記し、頼経父の九条道家も大変なことになるだろうと案じていた（前述）。これが現実となり、寛元四年秋、九条道家、頼経親子は失脚した。そして近衛兼経は宝治元年正月十九日には、摂政となっている。宝治合戦時の政局は、京都では近衛兼経が君臨していたのである。兼経は幕府と密接な関係を築いたらしく、翌二年十二月二日に摂政を弟の左大臣兼平に譲ることを将軍頼嗣宛に書状で相談している（『岡屋関白記』に書状本文が収録されている）。宛所は将軍であるが、兼経も時頼が閲覧することを前提にしていたであろう。摂政となった兼平はやがて鷹司家を興すことになる（五摂家への動き）。

京都政界での近衛家の隆盛は、時頼が前将軍頼経の政治的復活を阻む意図もあった、と考えられる。京都に戻った頼経は、宝治合戦の前年の十二月十二日には時頼のもとに書簡を寄せていた（『吾妻鏡』）。時頼からの返事を求めるものであったが、時頼は人々（重時ら）と相談し、無視した。こうしたこともあり、京都での頼経（入道大納言）の動きは幕府も警戒するところであり、抑え込む必要があった。頼経は藤原（西園寺）公経から譲られた吉田泉殿を後嵯峨上皇に献じていることが『岡屋関白記』（建長三年八月十七日条）に見えるが、記主の近衛兼経はこの伝領経緯を書くのに、頼経のことを「関東入道大納言」と記し、記事にはいぶかしい感情があらわれている。京都では前将軍（頼経）の帰洛後の政治力を期待する向きもあったが、近衛の摂政就任はそれを押さえることとなった。

第五章　時頼がつくる鎌倉

1　鎌倉の平和

時頼・重時の幕政開始

宝治合戦の余韻が静まり、年が改まると、執権時頼・連署重時の幕府は有力御家人層と協調する姿勢をあらためて見せた。宝治二年の正月垸飯は、一日が時頼の沙汰（主催）、三日が重時の沙汰で行われた（『吾妻鏡』、二日の記事はない）。一日には北条政村・北条時章・安達義景が役を負担し、武藤氏・足利氏が馬を引いた。また三日の垸飯の後には、将軍頼嗣の時頼亭への御行があり、御家人五十六人が供奉した（五位二十二人、六位二十四人、着剣直垂六位十人）。

宝治三年（建長元年）は『吾妻鏡』が欠本であり不明であるが、建長二年以降の正月垸飯の負担は次の様である。

建長二年　一日　時頼の沙汰。御剱は北条政村。調度は安達義景。行縢は二階堂行義。
二日　足利義氏の沙汰。御剱は北条朝直。調度は足利泰氏。行縢は後藤基綱。
三日　重時の沙汰。御剱は名越時章。調度は金沢実時。行縢は小山長村。
建長三年　一日　時頼の沙汰。御剱は北条政村。調度は金沢実時。行縢は後藤基綱。垸飯後に時頼亭に御行。
二日　重時の沙汰。御剱は北条朝直。調度は北条時広。行縢は宇都宮泰綱。
三日　足利義氏の沙汰。御剱は足利泰氏。調度は安達義景。行縢は新田頼氏。
建長四年　一日　時頼の沙汰。御剱は北条政村。調度は名越時章。行縢は安達義景
二日　重時の沙汰。御剱は北条朝直。調度は北条時長。行縢は小山長村。
三日　足利義氏の沙汰。御剱は名越時章。調度は安達義景。行縢は二階堂行方。

一見して分かるように、正月三か日のうち、一日は時頼が沙汰し、二日・三日は重時または足利義氏（法名正義）が沙汰している。御剱・調度・行縢の役には北条氏一族が登場する場面がおおいが、御釼役の北条政村はほぼ慣例となっている（前述）。安達義景（時頼母の妹）や足利泰氏（妻が時頼妹）が調度役を果たしているのは、時頼との縁によるものであろう。また後藤基綱・小山長村・新田頼氏のような、幕府開設以来の伝統的領主層も参加している。このようにこの時期、正月垸飯は北条氏一族や伝統的御家人が集うように営まれた。

時頼・重時の幕政運営は協調を旨とする方向であったが、それは宝治二年正月七日の評定衆の着座次第にも見える。合計十六人を老座と若座に分けて、その着座順を定めたのである。着座順は次のようになるが、この年の年齢も提示した（年齢は森幸夫二〇〇九による）。

老座は相州（重時、五十一歳、一二二五〜）を筆頭に相模三郎入道（北条資時、五十歳、一二二五〜）・摂津前司（中原師員、六十四歳、一二二五〜）・伊賀式部入道（光宗、七十一歳、一二四四〜）・信濃民部入道（二階堂行盛、六十八歳、一二二五〜）・太田民部大夫（康連、五十六歳、一二二五〜）・清左衛門尉（清原満定、五十四歳、一二三九〜）。

若座は左親衛（時頼、二十二歳、一二四六〜）を筆頭に、前右馬権頭（北条政村、四十四歳、一二三二〜）・武蔵守（北条朝直、四十三歳、一二三二〜）・尾張前司（名越時章、三十四歳、一二四七〜）・甲斐前司（長井泰秀、四十六歳、一二四一〜）・秋田城介（安達義景、三十九歳、一二三九〜）・出羽前司（二階堂行義、四十六歳、一二三八〜）・下野前司（宇都宮泰綱、四十六歳、一二四三〜）・天〈矢〉野外記大夫（倫長、三十九歳、一二四四〜）。

重時・時頼以外の並び方（着座順）を見ると、年齢順ではないし、官途が規準になっているわけでもない。老座・若座とも北条氏が上位を占めるが、北条氏内の順は年齢の上下である。北条氏以外では、年齢と評定衆在職年数が重視されているかに見える。若座の安達義景と二階堂行義は着座次第付則に一日交替で上下を入れ替わるように指示されているが、これは評定衆になったのが一年違いであること、年齢は二階堂が七歳上であることが勘案されているかと思われる。

評定は定日として月に三回（十日、二十日、三十日）に開催されることになっているが、それ以外の日にも開催された。執権時頼と連署重時が共同主催する評定は、年齢と在任期間を考慮した着座の形で進行されたと見られる。時頼は、重時とともに、これまでの評定の形態を尊重する姿勢を示したのである。

建長寺に伝わる北条時頼像（カバー画像参照）は狩衣姿で立派なものである。像高が六八センチメートル余であり、烏帽子（黒漆塗）を被り右手に笏を持つ。狩衣・単衣・指貫・下袴を着け、足に襪《たび》を穿くが、襪裏を見せるように前に大きく出している。玉眼を嵌入した面貌は、下膨れで、目尻がやや下がり、口元は微笑むかのようで、全体がやわらかく見える。落ち着いたゆったりした印象を受ける像であるが、評定の場など幕府への出仕の姿であったと、時頼を慕う人々の理想像かと思われる。

垸飯膳に梅干

正月垸飯は幕府の公的行事であるが、この膳に梅干が出されるようになった。「世俗立要集」（『群書類聚』）は沙門正玄が集めた料理書であり鎌倉末期の成立と見られる（後鳥羽御宇の例が記述されている）。そのなかに「一、武家ノサカナノスエヤウ（肴の据え様）」の題目があり、膳の絵が描かれている。膳の中央に皿箸、手前に左からシオ（塩）、ス（酢）、クラケ（海月）、奥に左はムメホシ（梅干）、右はウチアハヒ（打鮑）である。そして「承久以後武家ノ肴ノ様ヲミルニ如此。梅干ハ僧家ノ肴也。而ヲ俗家ニ用ラル、事如何、…」との文章が付されている。梅干が承久以後の武家の膳の肴に用いられているという。武家とは幕府であるから、幕府の公式行事の膳に梅干が使われるようになったことが分かる。正月垸飯の膳にものっていたであろう。

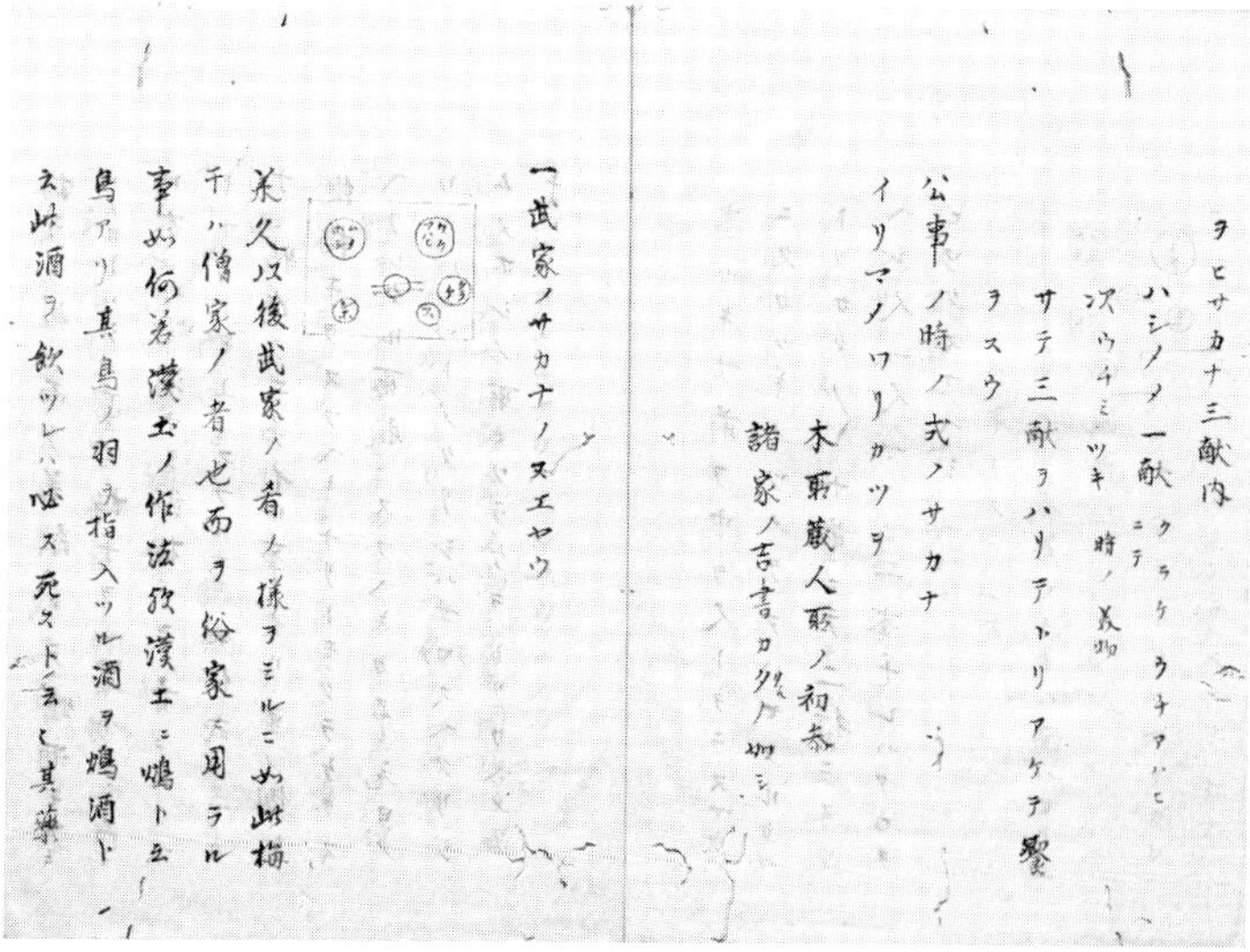

梅干しの膳

「世俗立要集」（国立公文書館デジタルアーカイブ）

注記には梅干がもとは僧家（寺院）のものであり、それが武家に見えるのはなぜかということを自問して、この続き部分にはもともとは「漢土ノ作法」であったといい、中国では鴆《ちん》酒（毒酒）を飲んだ際の薬に梅干を用いたが、日本には鴆《ちん》酒がないのにどうしたわけか不明だ、とする。最後に梅干を膳に据えるにしても、その場所はどこにするか、海月《くらげ》の脇がいいので、「予（あらかじめ）元日ノワウバン（垸飯）ツトメタリシハサゾスヘタリシ」とする。元日の垸飯の勤めが事前に決まっている時は前もってそのように据えるように諭している。

幕府が正月垸飯に梅干を用いたのは、禅宗寺院が力を持つ時頼期からであろう。鎌倉では梅の樹木が育てられているので、梅の実は取れたであろう。必要な塩は、伊豆方面からの流入していた。また房総からの塩も考えられる。建長寺をはじめ禅宗寺院は梅干に熱心であったと思われる。

時頼を諫める結城朝光

宝治元年十二月二十九日、幕府は結城朝光（法名日阿）に恩賞として鎮西小鳥庄を与えた。この日幕府では恩沢の沙汰（評議）が行われたが、時頼の強い要請により、六月合戦の賞が結城朝光に与えられた（『吾妻鏡』）。合戦から半年が過ぎていたが、ここまで遅れたのは結城朝光の言動が原因であった。『吾妻鏡』は「（三浦）泰村追討のことにつき頗る過言に及ぶ」と書いており、朝光は泰村討伐の件を非難していたのである。その様子を、江戸時代の日蓮宗僧侶（日通）が書いた『祖書証議論』には「同き廿九日結城入道日阿〈七郎朝光上野介なりし〉下総より来謁し時頼に述懐して云く、日阿鎌倉に在るならば若狭前司は輙く誅伐の恥に遇うべからずと、時頼に斯のごとく過言す」（カタカナは平仮名に、また読みやすく直した）とみえる。結城朝光は合戦当日（六月四日）は鎌倉にいなかったが、「もし私が鎌倉にいたら三浦若狭前司（泰村）は誅伐されることはなかったろう」と言ったのである。ただ、結城朝光が三浦方に加わったという意味ではない。

『祖書証議論』のこの前後を読むと、著者（日通）はこの合戦における時頼の措置を色々と非難している。その一つが、安達景盛の三浦攻めをなぜ止めなかったのかということである。鎌倉では安達氏の暴走を時頼が止めなかったという伝聞が続いていたと思われる。結城朝光は、私が鎌倉にいたならば、安達氏の武力行動を阻止して、これほど大きな合戦にはしなかった、と言いたかったのであろう。

日阿（結城朝光）の言説は時頼にはこたえたであろう。時頼も、小事で終わらせたい思いが強かったのであり、安達軍を止められなかった後悔もあろう。ただ結城の発言を合戦直後の状況では取り上げられなかった。半年が過ぎて、情勢が落ち着き、年末を迎えたところで、年が改まる前に時頼は結城朝光を取りなした。恩賞をあたえるまでした。

『吾妻鏡』では、時頼は結城の行為を非難することなく、むしろ「（結城朝光）その性もとより廉直なり、過言と称するは無私の致すところなり」と褒めたと書いている。ここには時頼の大物ぶりを記述しようとする意図がみえるが、評定衆など幕府要職に拘泥しない結城朝光を幕府に繋ぎ止めておこうとする時頼の意向もみえる。こののち、結城氏が評定衆に復帰することはなかったが、時頼は建長年間の幕府行事に結城一族の者を継続的に参加させている。結城氏と緩やかな協調関係を維持する姿勢を示したのである。

千葉頼胤の引き立て

上総秀胤らが討たれた千葉一族は、惣領家の当主が幼年であり、一族としての結合が弱くなっていたが、時頼は幼年の亀若丸を元服させ、幕府行事に引き入れた。亀若丸は建長元年五月二十七日、幕府から命じられた閑院内裏西対《にしたい》造進役につき、千葉氏嫡家を相続したばかりで、所領はわずかであり、京都大番役にも当たっており、とても修造できない旨を申し出ていた（平亀若丸請文案、『鎌倉遺文』）。ただこの亀若丸の要望は実現せず、『吾妻鏡』同二年三月一日条に見るように、千葉氏の役負担の割り当てに変わりはなかった。

だが、『祖書証議論』には、このとき、亀若丸の依頼をうけた冨木《とき》五郎（常忍）は幕府に訴状を出

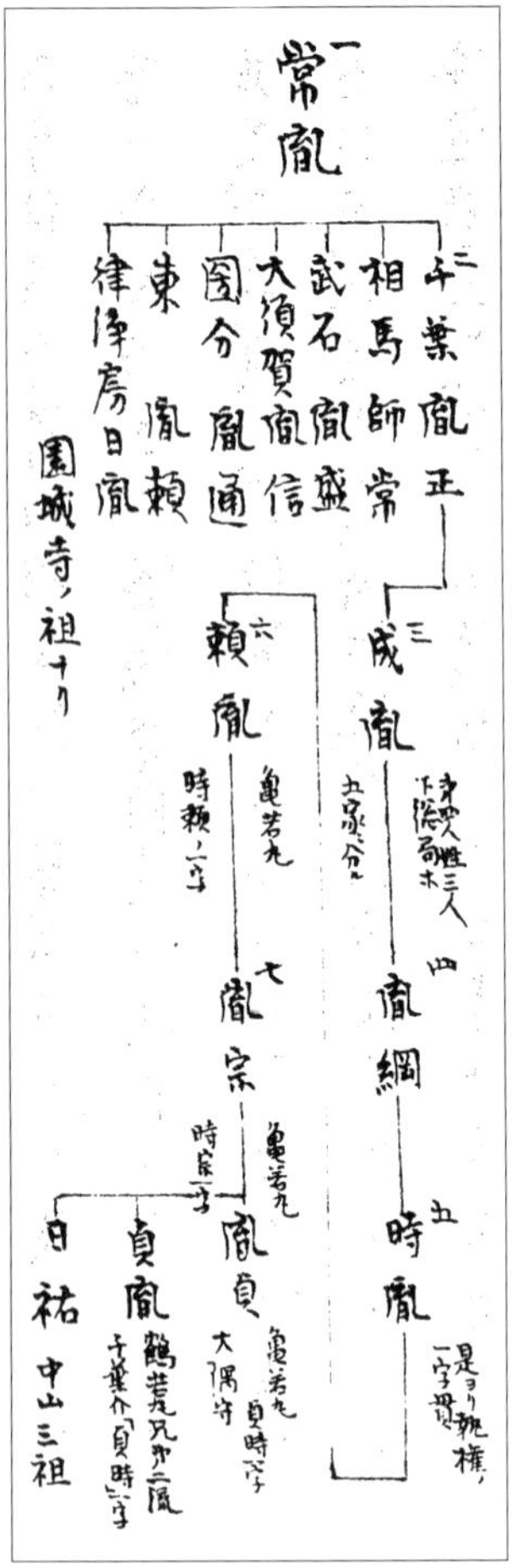

『祖書証議論』千葉氏系図（部分）
（東京大学史料編纂所蔵謄写本）

したと記述されている。冨木常忍は日蓮信者であり、『祖書証議論』にも取り上げられる人物であるが、この冨木が亀若丸訴状を時頼に渡したと考えられる。時頼は亀若を知り、千葉氏惣領に引き立てた。『祖書証議論』はこの記事の直後に、千葉氏系図を書き千葉氏歴代当主を記しているが、頼胤には「亀若丸、時頼ノ一字」と注記している。亀若元服にあたり、時頼を烏帽子親とし、「時頼」のうち「頼」を得て、「頼胤」と名乗ったのである（胤は千葉氏の通字である）。

千葉頼胤の初見史料は『吾妻鏡』建長二年十一月二十八日である。幕府は陸奥・常陸・下総三か国での博奕を禁止し取り締まるよう、三か国守護に命じているが、下総国は千葉新介となっている（『吾妻鏡』）。この千葉新介は実際の守護権を行使する人物でなければならず、千葉頼胤本人であろう。

千葉頼胤はこれ以降、幕府行事の供奉人として散見するが、時頼は烏帽子子でもある頼胤を鎌倉での行事に参加させている。その一方、千葉氏内部で反幕府の動きに出る者はいち早く摘発した。建長三年十二月二十六日、千葉新介（頼胤）の近親である矢作左衛門尉が僧了行（千葉氏あるいは三浦氏）らと謀反を企てたのを、時頼の家人（諏訪蓮仏）が捕らえ、処罰した（『吾妻鏡』）。不穏な要因は芽の内に摘み取って、大事にならないようにしている。かつての上総秀胤（三浦義村に与同し宝治合戦で時頼に敵対した）を再現させない力による融和強制である。

時頼はかつての反対者やその一族を受け入れて、包容力のある幕府運営を進めた。こうした一面を示すことにより、御家人を鎌倉にまとめたのである。

永福寺供養

時頼は宝治二年二月、永福寺《ようふくじ》を修理し、三月十五日に法会を催した。永福寺は、将軍頼朝が討伐した奥州藤原氏の怨霊を宥めるため、鎌倉の二階堂に造立されていたが、年月を経る中で荒れていた。幕府は寛元二年には一部修理したが、滞っていた。時頼は、頼朝の故事にならい、永福寺を修復し、三浦一族の怨霊を鎮める法会を行ったが、宝治二年は奥州藤原氏が亡んだ文治五年の六十年後に当たり、鎌倉の地で怨霊が活発化して、三浦氏の怨霊を誘発するのを避けるねらいもあった。

永福寺は、この後も、修理は継続され、また荘厳化されてゆく。建長元年には鶴岡若宮別当隆弁を導師として法会が催され（「鎌倉年代記裏書」）、同三月には将軍頼嗣の花御覧があり、恒例法会が行われ、諸人が参じた。次の将軍（宗尊親王）も正元二年二月には桜花を観るために永福寺に出向いてい

永福寺三ウロコ紋様拓本写真
（神奈川県立歴史博物館『永福寺と鎌倉御家人』29頁）

る。永福寺は桜の名所となり、将軍が訪れることで、鎌倉に春をつげる場所になってゆく。敵・味方の霊をしずめ供養しながら、和平の場での桜花鑑賞として再生しているのであり、時頼のねらいは功を奏しているかに見える。

鎌倉永福寺跡は発掘調査が進められているが、中間的総括として、寛元・宝治年間の修理の時期に、建物が掘立柱になり、池（庭園）が造成され、建造物背後の山際排水路が拡張されている、と報告されている（九二頁の図参照、福田誠二〇〇六、秋山哲雄二〇〇六）。またこの時期の永福寺修理に用いられた大型瓦（永福寺瓦Ⅱ期）のうち一部は武蔵北部の水殿《みずどの》窯（埼玉県美里町）で焼かれたものだという（原廣志二〇〇六）。水殿窯は武蔵七党の丹《たん》党・児玉党の分布する地域であるが、時頼被官の児玉党庄《しょう》次郎との関係が窺われる。庄氏と関係ふかい宥勝《ゆうしょう》寺《じ》の所在する本庄市栗原は、水殿窯遺跡に隣接する。地図で見ると、宥勝寺と水殿遺跡は小山川をはさんで約二キロメートルの距離にある。水殿遺跡の地は庄氏の所領のうちにあったかと思われる。また本庄市の大久保遺跡の屋敷地からはミツウロコ文様の永福寺瓦が出土している（神奈川県立歴史博物館二〇二二）。この屋敷地は庄氏関係のものと見られるが、瓦のミツウロコ（三鱗）文様は、流通過程での北条得宗家の権威を示すために付けられたと思われるので、ここにいた得宗家被官が扱っていたと考えられよう。この地域での永福寺瓦の生産と流通には庄氏が関与していた可能性がたかい。

武蔵府中に近い正福寺《しょうふくじ》（東村山市）は北条時宗が開いたが（「新編武蔵国風土記」）、事実上の開山は渡来僧の仏海禅師の弟子法海禅師（無象静照）であるという（葉貫磨哉一九七六）。この法海禅師（無象静照）は時頼近親者の無象である（後述）。帰国後に正福寺に入ったのであろう。この正福寺は地蔵を本尊としており、また現在でも屋根瓦などにミツウロコ模様が見える。時頼と無象との関係、地蔵尊像など、時頼との関係が強くみえる。ミツウロコ瓦もその縁で運び込まれた可能性があろう。この瓦は得宗関係寺院に流通していたと思える。

永福寺の造営には瓦だけでなく、用材・壁用漆喰など相当な費用が想像されるが、得宗はじめ北条氏とその被官にまで負担が及んだであろう。時頼は、庄氏を含めた被官層を永福寺修復に動員して、鎌倉改造の一環とした。永福寺瓦の流通も、大きな富を生み出したであろうが、その財も永福寺造営に宛てられたとみられる。

2 鶴岡八幡宮と建長寺

鶴岡八幡宮別当の隆弁

鎌倉の文化的中心に位置する鶴岡八幡宮には、隆弁が別当として入った。三浦氏との武力衝突を終えたばかりの幕府は、宝治元年六月二十七日、合戦後初の評定を開催し、左親衛（時頼）以下一一名が着座し、神社仏寺のことを沙汰し、隆弁を鶴岡八幡宮別当職に補任することを決め、御教書を隆弁の宿所に届けさせた（『吾妻鏡』）。御教書は将軍（頼嗣）の発給であるが、「仰」を時頼ひとりが奉じた文書形式であったと推定される（同じ形式の時頼奉の鶴岡八幡宮宛の建長元年六月三日御教書がある、鶴岡八幡宮文書）。この御教書発給は時頼が進めたと見なければならない。御教書を隆弁宿坊に届けたのは平左衛門尉盛時であるが、これは得宗被官の中心的存在である長崎盛時（細川重男二〇〇〇）であろう。

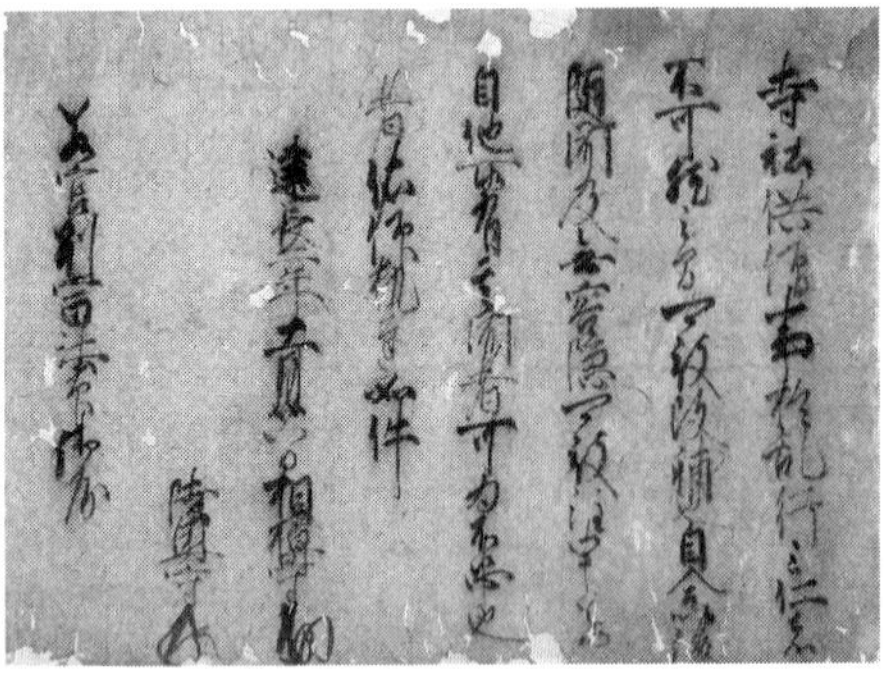

関東御教書
（鶴岡八幡宮蔵，『北条時頼とその時代』鎌倉国宝館，2013年）

鶴岡八幡宮には「宮中」を沙汰する最上の役職として社務職があり、別当とも言われるようになっていたが

（別当というようになったのは鎌倉初期の圓暁以後という）、ここに幕府御教書によって補任されたこととなった。幕府と鶴岡八幡宮が接近したことを示すが、幕府は悪業僧も寄り集う鶴岡を粛清してゆく。建長二年（一二五〇）十一月二十八日には次の命令文書を出した。

寺社供僧事、於乱行之仁者
不可然之間、可致改補也、自今以後
随聞及、無容隠可被注申、若
自他有其聞者、可為不忠也、
者依仰執達如件、
　　建長二年十一月廿八日　相模守（花押）
　　　　　　　　　　　　　陸奥守（花押）
　若宮別当法印御房

〔読み下し文〕
寺社供僧事、乱行の仁においては、
然るべからずの間、改補いたすべし、自今以後、
聞き及ぶに随い容隠することなく注申すべし、
もし自他に其の聞えあらば不忠たるべし、
てへれば仰せにより執達くだんの如し、
　　建長二年十一月廿八日　相模守（花押）（時頼）
　　　　　　　　　　　　　陸奥守（花押）（重時）
　若宮別当法印御房（隆弁）

この文書は、幕府の執権（時頼）・連署（重時）が将軍の仰せを奉じて、鶴岡若宮別当隆弁に出した命令書である。要旨は、鶴岡僧坊の供僧には、乱行の者を入れてはいけない、いたなら改補すべきであり、その者を容隠することなく、幕府に報告すべきである。

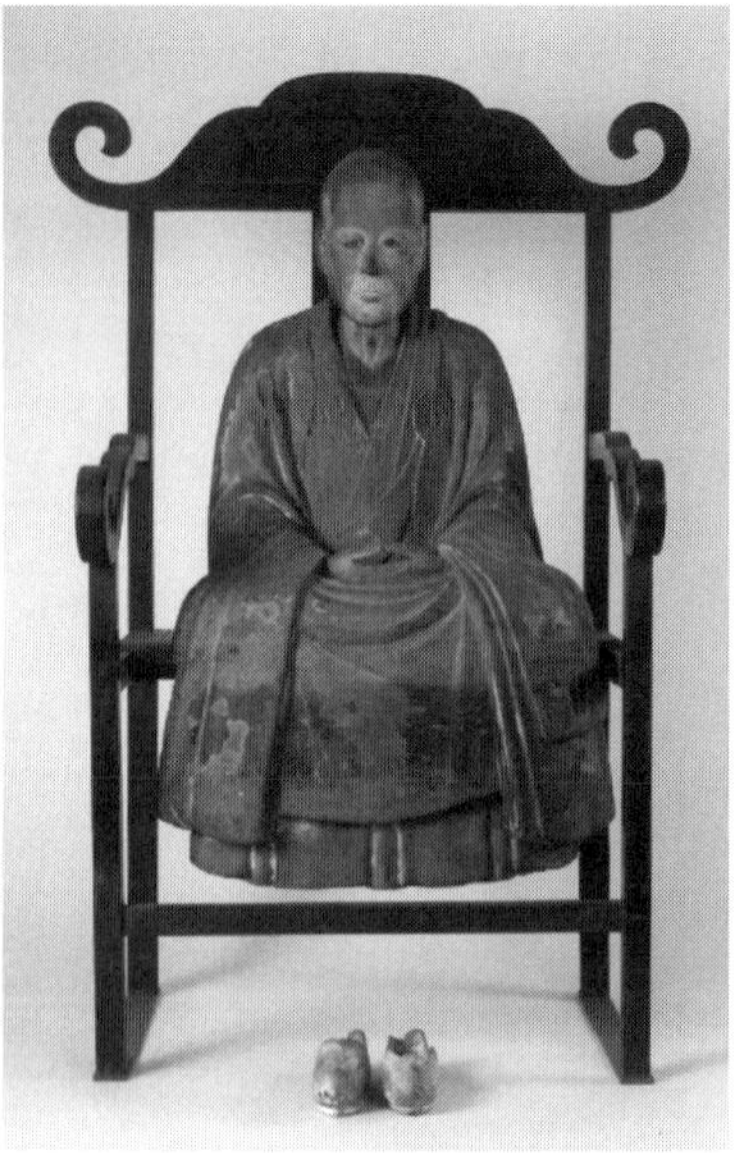

蘭渓道隆坐像
（常楽寺蔵，『北条時頼とその時代』鎌倉国宝館，2013年）

この命令を受けた別当隆弁は、鶴岡僧坊の坊主に、近しい人物を送り込んだ。三浦氏に近かった社務定親とその系統が鎌倉から去りその跡には、仏乗坊の勝恵、安楽坊の盛弁などが入った（「鶴岡八幡宮寺供僧次第」）。

巨福山建長寺

小袋坂《こぶくろざか》地蔵堂の建立は建長元年に始まったが、時頼は同三年十一月八日には丈六の地蔵菩薩を中尊とし、蘭渓道隆を開山に迎え、また千体の地蔵像を安置した（『吾妻鏡』、『鎌倉年代記裏書』）。

小袋坂の一帯は建長寺創建以前には「地獄谷」といわれ、霊谷の刑場であり、地蔵菩薩の祠が数多くあったという。そしてここに地蔵堂が建立されたが、それが伽羅陀山《からだせん》心平寺だという（『新編鎌倉志』）。佉羅陀山とは仏語であり、須弥山に近く地蔵菩薩の住むところといい、『梁塵秘抄』にも「からだせんなる地蔵こそ毎日の暁に必ず来りて訪ふたまへ」と見える（『日本国語大辞典』参照）。

小袋坂一帯はもともと不穏な一帯であったが、仁治元年（一二四〇）十月十日に北条泰時が嶮しい山ノ内道を造成してから鎌倉～大船（粟船）の往来が盛んとなった。時頼は、建長二年六月三日に山内道と六浦道の土石除去を命じて鎌倉との通交を図っている（『吾妻鏡』）。これは建長寺造営事業と連動するものである。

時頼は、粟船（大船）の常楽寺《じょうらくじ》に招いていた蘭渓道隆を、この建長寺住持に招請した。蘭渓に対する時頼の信頼は厚いものがあったようで、建長元年二月三日（小袋坂地蔵堂建立直前）、時頼は蘭渓に禅の境地を質問しているが、蘭渓は古則を示し「守殿《こうどの》（時頼）がこの則公案《こうあん》を自ら納得するよう」促したという（「蘭渓道隆古則語」、『建長寺史編年史料集第一巻』所収）。時頼は蘭渓の外護（支援者）となったが、それを知った京都東福寺の円爾弁円もたいそう喜んだ（十月二日円爾尺牘、同前）。

無象静照の渡宋

時頼は、建長寺造営の時期、宋に禅僧を派遣し、さらに高僧の招来を図っていた。時頼の近親者の無象静照は建長四年（一二五二）に十九歳で入宋し、臨済宗の正脈をつぐ石渓心月の門下に入っていた。そして建長六年（宝祐二）、無象が大休正念とともに参会していた時、平将軍時頼の請簡が届いたという（無象和尚行状記、納富常夫一九八七）。大休正念の来日は事情で文永六年になるが、時頼は宋の禅宗界の人物を招来すべく、近親の無象を大陸に派遣していたのである。

さらに、この頃、時頼は蘭渓道隆の門弟二人を渡宋させる計画をたて、蘭渓にその手筈を要請し、蘭渓もそのための援助を円爾に求めたこともある（年欠七月十三日蘭渓道隆尺牘、『建長寺史編年史料編一』）。時頼は蘭渓の外護者となり、その下で禅の教えを深めたいと思い、そのための禅僧を鎌倉に招き、道場としたい気持ちが高まっていた。

円爾から禅戒を受ける

円爾弁円は駿河国出身の僧であり、関東で栄朝（上野国長楽寺）や行勇（鎌倉寿福寺）から禅を学んでいたが、天台・密を兼修し、鶴岡八幡宮の法華八講にも参加していた。中国（宋）に渡り、各地に参禅し、径山《きんざん》の無準《ぶじゅん》師範《しばん》の法を嗣ぎ、仁治二年（一二四一）帰国し、寛元元年（一二四三）には九条道家に招かれ京都東福寺の開山となった。来日していた蘭渓とも親しく交流して、書状をたびたびやり取りしていた。

北条時頼にとっては、蘭渓は中国人であり、禅の教えをうけるにも、中国語であった。円爾とは日本語でやり取りできる。建長六年（一二五四）、円爾は渡海前からの縁もあり、鎌倉寿福寺に居住していたが、それを住持（朗誉カ）が時頼に知らせた。時頼はおおいに喜び、衆のために戒を説くのを聴聞し、その夕べには私第に請じて禅の戒を受けた（「聖一国師年譜」）。その時の問答が簡潔に記されているが、時頼は「善知識（禅僧）の説くところは不一である（一致していない）、ある僧は妄心は縁起し必ず生滅する、真心は凝然として（少しも動くことなく）不生不滅であるという、またある僧は大疑の下には必ず大悟があるという、……何が親であり何が疎か（何を尊重し何を疎んじればいいか）」と質問する。師（円爾）は「親疎を論じるな、似ている一物でも的中していない（全く同じ物はない）」と説き、時頼も頷いたという。

禅に理解がない者には分かりにくいが、時頼は禅僧から、妄心（みだりなこと、つつしみのないこと）、真心（いつわりや飾りのないままの心）とはどのようなものか、教えを受けようとしている。また大疑のもとには必ず大悟があるとの教えはどのようなものか、説明を受けようとしている。これは、時頼がこれまで複数の禅僧との問答から教えられていたが、人によって説く所が違うと受け取っていた。それを日本語が分かり、中国で参禅していた円爾に質問したのである。とくに「大悟」という言葉（言語）には惹かれたらしく、後の兀庵普寧《ごったんふねい》にも質問している。精神的な超然性ということを知ったのであり、それがどのように可能なのか、深く思案するようになったのであろう。

時頼は、出家の翌年（正嘉元年）に、円爾から「大明録」の講義を受けている（「聖一国師年譜」）。大明録は南宋の大慧宗杲の著作であり、禅の立場から儒教・仏教・道教の三教一致を説いた書物である。円爾が時頼に説いたのは大部の大明録ではなく、その抄出である「明心」であると指摘されている（古瀬珠美二〇一七）。この「明心」は浄土・阿弥陀信仰に馴染んでいた時頼を考慮した文言を用いて、円爾が説いているという。時頼は円爾を媒介にして禅に親しんでいった。

3　鎌倉の地蔵信仰

鎌倉の地蔵

地蔵像は伊豆山神社（日金地蔵）や小田原（国津宝金剛寺）では平安末期に見られ、北条氏の伊豆願成就院では正治二年（一一九九）正月十三日に時政の沙汰として阿弥陀三尊・不動・地蔵がつくられた。

鎌倉では栄西の寿福寺に地蔵菩薩像が残っているが、寿福寺に帰依した北条政子は地蔵も信仰した。

覚園寺の木像地蔵菩薩像

貞応二年（一二二三）九月五日鎌倉横町の下女が三つ子を産んだが、政子は無事に育つよう、衣・食を下行し、自身の持仏堂に地蔵の絵像を供養した（『吾妻鏡』）。有識者が国史にも載せられることと進言したことによるが、幼児を慈しむ地蔵信仰が鎌倉北条氏に認められる。

　これが時頼の熱心な地蔵信仰により、建長寺を中心に、鎌倉の中や郊外に多くの地蔵像を出現させた（清水眞澄一九八五）。二階堂の覚園寺地蔵像は黒ずんで見え、「黒地蔵」・「火焼《ひたけ》地蔵」と呼ばれている。『新編鎌倉志』は「この地蔵、地獄を廻り、罪人の苦しみを見てたへかね、自ら獄卒にかはりて火を焼き、罪人の焔をやめらるる」との伝説を載せている。罪人が地獄で獄卒の火責めになるのを見ていられず、自ら焼いた火の焔を自身の躰に受けた、それで黒ずんでみえるという。ここには罪人となり地獄で苦しむことになるかもしれない鎌倉町人の心情が窺えるが、『沙石集』（巻第二—五）には、鎌倉の浜にあった古い地蔵堂には丈六の地蔵が安置されており、つねに「浦人」が参詣していた。この堂の主《ぬし》が貧しき故に売ることになり、東寺の僧が買い取り二階堂に移した、と記述されている。覚園寺の黒地蔵は、この浦人が参詣していた丈六地蔵と思われている。鎌倉の浦人たちは、浜や沖にて魚を取り、また時には流れ着く鯨などを捌いて生業としていた。殺生をこととしており、地獄は生きた言葉として、彼らには意識され恐れられていた。地蔵は地獄での苦しみを救い、地獄から抜けださせてくれるかもしれないと思ったのである。また『新編鎌倉志』が浄光明寺の石造地蔵が網引地蔵と言われ、むかし由比ヶ浜の漁夫が網で引き上げたものと紹介するのも、浜人（浦人・漁夫）の地蔵信仰を知らせてくれる。

塩嘗め地蔵

鎌倉から二階堂を経て武蔵六浦に越える峠には、塩嘗め地蔵と呼ばれる石像がある。『新編鎌倉志』は「塩嘗地蔵は、道の端、辻堂の中にあり、石像なり、光触寺の持分なり、六浦の塩売、鎌倉へでるごとに商いの最花とて、塩を此の石地蔵に供する故に名く」と伝える。六浦でつくられた塩を鎌倉に売りに出る浦人が、この峠を越え無事に鎌倉で商売できるよう、地蔵に塩を嘗めさせたという。六浦での製塩が史料に確認できるのは南北朝期（観応二年、金沢郷塩垂場）であるが、北条（金澤）実時が六浦本郷地頭となった時期には所領として確立していた。金澤本郷（六浦本郷）と鎌倉との往復は鎌倉後期には盛んとなっていた。光触寺地蔵像の所在した峠辻には堂舎が作られていたに違いない。塩嘗め地蔵の前提となる像ははやくからあったと考えられる。また六浦の塩作りも、始まりは金沢氏知行開始時期に遡るかと思う。

4　鎌倉の治安維持

鎌倉の火事

鎌倉では火事が頻発した。時頼は三浦氏討伐の軍事行動に浜風（南風）を利用して西御門の泰村宿を火攻めにしたが（前述）、その火は鶴岡八幡流鏑馬馬場にまで及んだ。六月の風に煽られたのである。宝治・建長年間の鎌倉火災を『吾妻鏡』から引き出してみると次のようになる。

和暦	西暦	月・日	内容
宝治一	一二四七	一二・五	名越尾張前司（時章）館辺の人家数十宇焼亡。
建長二	一二五〇	九・二六	夜中、時頼亭から失火（詳細は不明）。
同	同	九・二八	名越辺が焼亡。この火災で重時は時頼に調度品を進呈した。
建長三	一二五一	二・一〇	甘縄辺で焼亡。夜の八時頃から十一時頃まで。火は広がり、東は若宮大路、南は由比ヶ浜、北は中下馬橋、西は佐々目谷まで燃えた。北条時定ら第も類焼した。
同	同	五・二七	夕方の四時頃から激しい南風に煽られて由比ヶ浜の民居が焼亡し、火は御所近くの隣家に至り、御所南面の棟門も被害を受けた。①

同	同	一〇・七	薬師堂谷（大倉薬師堂）が焼亡し、二階堂大路に南まで火災が及んだ。火は宇佐見判官の荏柄家の前まで至った。
建長四	一二五二	二・八	夜中の十二時頃から火事がおこり、西は寿福寺の前、東は名越山王堂の前、南は和賀江、北は若宮大路の上まで、その間は残る所なく焼けた。②
建長五	一二五三	一二・八	夜中の十二時頃、若宮大路の下下馬橋付近が焼亡し、前浜の民家まで燃えた。その間にあった人家は悉く火災にあった。③
建長六	一二五四	一・一〇	西風が激しく、朝六時頃に浜の町が焼亡し、火は名越山王堂まで及び、人家数百宇が燃えた。日の出以後に消されたが、数十人が焼死した。④
建長八	一二五六	三・一六	伊賀前司時家の大倉家から東の三町あまり、人家はみな焼亡した。

一瞥すると、鎌倉の火災は御家人屋敷や寺社の近辺で発生している例が多いが、これは『吾妻鏡』が火災の場所を特定する一つの規準である。こうした場所での火災が選ばれ記述されていると思っていい。それ以外、民居の火災は、特に大きな場合が選ばれて記述されているが、ここに挙げた例でもそれが分かる。

建長三年二月十日は、安達氏亭のある甘縄で起こった火災であるが、火元は地相法橋という僧の宅であった。夜の闇に燃え広がり、東は若宮大路、南は由比ヶ浜、北は中下馬橋、西は佐々目谷（御成中学校の西）に至った。この四地点を地図において見ると、鎌倉の西部の半分位が類焼したことになる。西方面へは類焼が比較的少ないことから、西風に煽られて東方面へと広がったようである。四地点の間には山麓もあるが、ほとんどは平地であり、そこには民家が散在していたと思われる。この家屋が火を次々と伝えたのであろう。

これだけでなく、火災は民家で広がっていることが分かる。①建長三年（一二五一）五月二十七日、②同四年二月八日、③同五年十二月八日、④同六年正月十日など、おもな被害は民居である。『吾妻鏡』本文にあたると、①では「今夕酉剋、南風悪し、由比浜の民居焼亡す、御所の南に延る」とあり、由比ヶ浜の民居で起こった火災であることが明記され、激しい風のため将軍御所（若宮大路御所）に至っている。由比ヶ浜の民家から若宮大路に沿って燃え広がったのである。②では「子剋焼亡、西は寿福寺の前、東は名越山王堂前、南は和賀江、北は若宮大路ト、其内残所なしと云々」とあり、寿福寺・名越山王堂・和賀江・若宮大路北詰の囲まれた地域が残るところなく燃えたという。残る所なく燃えるとは、次々と類焼が広がったこと、それを媒介したのは粗末な民家であったことを思わせる。③でも下下馬橋からの火災が前浜で止まったのを「子剋、若宮大路下下馬橋辺焼亡す、前浜民屋を限る、其の中間の人家悉く以て災す」と書く。前浜まで人家が連なっていて、それがみな焼けてしまった。④も冬のことであるが、西風が強く、□（大ヵ）町の火災は名越山王堂まで広がり、「人家数百宇」が焼けた。

②・③・④は火事が鎌倉中心部のほぼ全体に広がったことを示しているが、こうした例は以前にもあった。承久三年（一二二一）九月二十二日、夕方から夜遅くにかけて、浜（由比ヶ浜）の北辺から出た火災では、南風に激しく煽られ、北は永福寺惣門、下（南）は浜倉庫前、東は名越山際、西は若宮

大路、という範囲に及び、「鎌倉中焼亡」と言われた（『吾妻鏡』）。ただここでは「民居」という単語は出てこない。火の粉が激しく、遠くまで飛んだということであろう。これに対して②・③・④では民居・民屋が燃えさかっている。承久三年から約三十年後であるが、②・③・④では民居・民屋の数が急増していると考えざるを得ない。

こうして、建長年間の鎌倉では、民家が急増していて、その民家が火災に巻きこまれた。それだけに類焼は広い範囲に及んだ。武家邸や僧坊との雑居状態（保立道久 一九九〇）から民屋が比重を増していたのである。こうした背景をうけて、経時執権時代の寛元三年四月には都市鎌倉対策法が出され、保々の奉行に住民の住居造成を規制する政策がとられたが（第二章2節）、時頼政権では保奉行人に公安警察的役割が強められる。

鎌倉の保と保奉行

この頃、鎌倉では、何か珍しい、奇怪なことがあると、男女こぞって集まり、喧噪となった。貞応二年（一二二三）七月九日には大倉薬師堂谷に住む僧が坊の前庭で優曇華（芭蕉の花）を敷いていたら、鎌倉中の男女が群れをなして観覧したという。何か吉凶の知らせがあるかと勘ぐったのである。また同三年五月十三日には、三浦崎、六浦、鎌倉前浜には、名も分からない大魚（鯨カ）が押し寄せたが、鎌倉中の人々はこぞって、その宍（肉）を買い求め、家の前で煎り、油を取ったため、異香が充満したという。こんなに大魚が取れるのは天候異変で旱魃になるかもしれないと思ったという（以上、『吾妻鏡』）。鎌倉に最近集まって来た人々（雑多な民）の気風を示す話である。

建長二年、時頼はこうした人々の整理に乗り出した。三月十六日には、鎌倉に設置された保々の奉行人に命じて「無益の輩の交名」を書き上げてさせた。田舎に帰し、農作に勤めさせる目的というが、鎌倉から追放するための名簿作成であった。これがうまく行ったとは思えないが、保々の奉行人は保の居住者の素性を把握しようとした。また四月二十日には鎌倉の保々奉行に命じて、「凡卑の輩」（下層者）が太刀を携行すること、また諸人が夜行するに弓箭を携帯するのを禁止させた。この時は、奉行だけでなく地下（住人）にも命じたというから、鎌倉の町なかの有力者にも命じられた。御家人・武士でなくても、ふだん太刀を持ち歩いている者がいたのであり、夜間に弓箭を負い歩き廻る者がいたのである。建長四年十月には放火があり、夜回りが奨励された。この夜回り（「夜行」）のなかには、保奉行の下に編成されて（夜行衆）、夜中の火事警戒、不穏取り締まりを担当している者もいた。

鎌倉の籠舎・獄舎

鎌倉に不穏分子が多くなると犯罪が横行するようになった。そのため、犯罪者を召し捕らえて禁獄するようになり、囚人を籠め置く獄舎が成立していたが、時頼の時代には囚人への食糧配布が滞ることがあった。

鎌倉に囚人を籠める施設は北条泰時の時期に見える。泰時が仁治二年（一二四一）十二月三十日に頼朝・義時の法華堂（二階堂）に参じた際、そこで獄囚・乞食に施行している。獄囚を置く施設は二階堂にあったことが分かる（『吾妻鏡』）。また前々年（延応元年、一二三九）に幕府が六波羅に出した法は四一半打（双六博打）を禁じる趣旨であるが、山中を場とする四一半は召し禁じその身は関東（鎌倉）に下すよう指示している（追加一〇〇）。犯罪者を拘禁する施設が鎌倉にあることが前提となっている。

執権泰時は仁治三年にも法令を纏めて発したが（追加一七二〜二〇〇）、そのなかに辻取に関する規定が見える（追加一八六）。辻取り（身柄を路地にて取り押さえること）は犯罪であり、犯したら侍（御家人）は百日間籠居、雑人は鬢・髪を半分剃るか召籠とする、と規定している。この侍の百日籠居は籠《ろう》に入れることであり、雑人の召籠も籠に押し込むことであろう。籠舎に入れることが幕府法・刑罰のなかに明確に規定されているのである。

獄舎・囚人の扱いは、平安京においては検非違使の権限であり、囚人への食物給付も行っていた。これが鎌倉では、仁治二年の泰時の獄囚施行では担当奉行が決められ、その人物が執行していた。ただその奉行が食物を与えないこともあり、囚人が餓死することも起こる。そこで幕府は囚人食物の件は侍所の権限とすることとなった。弘長元年（一二六一）二月二十日の幕府追加法三三七〜三九七は、時頼が執権から退いた後であるが、幕府の基本的政治方針を打ち出したものである。そこには執権時頼期以来の法が集大成されているので、個々の法も時頼時代のものを受けている。そのなかに、「一、囚人食物事」（追加三八五）とする条文がある。そこには、囚人食物担当の奉行が食事を与えないために多くが餓死していると聞いている、そこで今後は侍所に命じて毎旬一度は巡検して（獄舎を巡検し食物が与えられているか否か調べて）、沙汰人（実務者）に実行させせよ、と書かれている。囚人食物に関する幕府法は、この新制が初見であるが（水戸部正男一九六一）、これにより獄舎囚人に食物を配布することが侍所の管轄となったのである。

ここで問題となっている囚人への食物配給が停滞している件は、弘長元年幕府法以前からの事態であろう。時頼の執権時代からであると考えていい。朝廷では宝治二年七月二十九日、前年に検非違使別当に就任した葉室定嗣が獄舎巡検を行っているが、後嵯峨院の囚人宥免（徳政の一つ）に同調していた（『葉黄記』）。この動向を受け、鎌倉でも獄舎巡検が行われたであろう。そこで囚人への食物不給が顕在化したのであり、食物給付が幕府侍所の担当と決められたのである。時頼の時代に、籠舎・獄舎の管理は幕府機関のもとに行われるようになった。鎌倉には京都を真似て獄舎がつくられ、宥免を含めた囚人の扱いが、幕府の政治の在り方を示すものとなった。これも時頼が形成した鎌倉である。

時頼（最明寺殿）が鎌倉に招いた叡尊は、弘長二年六月八日、羅漢供に多くの人物から施物が届けられたので、それを乞食・疥癩宿・両獄（獄舎）に送っている（『関東往還記』）。ここでは両獄とあり、獄舎が二つに増えている。犯罪人の増加が理由であろうし、それ故に食物配布担当の奉行が配布できない事情が出てきたのである。両獄のうち一つは泰時以来の二階堂にあったであろうが（ここは護良親王が籠められた土籠の場でもある）、もう一つは不明である。

平安期の京都では仏事・祈禱に際し獄舎囚人に免を与えたりしているが、鎌倉でも仏事に獄舎施行をすることが撫民（徳政）であった。鎌倉末期に金沢貞顕も仏事の一環として獄舎施行を実施したが、実務は極楽寺に申し入れている（『神奈川県史資料2』二二一〇号）。

良賢事件〜不穏分子摘発の密者

弘長元年（一二六一）六月二十二日、時頼の腹心二人が、亀谷《かめがやつ》石切谷辺にて、三浦氏反乱者の残党を生け捕りにした。三浦義村の子息（泰村弟）の良賢律師であるが、この人物を中心に三浦胤村・野本尼（泰村娘で野本氏に嫁した）らが謀反を企てたという。この谷には武蔵大路が通り武家の屋敷や民家が立ち並んでいたが、山裾には多くの寺院・堂が入り組んでいて（現在の谷名として残る）、僧風情人や仏師（「頬焼阿弥陀縁起絵巻」に見える）が住んでいた。良賢もそうした人物であり、三浦系図（続群書類従）は倉石坊にて虜にされたと伝える。

この良賢らの謀反は三浦一族残党の企てであるが、鎌倉の不満分子が支援していたふしがある。『弘長記』には、この良賢の方人《かたうど》として日向七郎を挙げる。日向七郎の怪しい動きは妻（妾女）が察知した。日向七郎は妻の様子が普通ではないことに気づき、刺し殺した。ところが、この女は青砥左衛門尉藤綱の「内の所縁」であり、青砥の知るところとなり、日向七郎は尋問されて、良賢らの謀反計画を白状したという。

『弘長記』は、鎌倉の弘長年間の出来事を叙述した後世の読み物であり、事実を反映しているとは考えられない話（例えば時頼の死去は二度であり、一度目は隠された）も載せる。ただこの日向七郎のことはまったくあり得ないことではない。「日向」という国名を苗字にしている武士は『吾妻鏡』には日向右馬助親家だけであり、二例見える（建長五年正月二日・十六日）。ほか右馬助親家が五例（建長四年〜同六年）。これらの記事は、将軍御行始に供奉する御家人の中に見えるのであり、北条氏に近い人物である。国名を苗字としているから北条一族の可能性がたかい。

ところで日向七郎は三浦残党方の支援者である。苗字を同じくするが、『吾妻鏡』の日向右馬助親家とは反対側である。だが北条側一族のなかに、三浦側の人物が出ることもあろう。亀谷石切谷に坊を構えていた良賢との接触もあり得なくはない。

ここに見える青砥左衛門尉藤綱は、信頼性の高い史料では確認されていない。『太平記』のなかで、鎌倉滑川《なめりがわ》に落とした銭十文を拾うのに五十文で買った松明を灯したと記述される人物との関連が考えられる。こちらも軍記物であるが、楠木軍を攻める軍勢にも青砥左衛門尉が登場している。ただ青砥左衛門尉（藤綱）という武士が、時頼時代の鎌倉にいたということはあり得る。

『鎌倉大日記』には「正嘉元年丁巳十月青砥左衛門尉藤綱召し出される、政道補佐に用いるべし、三代上将二位御成敗」とあり、正嘉元年（一二五七）に青砥左衛門尉藤綱が政道補佐のために召し出されたことが分かる。『鎌倉大日記』（大日本史料）は比較的信頼できる史料として利用されている。青砥左衛門尉藤綱が幕府に奉仕する下役か奉行人層であること、時期からして北条氏に近いことを想像させる。江戸幕府の『続本朝通鑑』は、青砥左衛門尉藤綱を引き上げたのは時頼であり「引付之監吏」（裁判・審理の監視）を命じたと言う。

また康永三年（一三四四）三月二十一日の室町幕府引付につらなる奉行人を列記した史料に「青砥左衛門尉」の名前が見える（結城錦一氏所蔵文書、『新訂白河結城家文書集成』）。鎌倉幕府奉行人から室町幕府奉行人に転身した人物は数多く、青砥左衛門尉もそうした一例と見ることもできる。げんに一族の青砥右衛門尉康重は丹後国芋野郷を宛行われ、後家尼は貞治二年十一月四日その地頭職半分を安堵されている（『大日本史料』）。

こうして青砥氏で左（右）衛門尉を官途とする人物が、南北朝初期に実在することは確かであるが、鎌倉後期はどうであろうか。文永以前（時頼生存時代）のものは見つからないが、弘安～正応年間ではいくつかある。まず正応元年（一二八八）七月九日の関東下知状（『鎌倉遺文』、陸奥中尊寺経蔵文書）は陸奥平泉中尊・毛越寺僧侶が周辺山野（岩井・伊沢郡）の知行をめぐり地頭三人を訴えた件に関する裁許（判決）であるが、そこに地頭伊豆太郎左衛門尉時員の代官として青戸二郎重茂が登場する。この青戸は青砥と同一と見なしていいであろう。ここで青戸は、郡方土民を語らって寺家領に乱入したと訴えられているが、青戸は不実（そうしたことはしていない）と反論している。寺僧たちは、青戸はしてはいけないと知りながらしている、と主張している。この相論のなかでは、この所領の知行原則を確認した関東下知状が二つ挙げられているが、弘長三年と建治三年である。弘長三年は毛越寺に関する件、建治三年は平泉白山別当に関わる件である。青戸二郎重茂は知行原則を知りながら違反しているということは、これらの下知状を知っていたことが前提となる。青戸は建治年間に（一二七五～七七）には陸奥の所領の地頭代として活動していたのである。そして僧侶側の訴えに「（青戸）重茂の御使入部の以前は」という文言が見えて、青戸自身は必ずしも現地に常住していなかったのである。

この紛争当事者地頭三人のうち一人である伊豆太郎左衛門尉時員であるが、この人物は宝治・建長年間の鶴岡放生会などに出向く将軍を供奉する人名のなかに頻出する伊豆太郎左衛門尉（実保）の関係者と見ていい。実保と時員とは名前が違うことを考慮すると、一世代後の関係者であろうか。ただ両者とも「伊豆太郎左衛門尉」という名乗りは国名を苗字としており、北条氏一族の可能性がたかい。時員は実保の後継者である（あるいは親子の可能性もある）。陸奥岩井郡を含む平泉保はこの時期幕府の直轄下にあり、奥州惣奉行葛西氏が統治していた。幕府権力の知行されている平泉保の地頭に伊豆太郎左衛門尉実保の関係者が起用される可能性はたかい。実保後継者の時員が地頭の時に、その代官（地頭代）として青戸（青砥）重茂が用いられたのである。またこの青砥（青戸）氏の本拠は下総・武蔵国境地帯にあるので、近辺には葛西御厨がある。青砥氏は近隣関係で葛西氏と接触を深め、陸奥平泉保支配に動員されたのであろう。

青砥左衛門尉（藤綱）は、正嘉元年（あるいは二年）に幕府に採用されたと見られる。「鎌倉大日記」はその目的を「政道補佐可用三代上将二位御成敗」と記述し、政道（裁判）に当たり将軍家三代・二位（政子）の成敗を守ることにあったと言う。このことは幕府法（正嘉二年十二月十日、追加三二二）にも「三代将軍幷二位家御成敗に准じて」という文言が見えるので、あるいは正嘉二年のことであったとも思われる（「鎌倉年代記」には十二月十日の評議としてこの追加法の要点が記されている）。青砥左衛門尉が幕府に出仕したのは、正嘉元年～二年の時期と見るのが妥当であろう。時頼の出家直後である。

最明寺殿は、幕府の正式な枠の外から、幕府を指導するようになる。この時、その最明寺殿の腹心として、非公式の存在として（いわば影の存在）、幕府内を監視したのが青砥左衛門尉であったと見られる。

5　時宗の誕生

建長元年、時頼は大叔父の重時の娘（のちの葛西殿）を妻に迎えた。重時は連署でもあり、執権時頼と重時は義理の親子にもなったのであるが、六月十四日、重時は陸奥守、時頼は相模守となった。翌年の正月に時頼は黄疾を煩ったが（黄疸ヵ）、間もなく回復し、三月には閑院内裏造営目録作成を主導した。

嫡男・時宗の誕生

建長三年（一二五一）五月十五日、時頼に子息・時宗が誕生した（幼名正寿）。時頼亭は前年の九月二十七日に焼失していたが、小町に第を新造し、十月八日に転居した。時頼は新誕若君の祝賀行事を延期していたが、十月二十日にまとめて行った。五十日祝と百日祝である（『吾妻鏡』）。新造の時頼第には、その前日（十九日）に、将軍頼嗣と母（二品）が入御し、止宿していたが、それが済むと同時に、若君（時宗）の祝いを挙行した。将軍家の権威に飾られた第（邸宅）にて執権の後継者誕生を祝った。

『吾妻鏡』は得宗全盛の空気のなかで編纂されたので、当然ではあるが、この時宗誕生に関する記述は詳しい。この時、時頼には側室の子の宝寿丸（時利）がいたが、この子の誕生記事は見えないし、また後年生まれた宗政（福寿）についても同様である。時宗誕生は例外的に扱われているわけであるが、興味深いのは誕生を待つ時頼の動きが克明に辿られていることである。五月一日に時頼妻（北条重時の娘）は甘縄の産所で隆弁により安産祈禱が始められた。同十四日、隆弁は明日（十五日）に誕生すると言ったので、参集し気をもんでいた人々は退散した。その十五日になると、父親の時頼は、被官の安東五郎を使者にして、御書（書状）を隆弁に届けさせ、生まれるのは今日だと言っていたのにその気配がないのはどうしたわけか、と。隆弁は今日の酉の刻の予定だから不審に思うなと返事をした。実際、申の刻から産気づき、酉の終わりに隆弁が加持したところ、若君が誕生したという。その近くにいた重時（若君の祖父になる）や一門の人々はおおいに喜び、隆弁らに褒美の品が与えられた。とくに隆弁には能登国諸橋保を祈禱の賞としたが、隆弁は辞退したので、時頼は工藤光泰を使者として御書（書状）を送り、「この度の男子平産はあなたの法験とおり、少しも違うことなかった」と感謝を表した。また産後の母親（時頼妻）は体力減少が数日続いたが、時頼は隆弁に加持を依頼している。

このように『吾妻鏡』には時宗の誕生に関わる時頼の配慮と隆弁の加持祈禱の功績が記述されている。ただこれをその通りに受け取っていいかは疑問である。が、子の誕生を待つ父親の姿が見える。時頼後継者出現を待つ幕府の人々の考えや感情が働いているにしても、時宗誕生を喜ぶ時頼の気持ちはそのままであろう。時頼は重時娘との間に生まれた嫡子の誕生を心からよろこんだ。

時頼・重時と隆弁

時宗の誕生（建長三年）は鎌倉の建長年間を象徴する祝事であったが、その前年十二月には時頼の庶子（時利）の母・三河局が時頼亭から出されるという事件があった。時頼亭は直前の九月二十六日に失火しており、修復の最中にあったが、手狭なためか、三河局の口舌が喧しく響いた。正室の懐妊が分かると、時頼は在京中の隆弁を鎌倉に呼び寄せ、十二月十三日に着帯加持を行わせた。また七観音堂前での誦経など安産祈願が続いた。これに側室三河局が不満の口を尖らせたのである。同じ子息誕生なのに、正室の子、側室の子、ということで、扱いが余りに違うのに不平を言ったのであろう。これに怒った正室の父（北条重時）が時頼に強く迫り、屋敷から追放となった。

重時は、隆弁を信頼しており、娘が懐妊したので、子息誕生は間違いないと聞かされていたのであろう。じつは、重時自身が自分の子息誕生で隆弁から祝辞の歌を贈られたことがあった。それを知らせるのは次の短歌である（中川博夫 一九八四）。

『新千載和歌集』二二八五・二二八四
平重時朝臣子うませ侍ける七夜に、よみてつかはしける　前大僧正隆弁
ちとせまて　行末とほき　鶴の子を　そたてても猶　君ぞみるへき
『新千載和歌集』二二八六・二二八五
返し　平重時朝臣
千とせとも　かぎらぬ物を　鶴の子の　猶鶴の子の　数をしらねば

（『新編国歌大観第一巻勅撰和歌集』角川書店）

平（北条）重時に子が生まれた七夜に、隆弁は「ちとせまで……」と祝いの歌を贈ったという。この生まれた子は重時長子の長時と思われる。『新千載和歌集』は藤原為定が撰び足利尊氏が後光厳天

皇に執奏した歌集であり、武家歌人も優遇させているとのことであるから、六波羅北方を勤めた北条重時の歌が採用されるのは頷けようし、その誕生子息とはその後継者長時であろう。とすると、長時の誕生は寛喜二年（一二三〇）二月二十七日（森幸夫 二〇〇九）のことであるから、重時が六波羅北方に就任する（三月十一日）直前である。隆弁は園城寺にいたが、鎌倉の重時に子息誕生を祝う歌を送ったのである。あるいは重時が間もなく六波羅に来ることを知っていたのかもしれない。

建長二年、正室の懐妊を知った時頼が、京都に行っていた隆弁を急ぎ呼び寄せて、安産加持を行ったのは、正室の父（重時）の助言があったのかもしれない。重時は側室（三河局）の追放を時頼に迫ったのであり、その可能性はたかい。

6　鎌倉の御家人付き合い

家格争いの調停

幕府に集う御家人には、頼朝の治承四年挙兵からの源平合戦に参加した家人・侍、文治元年の奥州攻めに出陣した者、建久四年の上洛に供奉した大勢の者など、頼朝との関係にも違いがある。また足利・新田のような、頼朝に近い源氏一族の者などもいる。この人々が幕府に出仕し、鎌倉に集住するようになると、家柄・家格の上下を競う紛争が起きることとなる。泰時時代に起きた三浦氏と小山氏の争い（仁治二年）も傍輩間の出来事であるが、それだけに下《した》手《で》に扱われてはならないとの意識がみえる。場合によっては大事となるが、泰時はそれを恐れて善処した（第二章）。

三浦氏との合戦に勝利した翌年（宝治二年）の年末（閏十二月十八日）、時頼は足利左馬入道正義（義氏）と結城入道日阿（朝光）との間で交わされた書札（書簡）についてをめぐる争いを調停した。二つの家の間で書簡のやり取りにつき、足利方が結城方を無礼として、時頼に訴えたのである。こうした争いが執権に持ち込まれること自体が珍しいが、同じ鎌倉に居を構える者であるだけに家柄・名誉には互いに自負がある。ことの次第は次のようであった。

雑人の件につき、足利氏から結城氏へ書簡が届いた。問題となったのは雑人事件の内容ではない、その書簡の書き方であった。足利氏から結城氏に宛てられた書簡には、差出人として「足利政所」、宛名に「結城上野入道殿」とあった。受け取った結城方では、差出の「足利政所」に怒った。足利氏が当主でなく、家政の執事が出す体裁で出されていたのである。足利方は結城方を一段低く見ていたのである。怒った結城方は、それではと、足利氏への返書に、差出を「結城政所」、宛名を「足利左馬入道殿」と書いた。この返書を受けた足利左馬入道正義はこれを無礼なこととして、時頼に訴え出たのである。その言い分（趣旨）は、私（足利）は右大将（頼朝）と同じ氏族である（源氏の同族）、結城氏は頼朝に仕えた者であり、氏素性が違う、その時からまだ一代も経っていないのに、往時を忘れて、同等な者同士としての書簡を用いた事は誡めるべきである。一方、この訴状を見た結城日阿（朝光）は反論状を書くことなく、時頼のもとに一通の文書を持参した。その文書には、右大将頼朝の名だたる（宗たる）家子・侍の名前が列記されていて、頼朝の花押が据えられていた。しかも先頭には「江間小四郎」（北条義時）の名があり、時頼が見るに、足利左馬入道（義氏）と結城日阿（朝光）は同等である。結城日阿が出した文書は、頼朝に仕えた家子・侍としては、足利と結城は同等だというのである。

ここには、足利氏が頼朝との源氏同族を強く意識するのに対して、結城氏は頼朝の侍としては結城氏と足利氏と変わりないとの意識である。こうした、頼朝との関係・由緒の違う武士たちが、同じ御家人として幕府に参加している。書簡のやり取りには上下関係・対等関係が出やすいので、ここで表面化した。

この紛争に対した時頼は、両方を呼び宥めた。同時に、結城方が出した家子・侍交名の文書を重視し、その正文は幕府の文箱に留め、自筆で写し（案文）を書き、結城日阿に与えた。結城家が持っていた家子・侍交名は案文となったが、ここで執権時頼によって新しく権威付けされたのである。つまり「当代」の文書となって、新しい政治性を帯びたのである（この案文は当代の正文となった）。

幕府発給文書の案文

鎌倉幕府成立期の頼朝発給文書には、案文として伝来しているものがいくつかある。発給当時の正文ではなく、鎌倉後期に作成し直された案文と思しきものである。常陸国鹿島神宮の古文書については『茨城県立歴史館史料叢書一一鹿島神宮文書Ⅰ』（二〇〇八年）・『同一二同Ⅱ』（二〇〇九年）が文書全点の画像を掲載し、詳細な書誌学的な検討を載せている。そのうち後者に収録されている羽生大祢宜家所蔵元暦元年（一一八四）十二月二十五日源頼朝袖判下文は、料紙が竪二八・七センチメートル横三六・四センチメートルと、通常の頼朝下文に比べて一周り小ぶりである。通常は竪四〇センチメートル前後、横五〇センチメートル位である（同書Ⅰに収録されている頼朝下文でも同様）。叢書の解説（宮内教男二〇〇九）は料紙の天地袖奥が切断されていることを指摘している。ただ写真でみる限り、天地の切断は各一センチメートル位、袖も一センチメートル程かと思われる。奥も袖とのバランスから切断部分は二〜三センチメートル位と判断される。したがって、この料紙は切断前でも、縦三〇〜三一センチメートル、横四〇センチメートル弱となる。やはり頼朝下文としては小ぶりである。

（花押）

下　常陸国鹿島社司幷在庁官人等

可早為中臣親広沙汰、令勤仕神事

橘郷事

右件郷、任先例、於所当者、一向

為神事用途、可令勤仕事

也、且又任先例、可令停止地頭之

妨之状如件、敢不可違失、故下、

元暦元年十二月廿五日

〔読み下し文〕

（花押）（源頼朝）

下す　常陸国鹿島社司幷びに在庁官人等

早く中臣親広の沙汰として、神事を勤仕せしむべき橘

郷の事

右件人の郷、先例に任せ、所当に於ては、一向に

神事用途として、勤仕せしむべき事

なり、且うは又先例に任せ、地頭の妨げを停止

せしむべき状件人の如し、敢て違失すべからず、

故に下す、

元暦元年十二月廿五日

この頼朝下文の内容は、神職の中臣親広に社領橘郷の知行を安堵し地頭の妨げを停止するものである。元暦元年は地頭が公認される前である。「且又任先例、可令停止地頭之妨之状」は事書（可早為中臣親広沙汰、令勤仕神事、橘郷）との関連で違和感を感じる。

中臣親広は同年月日の頼朝袖判下文で奥郡内大窪並び塩浜郷を安堵されている（塙不二丸氏所蔵文書）。ただこちらは案文である（写）。「下」に続く宛所を含め、字配りはほぼ同じであるが、本文は「右件両郷、為親広沙汰、於有限所当者一向為神（事）用途無懈怠可令勤仕神事之状如件、敢不可違失、故下」となっている。さきの文書の地頭云々の文言がなく、内容からしてこれで足りる。こちらの方が本来の下文をそのまま写していると判断できる。

このように羽生大祢宜家所蔵元暦元年十二月二十五日源頼朝袖判下文は案文と考えられ、「地頭云々」の文言は案文作成の時に入れられた可能性がたかい。案文作成の時期は以下に述べる。

時頼の書状

足利家―結城家の書札礼相論でも、時頼は自筆案文を作成し結城朝光（日阿）に授与するのに、正文預状を添状（書状）として渡した。この現物は残っていないが、同様なことはほかにも予想される。そこで時頼の出した書状を（写を含む）集めてみると次の表のようになり、十九通を数える。

西暦	年月日	署判	宛所	要件	その他	出典
一二四六	寛元四年十二月三日	左近将監時頼		越前国宇坂庄　検注	幸円（使者）派遣	保坂潤治所蔵、鎌九―六七六七
一二四七	宝治元年六月五日	?	（三浦泰村）	異心の趣旨はない旨の誓約を求める。世上物騒、「天魔」が人性に入るか。	使者平左衛門入道盛阿	『吾妻鏡』地文
一二四七	宝治元年六月五日	左近将監	謹上　相模守殿	三浦泰村一家を「誅伐」した。		『吾妻鏡』
一二四八	宝治二年三月十四日案	時頼〈在判〉	城介殿〈御返事〉	金剛三昧院の事		金剛三昧院文書、鎌一〇―六九四八
一二四九	宝治二年閏十二月二十八日	?	（結城上野入道日阿）	右大将家御書正文を預かる旨を記す。自筆。「規模」		『吾妻鏡』
一二五〇	建長二年二月廿六日		（将軍家）	将軍家に文武御稽古に励むよう消息状にて諫める。「稽古」		『吾妻鏡』地文
一二五一	建長三年二月十日	?	（二条殿）	今後も御心安に存するように。自筆。		『吾妻鏡』地文
一二五一	建長三年五月十五日	?	（若宮別当法印）	出産が遅れているのを案じる。	使者安東五郎太郎	『吾妻鏡』地文

一二五一	建長三年五月二十七日	？	（若宮別当法印）	男子平産を謝す。「平産」。	使者工藤三郎左衛門尉光泰	『吾妻鏡』地文
一二五二	建長四年二月二十日	？		後鳥羽院三宮の卜向を請う。時頼自筆。	使者和泉前司行方・武藤左衛門尉景頼	『吾妻鏡』地文
一二五三	建長五年七月廿四日	（花押）	鹿嶋前大袮宜殿御返事	重時加判。恒例・臨時祭巻数到来を伝える。		鹿島大祢宜家文書、鎌十一—七五九九
一二五五	建長七年三月十五日案	時頼〈在御判〉	武藤□□□□（左衛門尉ヵ）殿	石見国御家人乙吉小太郎兼宗が提出した益田庄内安堵下文を審査するよう、引付に要請する。	武藤左衛門尉（景頼）は建長三年より引付衆。正元元年には評定衆。	益田家文書、史料編纂所公開画像
一二六二	（弘長二年）十月五日写	沙弥道崇	西大寺方丈	叡尊に仙洞御参を勧める。		叡尊感身学正記、鎌十二—八八八〇
	（年欠）四月十一日	時頼（花押）	安芸前司御返事	厳島社での祈禱巻数の礼。		厳島文書
	（年欠）四月廿四日	（花押）	庄四郎殿〈御返事〉	数年在京奉公をいたわる。		筆陣、鎌一二—九〇一六
	（年欠）六月十二日	時より	（なし）	三位僧都の石山別当の件は評定にて聖断と決まったと伝える。自筆。	宛所は女性。鎌倉住の三位僧都に近い人物ヵ。	書苑第十巻一号、写真

	（年欠）九月十七日	相模守時頼	謹上　人々御中	安堵の御教書一通を進上する。	関東御教書の副状（佐藤雄基二〇一八）。	随心院文書、相田二郎『日本の古文書下』所収
	（年欠）十月廿三日	（花押）	能登前司殿	深堀左衛門尉能仲が訴える勲功賞について子細を尋ねるよう能登前司に要請する。	深堀家は建長二年十一月三日に勲功賞の替りとして筑後国甘木村・深浦村地頭職をを旧怖畏される。	深堀家文書、『佐賀県史料集成』四
参考	（年欠）十月廿四日蓮性書状	蓮性、袖に時頼花押	深森〔堀〕五郎左衛門入道殿〈御返事〉	仏事料を時頼に見せたと連絡。	蓮性は時頼の被官（川島孝一二〇〇八）。	深堀家文書、『佐賀県史料集成』四

幕府裁判の評定・引付に関わる当事者に対して、私的に連絡する書状がいくつか見えるが、そのうちの一つである年欠六月十二日書状（『書苑』第十巻一号、大正八年、に写真掲載）は、「時より」と自著して発給している。

三位のそう《（僧）》徒申され候いし《（石）》
やま《（山）》のへ堂うの事、ひやう《（評）》

定に申て候へハ　聖断□《(にカ)》
あるへきよし《(由)》、さた《(沙汰)》候なり、
このやうをこそ徒たへ於
ほせ候免、このよし《(由)》を
申させ給へく候、あなかしく、
　六月十二日　　時より

宛所は切断されていて分からない。内容は、三位僧都から申し入れがありました石山別当の件は、幕府の評定にかけてみましたが、「聖断」（朝廷の裁許）となりました。このことをどうかお伝えください、というものである。したがって宛所は三位僧都と時頼の間に入った人物である。料紙の法量・紙質は不明であるが、『書苑』解説によれば自筆であり、その書風は法性寺忠通流のものという。なお、この文書については川島孝一（二〇〇八）の解説がある（ただ少し理解を変えた）。

時頼が藤原（九条）教家から書を教えられたことは『吾妻鏡』正嘉二年二月に見える。時頼は十三日に「法主」（施主）として故武州（兄経時）の十三回忌追福の営み、五種法（法華経五種類の法）書写を始めた。十九日には結願となったが、その間、故人（経時）の遺札を漉き返し料紙とし、第一巻は時頼みずから自書したという（残りは九条教家手跡を習った輩が書いた）。このことを『吾妻鏡』は故人（経時）も法主（時頼）もその書風を好んだからであるという。

この法性寺流書風を示すかと思われる時頼書状が、関東でも見られる。建長五年七月二十四日の鹿嶋大祢宜殿宛の北条時頼書状（羽生大祢宜家所蔵、『叢書Ⅱ』）がそれであるが、鹿島社の祭礼にて祈禱された経典の目録が鹿嶋大祢宜からの書状とともに送られてきたことに対する返答である。

恒例・臨時祭巻数到来了、
丁寧之条神妙候、謹言、
　　七月廿四日（花押）
〈建長五年〉（異筆）
　鹿嶋前大祢宜殿返事

〔読み下し文〕
恒例・臨時祭の巻数到来し了んぬ、
丁寧の条神妙に候う、謹言、
　　七月廿四日　　　（花押）
〈建長五年〉（異筆）
　鹿嶋前大祢宜殿返事

本文は二行の漢文であり、日下に時頼花押が据えられる。宛所の鹿嶋前大祢宜殿返事は月日よりも二文字ほど上に書かれている。この表記は発給者（時頼）が宛所の鹿嶋前大祢宜殿を上位に置いた形式であり、右筆書とも見える。ただ筆勢は時頼自筆の特徴として指摘されている強い打ち込みと屈曲がまさった法性寺流（宮崎肇二〇一五）がうかがえる。自筆の可能性も考えられる。

この鹿嶋大祢宜宛の書状は竪二九・六センチメートル横三三・七センチメートルであり（『茨城県立歴史館史料叢書一二鹿島神宮文書Ⅱ』）、幕府発給の公式文書（下知状や御教書）に比べて、ひとまわり小さい。時頼の書状にはこの大きさの料紙が用いられたことと思われる。書状の料紙として整合的である。

さきに検討した元暦元年十二月二十五日頼朝袖判下文（案）は、鹿嶋前大祢宜が時頼からこの書状を得た時期に作成されたのではないだろうか。時頼方と鹿嶋大祢宜は接触を重ねているのであり、正文を提出し、案文を下賜され、正文は時頼方に留め置かれた可能性があろう。

7 心休まるの付き合い

時頼と宣時の親密さ

『徒然草』（二一五段）には、北条時頼が北条宣時と味噌を肴に酒を呑んだ話が載せられている。倹約を旨とする時頼の質素な生活ぶりを示す話として有名である。この話は、宣時が老齢になってから、兼好法師に直接語ったことをもとにしているが、次のようなものである。

宣時が語るには「ある夜に西明寺（最明寺）の入道から呼ばれたことがあり、夜なので変な身なりでもかまわないとのことなので、ふだんの直垂を着して訪問したところ、銚子と土器（かはらけ）を持ち出し酒を飲もうと思うが、肴が見つからない、ほかの人は寝静まっているから、そちがどこでも探してくれ、と言われた。そこで紙に明かりをともして隅々まで探して、小さな皿に味噌が少し残っているのを見つけたので、これがありましたと申したところ、これで十分だと言われました」。そこで二人して数献に及んで興に行った、との記述されている。

この話は兼好法師が鎌倉に行っていた折、宣時から直接に聞き、聞いた兼好はこれを好ましそうな文章にしている。この話のもととなったのは、いつの時期であろうか。宣時は最明寺入道から呼ばれたと記すが、実際には時頼出家前であろう。出家前の時頼を「最明寺入道」と記すことは『徒然草』の外にもみえる（二一六段に足利義氏宅訪問があるが、義氏の生存期間に時頼は出家していない）。宣時が招かれたのも出家前の、宝治合戦後の、建長年間であったと思われる。

北条宣時は義時（時頼の曾祖父）の弟・時房の孫であり、朝直（大仏）の子である。元亨三年六月三十日に八十六歳（数え）で死去しているので（系図纂要「北条系図」）、生年は暦仁元年（一二三八）となる。建長年間（一二五〇年代前半）は十七歳から二十三歳くらいであり、安貞元年（一二二七）年生まれの時頼は二十代半ばであった。十歳くらいの年齢差であるから、時頼には従順であったと思われる。『徒然草』の文章からも、宣時は時頼宅の台所の様子などをよく知っていることが窺われる。何回も時頼宅に来ていたのであろう。

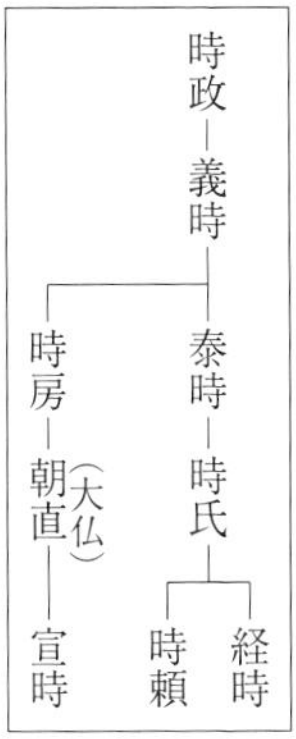

時頼と宣時

宣時は幕府内の地位は低かった。それが執権長時・連署政村となってから、上昇してゆく。文永四年（一二四七）六月に武蔵守・従五位下となり、それ以後には幕府引付頭人となり、弘安十年八月には連署に就任する（四十九歳）。すなわち、時頼の時代は不遇であった。こうした人物は北

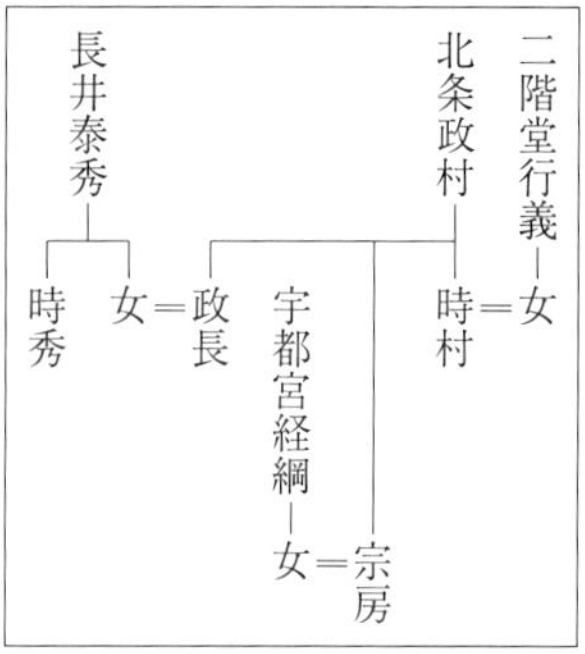

北条政村の子と縁者

条氏内部にも複数いたであろう。時頼はなぐさめるつもりもあって、人のいない夜に呼び出して、数献に及んだのであろう。この時頼と宣時の交流には心温まるものがある。

囲碁に興じる

合戦の翌年、宝治二年八月一日、時頼は長井泰秀（甲斐前司）の亭に出向いた。長井泰秀は大江広元の子の時広の子であるが、時広は仁治二年五月二十八日に死去していた。この時期、幕府には泰秀の世代が奉公していたのである。長井泰秀は宝治合戦では六月五日、家人に命じて二階堂行義・同行方とともに法華堂前で三浦光村らと戦わせた（『吾妻鏡』）。叔父の毛利季光に与同することなく、時頼側に付いたのである。その後は将軍近辺に仕えているが、年齢は時頼と同世代と見られる。

宝治二年八月一日、時頼が長井泰秀のもとを訪れた際、そこには二階堂行義や宇都宮泰綱が参会していた。二階堂行義は建暦三年（一二一三）生まれで（細川重男二〇〇〇）、時頼より二十歳くらい年上であるが、長井泰秀と戦闘をともにしていた。宇都宮泰経は時頼よりも二十五歳くらい年上であり、早くから評定衆であった。宝治合戦では一族の宇都宮時綱らが三浦方に参加しているが、泰綱は六月合戦時には鎌倉から離れていたようであり、合戦直後の評定始めには参加している。ここに、年齢では隔たりもある、時頼と長井泰秀・二階堂行義・宇都宮泰綱が長井亭に集まったのであるが、『吾妻鏡』には囲碁に興じた、と記述されている。

ここに集まった、時頼以外の三人は、北条政村との縁で結びついている（山野井功夫二〇〇八）。政村の嫡男の時村は二階堂行義の娘を妻とし、政村の四男の宗房は宇都宮経綱（泰綱の子）の娘を妻とし、五男の政長は長井時秀（泰秀の子）の娘を妻としている。この関係を図示すると右頁系図のようになる。

北条政村は、時頼が執権を辞する直前に連署になっているように、時頼の信頼があつく、また穏やかで、政治的野心の見えない人物だという（山野井前掲論文）。その政村の子の政長が妻に迎えた長井氏の亭に、この日、時頼は訪問し、囲碁に興じたのであった。囲碁で興じるには、集まった人間の親密性が背景にあろう。大江一族のうち、毛利季光（時頼岳父）らを討滅した時頼は、長井氏との入魂の関係を築きたいという思惑もあったであろう。ただそうであっても、ひと休みして、興じている。

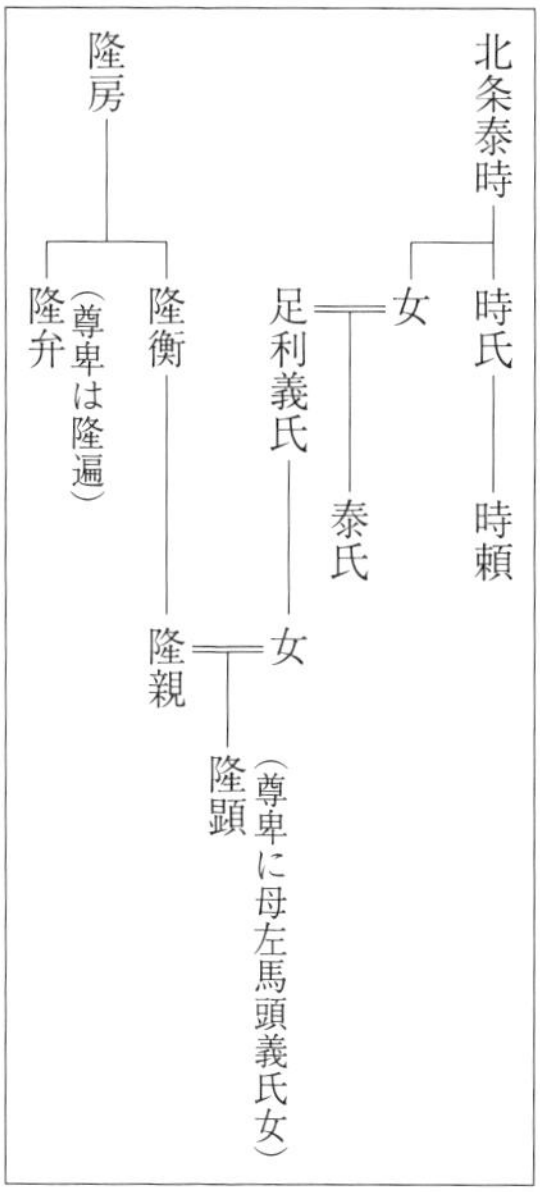

足利義氏と縁者

足利義氏を訪問

時頼が、結城氏・千葉氏などの豪族的御家人との融和・連携を目指したことは前述したが、足利氏との融和にもつとめた。『徒然草』二一六段には最明寺入道（時頼）が鶴岡社参のついでに足利左馬入道（義氏）のもとに立ち寄った話が載せられている。急な訪問であったが、社参の場から使者を遣わした。足利義氏も親戚でもある時頼（時頼叔母が義氏の妻）を喜んでむかえ、饗膳を設けた。三献まで及んだが、その座には足利義氏夫妻と隆弁僧正が同席した。隆弁も足利義氏娘を妻としている藤原隆親の叔父であった（前頁の系図参照）。訪問の知らせを受けた足利義氏が呼んでいたのであろう。

その場で時頼は足利義氏に「そなたから毎年いただいている足利の染め物は、今年はどうしたのでしょう」と言ったら、義氏は「用意してあります」と言い、色々の染め物を三十ほど、見ている前で揃えさせ、小袖をも加えて、後で届けさせたという。

厚かましい話とも思うが、直前に使者を出しており、礼儀に沿っている。また足利義氏本領の足利の物産である染め物の良さを褒めたのであり、その贈答関係により友好関係を深めている。『徒然草』の次の段（二一七段）には〈財にはふさわしい使い方があり、使わなければ貧者に同じである〉旨の話が載せられている。兼好法師は、義氏―時頼の相応しい贈答関係に親しみを見たのであり、末尾には「其時見たる人の、近くまで侍しが、語り侍しなり」という好意的文章を書いている。

この足利義氏宅の訪問は、義氏が死去した建長六年十一月二十一日（『吾妻鏡』）以前であるから、時頼の執権時代である。兼好法師が描いたのは、足利義氏宅を訪問したのは、足利の染め物を催促するためというより、そこで縁者が集まり、三献・饗膳を共にした親密性にあろう。鎌倉で、宝治合戦の後、時頼は周囲に、友好的な、質の良い交友関係を築こうとしていた。

第六章　公儀の幕府へ

1　公儀を担う幕府・御家人

閑院内裏造営事業

建長元年（一二四九）二月一日、閑院内裏が焼失した。閑院は二条通りの南にある藤原冬嗣邸をもととするが、鎌倉時代には里内裏となっていた。寛元四年（一二四六）閏四月二日の三條坊門堀河の火災は閑院内裏に及び、天皇は西園寺実氏第に行幸していたが、建長元年にまたしても焼けたのである。

この閑院の再建事業を担ったのは、幕府の執権北条時頼らであった。『経俊卿記』（建長三年六月二十七日条）が記すところでは、関東（幕府）の沙汰として造営が行われたが、再建事業は建長二年七月二十四日に始まり、上棟は建長三年正月十日に行われ、およその構えは六月に出来上がった。費用は幕府が負担したが、造作そのものは西園寺実氏（前太政大臣）が取り計らい、工（匠）や現場指揮者

（雑掌）を直接指揮し、紫宸殿以下を本内裏に模して舗設したという。

この造営事業の功績により、叙爵の勧賞があった。藤原頼嗣（将軍）が従三位に、藤原隆顕・藤原経俊が従四位に昇った。北条時頼も相模国司として力を尽くし正五位上に叙された。ここに時頼は、執権重時（陸奥守）とともに、官位を持つ者となり、朝廷の序列に入った。

この年（建長三）七月八日には、閑院内裏に潜幸していた後嵯峨上皇が南殿（紫宸殿）に出御した。この儀には多くの公卿が出仕したが、右中弁顕方朝臣（源・土御門）が大役をはたした。源顕方は、この後、宗尊親王の鎌倉下向に同行し、時頼主導の幕府行事に参画することとなる。

費用負担の御家人たち

幕府沙汰で閑院内裏を造営することとした執権時頼は、閑院焼失から間もなく御家人に費用を分配した。閑院の場所ごとに、再建箇所を割り振ったのである。御家人に費用負担させるのに、その造営箇所を指定したのである。下総国の千葉氏は「西対」（西の対屋）を割り当てられた。

建長元年五月二十七日、平（千葉）亀若丸（頼胤）は、このたび割り当てられた閑院内裏造営の西対の役は、期限までに造りあげるのは困難です、まして今年は京都大番役にも当たっていますので斟酌してください、と幕府に申し出た（平亀若丸請文案、中山法華経寺蔵日蓮筆双紙要文裏文書、『鎌倉遺文』十巻）。千葉頼胤は千葉氏嫡流を引き継いだばかりの若輩でもあり、一族をまとめて、閑院内裏役を勤められる状況になかったので、その変更を求めたのであった（前述）。

閑院内裏造営役負担を求められた御家人がどのような反応をしたか。千葉氏のほかには史料が見つからない。だが、『吾妻鏡』建長二年三月一日条には、この時の役負担の場所と人名が列記されている。たとえば冒頭の内裏建物は次のようである。

紫宸殿…相模守（北条時頼）清涼殿…甲斐前司（長井泰秀）・駿河入道（北条有時）仁寿殿…修理権大夫（北条時房）宜陽殿…陸奥守（北条重時）校書殿…筑後入道跡（？）春興殿…遠江入道跡（名越朝時）五節所…秋田城介（安達義景）小御所…足利左馬頭入道（義氏）釣殿…前右馬権頭（北条政村）記録所…隠岐入道跡（二階堂行村）

一見して分かるように、北条氏は時頼・重時をはじめ一族の有力者が負担している。また安達義景・二階堂行村跡のように幕府有力者が見える。「～跡」という表記は、その人ではなく、その後継者という意味である。

次に陣座・東屋（大友豊前前司跡）、軒廊、弓場などの付属施設の四十七箇所が各一人に割り振られている（一か所が記載なし）。合計四十六人。次の築地塀造営は細かく割り当てられた。例えば築地（表築地）八十八本では武田伊豆入道（信光）跡には左衛門陣南の十本、小笠原入道跡には同北の十本など（二十二人）。一本とは築き固めた地面に据える横木に立てる柱の数かと思われる。裏築地は百九十二本と多く、二条面の益戸左衛門尉が二本など九人、油小路面の広澤左衛門入道跡五本など十三人、押小路面の那須肥前前司（資長）の一本など十一人、二条面西洞院東の□□左衛門跡の二本など十二人、二条面南油小路西の船越右馬允跡の二本など十人、同北では蘆原左衛門入道の二本など十五人、二条北油小路の日野平五入道の一本など十三人、等々である。

築地工事は、小さな区画に区分されて、御家人が少しずつ負担するように配分されている。負担する御家人は二百人を超えて、その本領は奥州から九州まで列島全域におよぶ。幕府は政所に所蔵している御家人交名の帳簿に基づいて配分したのであろう。

幕府を主導する執権時頼は、閑院内裏造営という国家事業を推進するのに、全国の御家人に役（費用）を分担させたのである。これにより御家人は自らが国家的役に連なる公儀の位置を得たと意識するようになる（いわば公儀御家人）。

惣領に負担させる

閑院内裏役を負担する御家人は、この時点で生存している者は少なく、かつての御家人の名前で記されている（『吾妻鏡』）。「〜跡」と書かれるが、この場合の「跡」とは「父祖の跡」を意味し、その家の後継者として幕府が認める存在である。したがって各家の嫡流であり、家督を継承する人物である。このような存在を、やがて幕府は「惣領」と呼ぶようになる。

御家人一族のなかの特定の人物を「惣領」とすることは、その一族の所領全てを知行する権利（惣領職）に由来するが、「惣領職」の成立期は十三世紀後半である（田中大喜二〇〇九）。職として成立する前に実態は進行していたと考えられるので、「惣領」の始まりはそれ以前であろう（十三世紀中頃）。

幕府は、建治二年（一二七六）に京都六条八幡宮を造営するのにも、全国の御家人に費用を分担させた。そのリストの文書が残っているが（国立歴史民俗博物館所蔵）、そこに列記された御家人名は、建長二年の閑院内裏造営負担の御家人名と重なる者がおおい（海老名尚・福田豊彦一九九二）。建治二年の御家人名は一族を代表して費用を負担する者として幕府が認めた人物（惣領）であるから、そこにつながる建長二年の御家人名はその前提となる人物である。鎌倉幕府が、一族を代表する御家人として「惣領」を設定して行く政策が進行していることを示しているが、それは閑院内裏造営事業を進めた執権北条時頼の施策に始まったのである。

2　親王将軍の擁立

貞観政要の献上

建長二年五月二十七日、時頼は潔斎して真書体で清書していた貞観政要一部を、将軍家（頼嗣）に進上した。まるで神仏に奉納するようであるが、その体裁も巻物にされて、軸は水精（水晶）であり、表紙は羅（薄い絹）。鶴を描いた蒔絵の箱に入れてあった（『吾妻鏡』）。『貞観政要』は唐の皇帝と上級臣下の関係を扱った帝王学の書物であるが、日本では平安時代以来の藤原氏などによく読まれていた（原田種成一九七二）。幕府でも将軍実朝が臣下と読み合いし、その内容を談義していた（『吾妻鏡』建暦元年七月四日、十一月二十日）。

時頼が大切に仕上げたこの書物を将軍頼嗣の上覧に供したのは、君臣一体の関係を願ってのことであった。京都の公家社会では、天皇と摂関との君臣関係の規範を『貞観政要』に求めていた。承久三年四月に仲恭天皇（数え四歳）の摂政となるに際して、九条道家が提出した願文（『鎌倉遺文』五巻二七二九号）がある。この願文で道家は、政道を輔佐する「君臣魚水之契」の一体的関係を、始祖鎌足以来の例をあげてたどる。また『貞観政要』や『帝範』の趣旨を引きながら、自分こそが摂政となるに相応しいとの考えをのべている。「貞観政要曰く」として道家は「君人は天を以て心となし、無私を物（世事）とし、人を用いるにはただ堪否を問う」と述べる。君は天の心で、世事には無私である（政務には協調を基本とする）、任用には堪えられるか否かを問題とする。天を体現する君には能力ある者が（補佐に）用いられると、受け取っている。『帝範』の趣旨引用では「帝王の治国なり、必ず匡弼の資を籍りる」と記し、帝王の治国は匡（正）しい資（たすけ）を藉（か）りるものであることを強調している。その上で自分こそがそれに相応しい存在であると神に願うのに「国のため家のために祈るのであり、身として祈るのではない、丹（まごころから）無私に底す（徹底する）、玄（天）はこれに応じて速く垂れん」という。君を補佐する臣下として、国の為であり、補佐する家柄（摂関家）の為であり、身（個人）の為ではないという考えを述べている。

この願文において、道家は、君臣が魚水の契（関係）であり、君も世事に私ない、道家も無私を徹底することで、君臣一体の政道が実現すると思っている。道家は、この願文の直後に、承久の乱により摂政から退く。乱の結果、道家の子の頼経が将軍として関東に下り摂家将軍となるが、これを積極的に支持したのが慈円であり、道家も同調する（市川浩史二〇〇二）。慈円の『愚管抄』には「ワタクシナク」（無私）が摂録臣の理想として書かれていて、摂家将軍が君臣一体の治世を実現するとの確信があるという（木澤南二〇一二）。したがって鎌倉幕府にも無私の理念は、摂家将軍から持ち込まれていたと考えられるのであり、親王将軍時代にも生きていた。時頼が、将軍宗尊親王との一体的君臣関係を築くに、無私の理念が含まれる『貞観政要』を頼りにしたものと考えられる。

北条家では、政子が『貞観政要』を仮名本にしたと伝えられており（原田種成一九七八）、時頼も『貞観政要』に親しんでいたと考えられる。執権時頼は将軍との君臣一体を理想とした関係を、京都の天皇―摂関の関係を参考にして構想していたと見ていい。

宗尊親王を鎌倉に迎える

建長四年（一二五二）四月、幕府は後嵯峨院の第一皇子である宗尊親王を将軍として鎌倉に迎えた。次の将軍に皇族を立てることで朝廷側と折衝していたが、時頼は二月二十日に二階堂行方・武藤景頼を上洛させ、自筆の書状にて（重時も加判）にて宗尊親王の下向を要請し（『吾妻鏡』）、三月十七日の院評定にて決まった。これにより、親王は同十九日京都を発ち、関東に向かったのである。

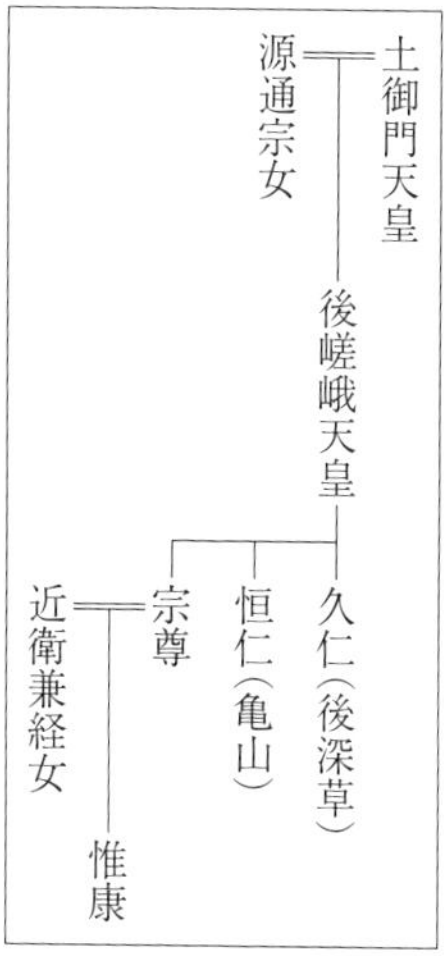

宗尊親王の系譜

鎌倉に入った親王は、四月一日に相州御亭（北条時頼亭）に入り御家人が列参し馬を引き、砂金・美絹などを献上した。二日には垸飯の儀があり（安達義景の沙汰）、また馬が引かれた。三日にも垸飯があり（足利義氏の沙汰）、この日には前将軍の頼嗣は京都に向けて出発した。平和裡に将軍が交代したのである。また親王に近仕する御格子番の御家人が定められた（一番から六番まで、各番十二人）。四日には相州御方（時頼亭）にて親王の由比ヶ浜出御とそこでの弓始御覧が定められ、日にちは十四日と決まった。この日には宗尊親王を征夷大将軍に任じる宣旨（案文）が届き、時頼（執権）・重時（連署）が参会して、披見した。十四日には将軍となった宗尊親王が初めて鶴岡八幡宮に参詣した。この供奉には、公卿土御門顕方を先頭に、殿上人十三人が連なり、このほか後藤基綱・二階堂行義以下の御家人七十九人（三人は検非違使として）がしたがった。日が出る前に神拝した親王は還御して、政所始めの儀を行ったが、これは天皇の太政官庁での即位儀に似ている。

こうして親王は無事に鎌倉に下向し、将軍となったが、この間、時頼亭を御所としている。ここで、伊勢神宮・石清水八幡宮に神馬を奉納することを定めたうえで、時頼・重時は、京都十八社のほか関東の鶴丘・伊豆・箱根・三嶋・武蔵鷲宮と諸国惣社に御幣・神馬を奉献するよう親王将軍に文書（事書）で奏上したが、御覧のうえで実行された。

こうして宗尊親王は征夷大将軍となり、鶴岡八幡宮に神拝して御家人の上にたち、関東の名だたる神社と諸国惣社に将軍就任が伝えられた。鎌倉での新将軍の就任が、関東の国々の神社（惣社）に触れられたのであるが、これは新しい天皇の即位の始めに諸国の神社に派遣された即位奉幣大神宝使（岡田荘司一九九四）を思わせる。ここに新将軍は、京都の天皇を犯すものではなく、そのもとで鎌倉・関東の「王」となったのである。そして時頼・重時がそれを支える体勢を演出した。

土御門顕方の鎌倉下向

このとき宗尊親王下向に同行した公卿・殿上人のなかに、源（土御門）顕方・一条局（源通方娘）・西御方（源通親娘）などの村上源氏の人々がいるが、顕方らは鎌倉にながく留まり、時頼の主導する幕政に参画することとなった。

この源（土御門）顕方は、源通方（正二位大納言中院通方）の子であり、通親は通方の親である。いま『尊卑分脈』からこの系列を抄出し、さきの一条局・西御方を加えると上図のようになる。

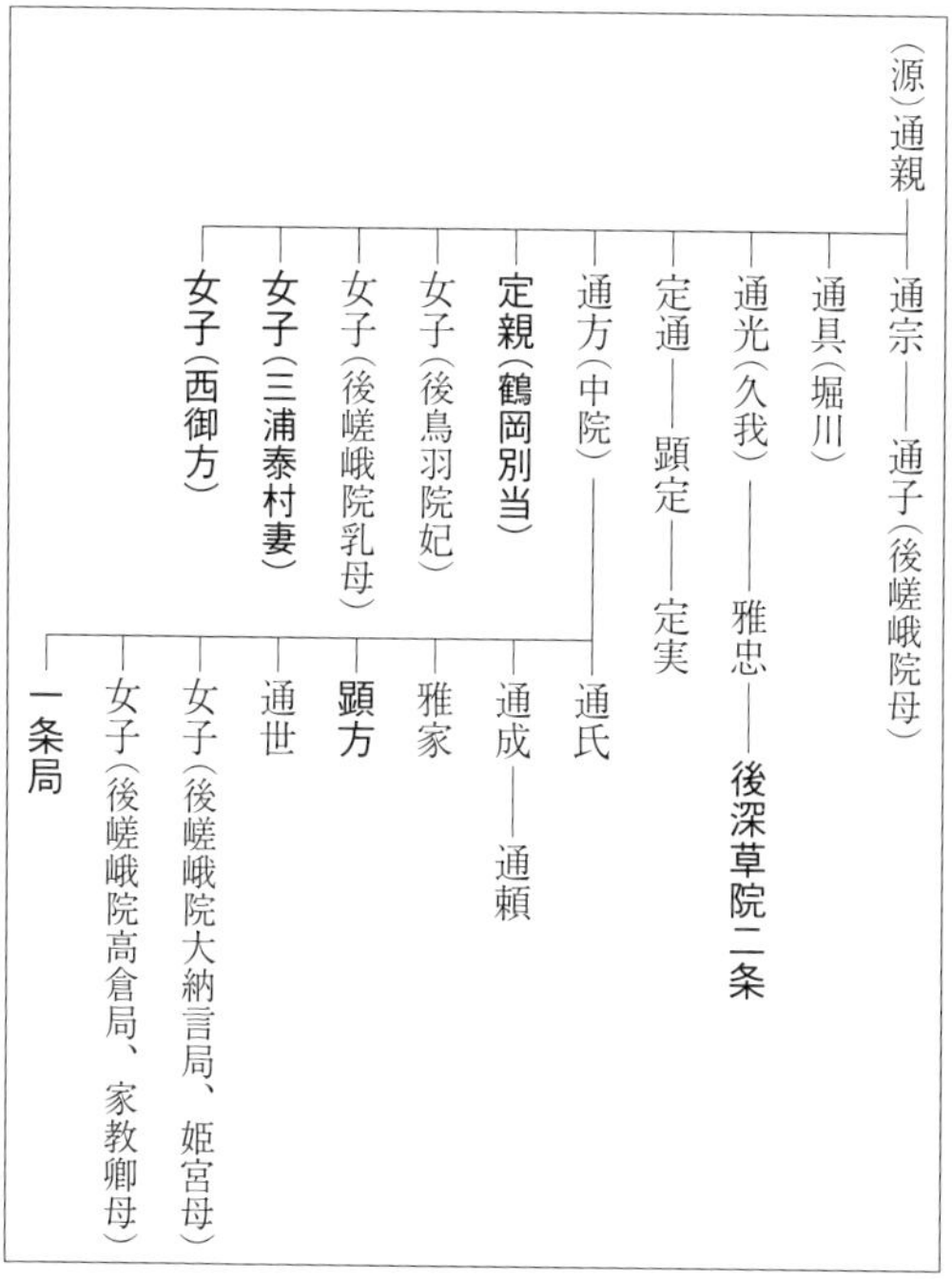

鎌倉中期の土御門家
（太字は鎌倉下向の人）

こうしてみると、この通親―通方の系統は鎌倉に下向している者がおおい。通親の子である定親は鶴岡社社務（別当）であり、その妹は三浦泰村の妻となっていて、宝治合戦でも活動していた（前述）。また『とはずがたり』の著者として有名な二条も鎌倉を訪れ、平頼綱（得宗被官）などと交流し、鎌倉から縁をたより善光寺参詣に出向いた。

顕方の父である通方（中院）は関東上野国の国衙職を与えられていた。『中院一品記』（中院通冬の日記、大日本古記録）建武五年七月二十日条には「当国（上野国）は土御門大納言〈通方〉殿より五代相続重任の国なり」と書き、さらに「当国代々関東吹挙の地なり、当家重任は他に異なるものなり」とも見える。源（中院）家の上野国衙職が、関東の推挙として、通方の時から、与えられたことが分かる。関東とは幕府・北条氏を指すから、源（中院）家の上野国衙職は、一族の源（土御門）顕方の鎌倉下向を契機とするものであったと考えて間違いなかろう。なお『中院一品記』には上野国には眼代が多年派遣されていた旨が記されているので、鎌倉後期には中院家家人が上野国衙周辺で活動したことも予想される（北条一族の金沢氏が上野国務・雑務を沙汰していた時期と重なる）。

親王将軍の正月椀飯

新将軍宗尊親王の正月椀飯は、建長五年・六年は従来と同じ形式であったが、建長八年以後は変化が出てくる（建長七年は『吾妻鏡』欠本）。建長八年（康元元年）正月一日は相州（時頼）の主催であるが、時頼（執権）・重時（連署）以下の人々は布衣（布製の狩衣）を着し出仕し、時刻（申刻、午前十時頃）には庭上に降りて諸人とともに並んだ。その数は八十一人（時頼・重時を含むと八十三人）。これだけの御家人が「庭上」に候ずる（庭上に着座する）のは正月椀飯ではめずらしい（建久四年正月一日以来）。この日、将軍は御簾のなかにいて、御劔・弓箭・行縢は御簾の外から進められた。二日（重時主催）・三日（足利利氏主催）椀飯には土御門顕方が御簾を上げた。将軍の神秘化の方向がうかがえる。

これが時頼・重時出家後の正嘉二年（一二五八）になるとさらに変化する。正月一日は相州禅室（時頼）の主催であるが、執権北条長時（武蔵守）と連署北条政村（相模守）は御所大庇に伺候し、その他の御家人は庭上に東西に別れて着座した。西には六十四人（二列）、東に百二十人（三列）である。御所の庭上に合計百八十四人の御家人が並び東西にわかれて着座した。将軍は南面するのである。着座であるから、跪座であろう。時刻（申刻）になると、束帯姿の将軍が、土御門顕方の上げる御簾から出御し、御劔・弓箭・行縢が進められ、馬が引かれた。ここには、親王将軍が御所南面に出御して、庭上に列座する御家人を見渡すという形がうかがわれる。天皇の四方拝の時のようであるが、百官は列立しているのに対し、こちらは列座している。二日、三日の椀飯は通常である。

正月一日椀飯における御家人の庭上列座という形式は翌年（正元二年、文応元年）、文応二年（弘長元年）、弘長三年も同様である（弘長二年は『吾妻鏡』欠本）。時頼の生存している期間はこの形が続いたのである（時頼死去後の文永年間の正月一日椀飯は詳しくは分からない）。

正月椀飯に、御家人が庭上に列座する（跪座）という形式は、朝廷の四方拝の形式を幕府に合わせて取り入れたものであろう。京都から下ってきた土御門顕方の意見を踏まえて最明寺殿（時頼）が企画したものと考えられる。将軍出御を庭上に列座して迎える例は、時頼執権時代の建長五年（一二五三）十月十九日の貢馬御覧に際して奥州（連署重時）・相州（執権時頼）以下の評定衆が水干葛袴を着して南庭に列座した例があるが、正嘉二年正月一日椀飯では庭の東西に合計百八十四人の御家人が列座している。『吾妻鏡』はそれを、西座の武蔵前司（北条朝直）・尾張前司（北条時章）から始めて六十四人を記す。東座は中務大夫（足利家氏）・越後権守（北条時親）から百二十人を記す。すべて官途＋通称であり（陸奥六郎など）、実名は記載ない。これは列座する個人よりも、その人物が属する家を記録しようとしている。その家を代表する者として書かれている。

こうして最明寺殿主催の宗尊親王将軍の正月椀飯は、朝廷儀礼を参考にしつつ、南面する将軍を庭上の東西に列座する御家人が仰ぐという形式となり、将軍―御家人関係の新段階を創出しようとしている。

3 「人に依り法を枉ぐるべからず」

足利泰氏の自由出家

建長三年（一二五一）十二月、足利泰氏（宮内少輔）は下総国埴生庄《はぶ》（成田市）にて出家を遂げた。三十六歳の若さであるが、山林斗藪（修行）の志がつよく、年来の思いを遂げたのである。この泰氏は、さきに見た足利義氏（左馬入道正義）の嫡男であり、足利氏の惣領である。この泰氏の出家は父も容認していたようであるが、執権時頼らの幕府は所領（埴生庄）の没収を決めた（『吾妻鏡』）。

幕府では、仁治三年（一二四二）十一月七日の評定にて、若年の出家を制限する法を出していた（追加一六九）。「一、免許を蒙らずして遁世を企て猶所領を知行する事」を禁じたのであるが、「いまだ老年に及ばず、指したる病悩なく、免許を蒙らず、左右なく、出家せしめ、なお所領を知行する事、はなはだ自由の所行なり」と断じて、「自今以後、此の如くの輩、不忠の科に処して、所領を召さるべし」と決めていたのである。御家人が若年で出家し所領を持ち続けることは、その所領が僧侶の間で継承されてゆくこととなり、幕府体制の縮小になることを警戒したのである。

この法は、御家人の自由出家を禁じるものとして、実際に適用された。寛元二年（一二四四）六月十七日、大番役で在京中の上野国御家人新田太郎（正義）は所労と称し俄に出家した。理由は定かでないが、京都で高僧の教えに触れて、出家の思いが高まったのであろう。この新田太郎も、出家する事由を、六波羅探題にも大番役番頭（安達泰盛）にも知らせていなかった。このことが鎌倉に注進され、「定め置かれる旨に任せて」所領が召し放された（『吾妻鏡』）。これに次ぐ自由出家が足利泰氏の例である。

足利泰氏の出家は建長三年十二月二日であり、場所は下総国埴生庄である。これが幕府では自由出家ではないかと問題になり、同七日には泰氏は自ら「出家の過を申し出」て、「これにより下総国埴生庄を召し離す」ことが決定し、埴生庄は金沢実時に下賜された。ただ足利泰氏は、執権時頼の叔母（泰時の娘）と足利義氏との間の子であり、親しい姻族（相州縁者）である。さらに父の足利義氏は幕府開創以来の宿老である（第五章7節の図を参照）。このことを頻りに言う幕府関係者もいたが、時頼は「人に依り法を枉げるべからず」との判断を示し、評定の場で所領没収が決まった（『吾妻鏡』）。

時頼は、仁治二年（泰時時代）の自由出家禁止の法を継承し、この足利泰氏出家事件にも適用したのであるが、ここで法（幕府法）は人や場面で歪められてはならないと決意を示している。これは

『吾妻鏡』編者が作成した文章（地文）に見えることであるが、誇大はあるにしても虚偽とは思えない。

時頼は、北条時氏の子であるが、嫡子ではない。北条泰時の嫡孫でない。一族の名越光時は、自らは泰時の嫡孫であるが、時頼はただの孫にすぎない、と言い放ったという（第三章3節参照）。時頼には、出自につき、劣等感があった。後年「不肖の身として誤りて征夷の権を執る」と言ったが、「誤りて」の言葉の背後には、前執権（経時）の弟にすぎない（嫡男ではない）自分が執権に就いてしまったという自意識がうかがえる。北条氏の一族内序列での位置ではどうしても気後れがでる。北条氏内でそうであるから、有力御家人のなかでもそうであろう。こうした血縁的・族的関係にもとづく秩序を超越する政治理念が必要となってくる。これを時頼は泰時以来の「法」に求めた。建長三年十二月時頼は、もっとも親しい御家人足利氏の泰氏自由出家を「法」に基づき、所領召放と裁断し、幕府・評定衆に政治理念を示したのである。かなりきつい選択であったかと思う。

引付制の開始

「法」に基づく政治を標榜する執権時頼が優先的に取り組んだのは幕府裁判の公正・迅速な運用であった。いちはやく建長元年（一二四九）十二月九日に引付制を開始した。訴論事（裁判）につき訴訟提起者と反論者の文書理非（書類審査）を引付において吟味して、両者を対決させることなく、判決原案を作成し提出するよう、決めていた（『吾妻鏡』）。これが名高い引付の設置であるが、ふつう裁判の迅速化を意図したと説かれている。この時、引付は三つ設置され（三番に編成）、各々に頭人と奉行人が所属した。頭人は評定衆から選任され、奉行人を指揮した。

この頃、御家人たちは頻発する所領紛争を抱え、幕府に裁定を求め、多くが鎌倉に上った。御家人は縁者を媒介に訴え出たが、問注所にて受け付けられ、案件の書面審理が進められることになる。ただその問注所役人が、法律専門家として、案件を抱え込んでいた。問注所職員（奉行人）と訴訟当事者との結託なども横行し、裁判が利権化していた。そのため幕府は、宝治二年十一月には、問注所奉行人が、訴人に面閲せず、証文の理非を吟味せず、酒宴放遊に耽っている。そのため裁判稽古が十分でなく、評定の場では質問に答申できないでいる。このような輩は奉行人として召し仕うべきでない、と問注所執事（大田民部大夫）と政所執事（二階堂行盛）に命じることもあった（『吾妻鏡』）。

引付はその後、五方（番）、六番、三番、五番と変化したが、時頼執権時代後半（建長年間）は五番が維持された。各番には引付頭人一人、引付衆一～三人、奉行人四～五人が配置された。

幕府法における無私

幕府の裁判は実務を担当する奉行人に公的立場を求めたが、奉行人の上位に立つ引付衆や引付頭人・評定衆にも厳しくした。それは弘長元年二月二十日に出された新制条々に見える。「関東新制条々」（四十二箇条）の、第一条・第二条は諸社神事に関する規定であり、平安以来の公家新制を継承する面をもっていたが、そのうちの一箇条には幕府裁判制度に関するものがあった。「一、評定衆幷引付衆及び奉行人の起請こと」と題して、裁判を担う評定衆・引付衆と実務にあたる奉行人に改めて起請文に署判させるものであったが、その冒頭に「政道の淵（淵源）は無私をもって先と為す、誰か此の理に背かん」との文章から始まる。「無私」を求めたのである。幕府はすでにある起請文に新加入者だけが起請の判を据えるのでなく、この時は全員の起請文を改めて提出させた。その理念となったのが「政道の淵は無私をもって先となす」である。天皇補佐の摂関政治が重視した「無私」理念を、幕府も政治規範として徹底しようとしている。

4　公儀の幕府

地頭知行の限定

幕府の御家人は、荘園制度のなかで地頭職として国家に公認されていた。平安時代以来の本領は本補地頭職として、承久の乱以後に獲得したのは新補地頭職として。新補地頭の支配権行使の範囲は、荘園全体田地の十分の一と一反別五升の加徴米となっていたが、本補地頭は旧来からの権利・慣習を継承するものであり、数字に明確さを欠いていた。

荘園は、畿内の公卿や寺社が本所として国家全体のなかで領有権を確保し、地頭は現地にて現実の土地支配を担当した。ただ現地には地頭のほかに、本所の任命する荘官（下司・雑掌・公文）も支配を担当していて、両者の間で、紛争が起こることがおおくあった。地頭（御家人）は国家的武力を持ち、荘官などの初歩的武力とは、強制力に違いがある。荘園の百姓からの年貢徴収にも、地頭は武力を行使して、本所側の荘官から訴訟が起こされた。鎌倉幕府にも、本所から提起された裁判が多くなっていた。

時頼（執権）と重時（連署）の幕府は、三浦氏との合戦を終えると（政治処理を含め）、宝治元年十二月十三日に、荘園内での地頭の支配権を確認する法を出した（追加法二六一）。「諸国地頭所務の事」（全国の地頭が行なえる土地支配について）との文言で始まるが、承久兵乱以前からの本地頭は所務の先例を守り新儀を構えてはいけない、兵乱以後の新地頭は定め置かれた率法に背いてはならない、と原則を守るよう指示している。このように原則を確認したうえで、今後は（自今以後）たとえ「押領」が二十年を超えていても、その押領を公認するものではない、と現実問題に対処した判断を示した。「押領」は、新補地頭が規定の範囲（田十町別一町と反別五升加徴米）を超えたり、本補地頭が旧来以上に土地支配を拡大したりして、荘官の土地支配を制約することである。荘園現地では、地頭が武力に基づいた一方的な土地支配を継続していて、それが二十年以上も続くこともあった。本所・荘官の側からすれば「押領」である。幕府は、このような地頭の「押領」は公認しない、と宣言したのである。二十年以上の当知行（実効支配）は御成敗式目第八条で公認されていたが、このような「押領」には二十年の年紀法は適用されない、と明確に命令した。

この追加法には、将軍の仰せを奉じた旨の文言はなく、左近将監（時頼）と相模守（重時）が連署して発給している。書き止め文言も「此の旨を存知せらるべきの状くだんの如し」であり、命令調である。将軍頼嗣がいながらも、執権・連署の指導力で出した法であることを示している。

また、この法は、相模左近大夫将監殿（北条長時）に宛てられている。北条長時は、三浦氏との合戦後に、父重時に交替するようにして、京都六波羅の北殿に就任した人物である。時頼・重時は六波羅でも、この原則に基づいて、所領裁判にあたるよう指示したのである。このことは、京都の本所側から、地頭の荘園所務をめぐって裁判が数多く起こされていることが背景になっていることを意味しよう。

このように、時頼・重時の幕府は、荘園現地で起こる所務相論に対して、地頭職の原則を守り、それを超えた支配行為は「押領」であることを（公認するものでない旨を）、京都・王朝側に示して、荘園体制全体のなかで地頭・御家人の位置づけを限定したのである。これは自らの方向性であり、妥協的姿勢を示すものではない。

雑人訴訟　幕府は御家人を統括する将軍の権力として出発したが、このように国家的役割を担うようになると、御家人より下位の人々をも、統治の対象とするようになる。このことが宝治合戦以後の執権時頼の時代に明瞭に現れた。

宝治二年（一二四八）の四月には、幕府に盗人が入り厨子以下の重宝が盗み取られた。鎌倉・東国では盗人が横行していたのである。五月十五日には幕府は盗人を軽犯罪から准重犯罪に改め、その身に限り咎を行うこととして、七月十日には「雑人奉行」に命じている。盗人の被害は幕府・御家人だけでなく庶民がおおい。建長四年十月には民間の愁訴をうけて、条々を定めたが、牛馬盗人、放火、殺害刃傷、窃盗などである。その罪については、式目の規定に依るものもあるが、言い争いなどは「土民の習い」に任せて傷がなければ罪科に処すべきでない、としている。民間での（土民の）争いが頻発している様子がうかがえるが、幕府はその訴えを受け付けるようになっていた。訴え出るには、鎌倉の住人は地主の吹挙（推薦）が、諸国住人は地頭の推挙状が必要であったが（『吾妻鏡』建長二年四月二十九日条）、雑人を幕府政治の圏内に取り込んだのである。「雑人奉行」とは幕府役人のなかで雑人案件を専門に扱う人々であり（寺社奉行が寺・社を担当するように）、幕府政治が民政に踏み込んだことを意味する。

雑人は甲乙人とも呼ばれる。御家人・幕府役人・僧侶のほかの人々である。こうした人々は都市生活の必要上、物資は融通しあい、質にも入れる。まして正嘉の飢饉の後に鎌倉に入った貧窮者たちは、質や借金に向かう。執権時頼・連署重時は、建長七年八月十二日、鎌倉中で発生している甲乙人の質物につき次のような命令をだした（追加法四〇五）。この命令は現実に起こっている問題点を次のように整理している。

甲乙人の質物

鎌倉中では挙銭《こせん》（銭の貸与）が行われてきたが、近年は「無尽銭《むじんせん》」と呼ばれることとなり、質物を入れ置かないと銭を借りることができなくなった。甲乙人はやむを得ず質に「衣裳物具」を入れる。ただそのなかには盗品が紛れていることもある。また盗人は、抱えている盗品を売ると犯罪が露顕するので、質に入れて、銭を得る（借りる）。こうした質物を質屋の店先で、盗まれた持ち主が発見し、取り返そうとして、質入れした人物の名前・住所を尋ねると、分からないと言う。質屋は「これは世間の通例」だという。

甲乙人は借金するのに、質物を入れないといけなくなった。無尽《むじん》である。貧窮者はやむを得ず、「衣裳物具」を質屋に入れる。「衣裳」とは金目のある衣であろう。幕府や鶴岡社にも盗賊が入る場面が『吾妻鏡』にもみえる。甲乙人は専門的盗人は少ないと思われるが、入手した物が盗品ということもある。入手経路が分からなくなった物を質屋に入れてとにかく借金するのである。

このような事態に対して、執権時頼・連署重時が下した命令は、質屋に対して、質入れに来た人物の名前・住所を尋ね記しておくようにせよ、もし裁判になってその書付がないとなったら、質屋も盗人に処分する、というものであった。この命令は幕府政所の二階堂行泰を経て鎌倉中の保奉行人に徹底されることとなった。時頼・重時の幕府は、鎌倉中の質物関係の整理に強権を発動したのである。

時頼・重時がこの命令を出した契機は、盗人の被害にあった人物が質屋にあった質物のなかに自分の所有していた物に違いないと確信し、その場で取り戻そうとして質屋（銭主）と紛争になり、それを幕府に訴え出たということが想定できる。その訴人は甲乙人だけでなく武士や僧も考えられるが、質屋に日常的に通っている甲乙人（鎌倉住人）が多いであろう。

動産物件をめぐる争いは、武士と鎌倉住人との間にも起こる。弘安二年（一二七九）に判決が出た例は、御家人石原左衛門尉五郎高家と鎌倉住人慈心との相論であるが、高家が腹巻（武具）を慈心の営む無尽の質物に入れたのであるが、利息が元金の一倍（元利二倍）となり、高家が腹巻を失うこととなった（弘安二年十一月三十日幕府政所裁許状、『中世法制史料集一』、参考七〇）。ここには元利合計二倍となり質流れとなる慣例が確認されるが、幕府はこうして社会慣行を取り込みながら、住人慈心勝利の判決を下している。こうした事態は弘安年間の特例とは考えられず、時頼時代に遡るであろう。幕府の裁判は御家人の利害を絶対的に優先するものでなく、鎌倉住人・雑人の利益をも勘案している。公的権力の方向に歩んでいるのである。

5　奥大道の安全確保

奥大道の宿の警固

建長八年（一二五六）六月二日、幕府は奥大道の安全確保を路地の地頭らに命じた（『吾妻鏡』）。この奥大道とは鎌倉から下野国を経て陸奥国府に到る道である。この時、この道沿いに夜討・強盗が蜂起して、行き交う旅人を煩わせているとの報告を得て、幕府は道沿いの地頭に警固するように命じたのである。命じられた地頭は二十四人であるが、武蔵では平間郷地頭（姓名不詳）・伊古宇又次郎・矢古宇右衛門次郎・鳩井弁衛尉跡・渋江太郎兵衛尉・清久右衛門二郎らである（青木文彦二〇一一）。下野国では小山出羽前司（長村）・宇都宮下野前司（泰綱）・阿波前司（薬師寺朝村）・周防五郎兵衛尉（島津）・氏家余三跡・那須肥前前司（資村）・葦野地頭・福原小太郎らであり、陸奥では陸奥留守兵衛尉跡・宮城右衛門尉・和賀三郎兵衛・同五郎右衛尉などである。この人々の本拠地を勘案すると、奥大道は武蔵では平間（矢口）で多摩川を渡り岩淵・鳩井（谷）・渋江（岩槻）を経て下総北部へ出て、下野国では小山・宇都宮・氏家・蘆野から白河関に向かった。そこから陸奥に入り、国府・宮城郡に到る。

この道は武蔵〜下野小山の部分は、別の文献では鎌倉中道《なかつみち》と言われ、小山以北は古代東山道と重なるか並行している。東山道は場所によっては幅六メートルを超える整備された官道であったが、鎌倉道（奥大道）は騎馬武者が交差できる程の広さと推定され、白河関前では人・馬一組の幅であった

（一遍上人絵伝）。それだけに通交には危険がともなった。とくに武蔵から下野に入るに利根川（旧）を渡り、また下野宇都宮から氏家には鬼怒川を渡る。鬼怒川は氏家の手前で幾筋にも分流し、渡河困難地帯であり、ここには安全に渡したという伝説が生まれている。那須・葦名・福原の那須地帯から白河峠・関は天候急変地帯であり、平安期から盗賊発生の伝説がみえる（山本隆志二〇一二）。

幕府は、このような不穏な交通路（奥大道）の安全を確保するために、道沿いの地頭二十四人に警固を命じた。ただ警固といっても、道そのものではない。道の各所に営まれている宿《しゅく》の警固を命じたのである。旅人が宿泊する宿の警備であるが、旅宿が広がる町全体の安全を維持する。

こうして宿と宿の間の道そのものに関しては、幕府は指令を出してはいない。だが奥大道の要所・要所にある宿の安全確保を地頭らに命じて、交通を維持しようとしている。これは幕府が、鎌倉から陸奥までの広域を統治する権力の一面であり、この時期の幕府の公的性格を示している。

下野那須家の館

下野御家人の那須氏は、「肥前」を通称にいれる系統と、「左衛門尉」を入れる系統に分かれていたが、この二系統は那須資長《すけなが》の段階で統合された。那須資長は妻である陸奥介景衡の娘から鎌倉地を建長二年の段階で獲得していたが、妻の実家と相論となった。それが文永元年に勝訴となり、幕府から安堵の下知状をえた（『新訂白河結城家文書集成』）。そこでは那須資長は「那須肥前二郎左衛門尉資長」と表記されている。資長は肥前系・左衛門尉系の二つの系譜を継承したのである。ただ肥前系自体も存続していて、『吾妻鏡』には幕府役負担者に那須肥前前司（資村）が見える。

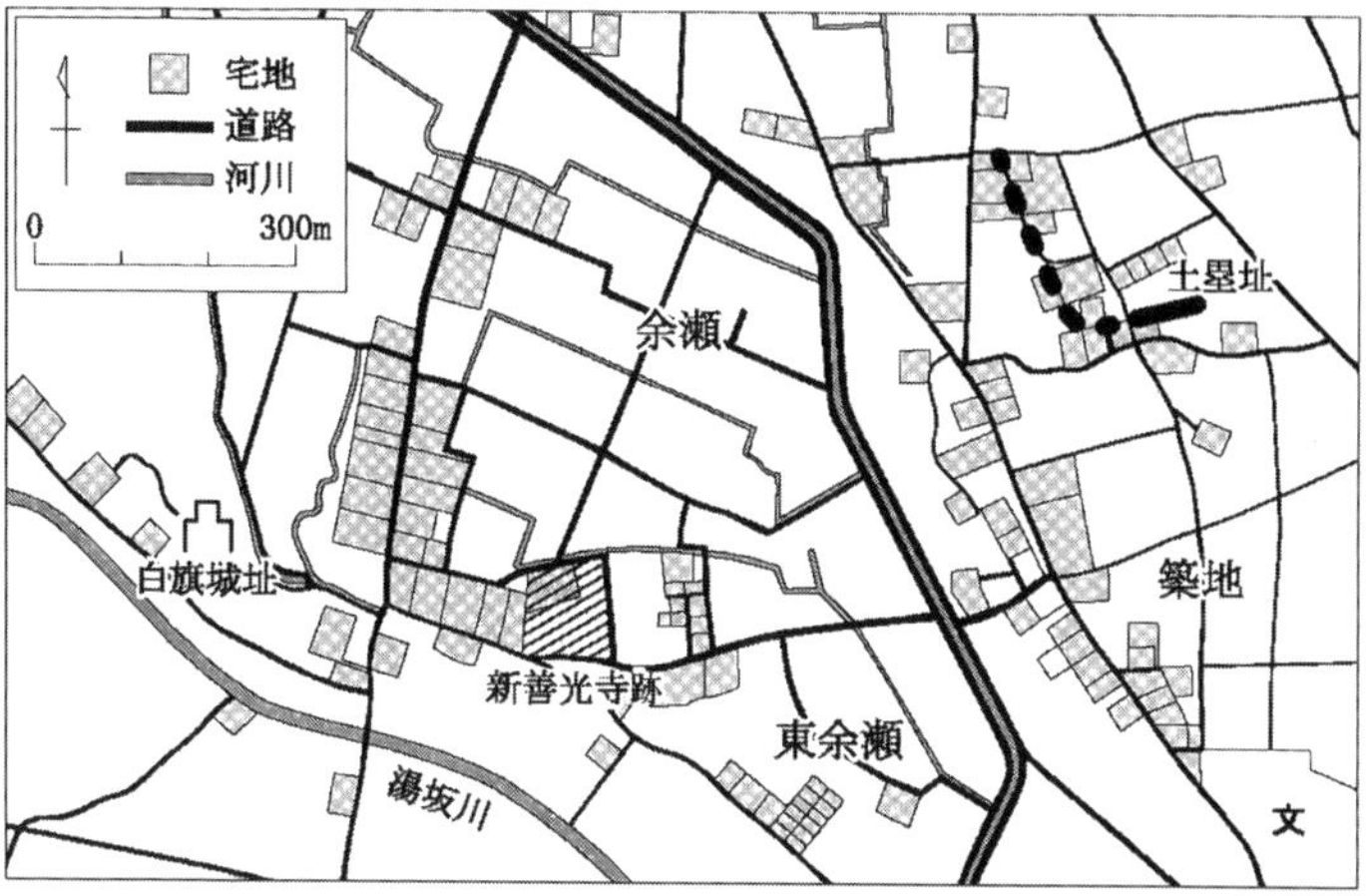

略図　那須氏館
（『那須与一伝承の誕生』ミネルヴァ書房，2012年）

那須氏では那須資長と資村とが幕府との関係で併存することとなったが、この那須資長の台頭は建長二年〜文永元年の間の、鎌倉での裁判の結果であった。この間は、北条時頼の執権・出家後の時期であり、裁判での勝訴には時頼への接近が想像される。この系統の那須家の館は那須庄余瀬《よぜ》にあったが、そこでは建長六年に阿弥陀三尊像が造立された。現在は国立博物館（東京上野）が所蔵しているが、銘文に「善光寺如来　一光三尊　于時建長第六甲寅正月廿日　下野国那須御庄東余世村　勧進上人西忍生年廿七　奉安置之依夢想之告鋳模之」と見える。西忍上人が夢の告げを受け、勧進により資材を集め、鋳造したという。阿弥陀三尊（善光寺式）は北関東でも分布するが、この像は鎌倉中期の早いものである。この余瀬には阿弥陀を主尊とする正安元年の板碑もあり、鎌倉文化の流入も見える。

一遍上人絵伝の白河関・奥大道

（『一遍上人絵伝　日本絵巻大成別巻』中央公論社，1978年）

画面の下部中央に「白河関」と見える。道幅は通行人（歩行）がすれちがう程である。

この勧進には那須庄領主の那須氏の参加が想定されるが、近くの雲厳寺が円爾弁円によって開かれている。円爾は北条時頼に近しい禅僧である。那須は、文化的に鎌倉との距離を縮めていた。これを媒介していたのが奥大道に外ならない。

奥州白河氏

康元元年、時頼が出家した時に結城家の三人（朝広・時光・朝村）がともにする（後述）。宝治合戦に苦言を呈した結城朝光の孫たちであるが、三人は時頼に接近していたのである。結城氏ではこの三人と同世代の祐広・広綱・朝泰の時期には、奥州白河にも本拠を持つようになった（結城白河家の成立）。当然のこととして、鎌倉との往復が盛んとなり、奥大道を利用する。

結城祐広は続群書類従「結城系図」に「奥州白川住」の注記があり、結城神社文書所収系図（南北朝期、『新訂白河結城家文書集成』）の朝泰注記に「宇都宮四郎兵衛尉朝業女」、その子の泰広の注記に「母氏家太郎公信女」と見える。結城氏が奥州白河を拠点化するのに、宇都宮（塩谷）氏や氏家氏との婚姻関係を結んでいる。奥大道を媒介にした下野国との交流が見える。また広綱（祐広・朝泰の兄）は鎌倉にて幕府に奉仕しているが、奥州白河では父朝広の菩提のため金勝寺を建立し、円爾弁円を住持に招いたと伝えられる（『白河市史通史』）。

6　幕府使者と得宗被官人

幕府使者の特務派遣

執権時頼は幕府機構の頂点に立つが、幕府制度の枠外で、特別に使者を派遣した。執権就任の年（寛元四年）の十二月三日には、越前国宇坂庄の雑掌申状を受けて、現地での検注が妨害されているのを実行するために年明けには幸円を派遣すると雑掌に連絡している（『鎌倉遺文』）。越前宇坂庄は、この時期、近衛家領となっており、地頭との相論が起こっていた。近衛家側の雑掌が、地頭妨害を止めようと幕府に訴えたが、その訴状を時頼は自身が預かったこと、明春には使者（幸円）を現地に派遣する事、このことは重時（六波羅探題）にも連絡してあることを旨とする書状を送ったのである。六波羅管轄国の越前の件であるが、時頼が直接に裁許しており、異例であるが、この書状は自筆と見られる（宮崎肇二〇一五）。近衛家への接近を図る時頼は、その荘園（越前国宇坂庄）知行につき、自筆書状を与え、使者を現地に派遣した。この使者たる幸円は実名は確認できないが、おそらく幕府奉行人であろう。ただ時頼からの特別任務を命じられているので、時頼に近しい人物である。

安東左衛門尉光成

『吾妻鏡』には時頼が派遣する使者が散見する（執権期間十年に五十回を超える）。その使者の一人が安東左衛門尉光成である。安東光成は時頼祖父の泰時の使者となることが多く、側近であったが、その関係を時頼も引き継いでいた。建長四年正月十四日、時頼は幕府弓始の射手に決まっていた多賀谷五郎景茂を突然に辞めさせる決定をし、「御使」となった安東光成がその日の朝、小侍所に伝えた（『吾妻鏡』）。幕府公式行事の人選を、突然に変更した時頼の決定を、時頼被官の安東光成が使者となって幕府内で通知している。また同年十月には時頼は妻の懐妊（福寿、宗政の懐妊）に際し、安東光成を使者とし帯（腹帯）を隆弁雪下本坊に届けさせた。

安東左衛門尉光成は幕府奉行人であるが、泰時・時頼の被官であり、得宗家に近仕している。この安東氏は駿河国安東庄を本拠とするが（小口雅史一九九五紹介の平山久夫説）、北条執権体制の拡充時代には鎌倉に屋敷を構えて、建長六年二月四日の鎌倉火災では、北条時定（時頼弟）亭とともに安東藤内左衛門尉の家が片時に灰燼となった（『吾妻鏡』）。北条時定亭も旧時頼亭の近くにあったと思われるが、安東氏は一族として、北条氏に仕えていた。火事の時の表記が「安東藤内左衛門尉」と見えるが、一族には藤姓の者も内包されていたかとも思える。

安東左衛門尉（光成）には子息「安東五郎太郎」がいた。この人物も時頼使者として見える。宝治二年閏十二月二十日には、来る正月弓始の的を調える（準備する）のは暖かくなってからにしたらどうかと、安東五郎太郎を使者にたてて、射手選定役の金沢実時に申し送った。金沢実時の返事は年内が古例というものであったが、年内は取りやめとなった。このような幕府行事の決定を安東光成の子である五郎太郎が使者となり伝えている。これは父の役目を継承するものであり、安東氏の仮名「五郎」を継承した「太郎」が嫡男として、幕府に奉仕している。また得宗時頼の使者として建長三年五月十五日には女房産のこと（時宗誕生の件）につき、時頼の御書を隆弁に届けている（『吾妻鏡』）。

安東氏は、幕府と北条得宗の両方の使者となっている。しかもその両方が、弁別なく、結びついている。北条時頼の公的・私的立場の両方に関わっている。北条氏の公的側面が強くなるにしたがい、安東氏には半公的な人物が出てきたのである。

朝幕関係に当たる幕府使者と得宗使者

安東氏の光成は、幕府内だけでなく、朝廷と幕府の間の使者としても起用された。宝治合戦後の、宝治二年十月六日に蓮花王院修理料として「関東知行庄々八ヶ所」を宛てることが院評定にて了承されたが（『葉黄記二』）、関東御領八か所の目録を携えて、安東左衛門尉光成が上洛して、修理箇所を点検していた。安藤光成を派遣したのは執権・得宗の時頼である。また建長三年十一月十四日に死去した将軍頼嗣祖母を弔う使者として、幕府からは二階堂行綱が使者として派遣されたが、それとは別に相州（時頼）は諏訪盛綱を上洛させた。朝廷と幕府の間の礼として、幕府と得宗から、それぞれ使者が派遣されているのである。朝廷側ではこのような使者を「東使」と呼んだが（森茂暁一九九一）、時頼の時期がおおい。

正嘉元年（一二五七）十月の延暦寺と園城寺の確執に、幕府は甲斐太郎時秀と大曾根長泰を使者として上洛させたが、同時に三浦（遠江十郎左衛門尉）頼連を「内々の御使」として送った。これは将軍宗尊親王御所の廂番の仕組みを作るのに、後嵯峨院の許可を求めるものであったが、十二月二十四日に許された。院で実施されていたものを真似るのを憚った幕府は、相州禅室（時頼）にどうするのがいいか尋ねたところ、内蔵権頭親家と三浦頼連を使者として叡慮を窺うのがいいと時頼は返答したのであった。内蔵権頭親家は京下りの幕府奉行人と思われるが、この時期、幕府使者として何回も上洛している。承明門院死去、後嵯峨院病悩の見舞い、さらに院から諷詞された不祥事の釈明など。後嵯峨院方に繋がりを持った人物である。もう一人の三浦頼連は宝治合戦では時頼側に付いた三浦盛時の弟であり、時頼が三浦氏引き立てに利用していた。被官人ではないが、接近していた。この人物を時頼（得宗）は院・朝廷との調整を図る役に起用した。

時頼は、院や朝廷との間に調整が必要の時、使者を派遣したが、そのなかには被官に近い人物を加えていたのである。院・朝廷との調整は公儀化してゆく幕府にとって重要性が増していた。

畿内の作善活動

時頼（最明寺殿）は畿内で活動する幕府系尼の保護に熱心であった。祖父泰時の妻の一人である葛西谷尼は、天王寺内に堂を建立し、その宿所を造っていた。泰時の死去後、その維持管理が難しくなっていたが、康元元年（一二五六）十月三十日、出家直前の時頼は、粟飯原《あいばら》馬入道に対して「故葛西谷尼御前の御時の如くに見沙汰するように」との命令を出した（鹿王院文書）。この粟飯原入道は武蔵国横山氏に近い御家人であったが、和田義盛の乱にて一族が没落した後、一部は北条氏の被官となっていて、鎌倉末期まで続く（北条貞時十三年忌供養記、円覚寺文書）。ここに見える粟飯原馬入道殿は六波羅被官人には見られない人物であり、この時、時頼からの命令を受けて、畿内に派遣されたと見られる。

時頼の被官である安東蓮聖は京五条に住み「五条禅門」と呼ばれていたが（森幸夫二〇〇五）、畿内で時頼の使者として活動している。弘長二年十一月には、最明寺入道の使者として書状を、西大寺叡尊に届けてもいた（『感身学正記』）。

多田神社（兵庫県川西市）

　摂津多田庄は近衛家領であったが、北条得宗家が支配権を継承し、文永九年以降には多田院修復に努力する。ただ御祈禱所の満願寺はそれ以前の建長三年六月に（時頼時代）、多田政所に派遣された安藤五郎入道光信により荒野が開発寄進されていた（『川西市史第四巻』）。その寄進状（写）に見える「多田政所」には「古目録曰安藤五郎入道光信」と注記され、寄進状冒頭には「北条時頼入道下知状」の見出しが付されている。北条時頼は、多田院のなかに関東祈禱所を作るために荒野開発寄進を安藤光信に命じて、それを安藤が現地で執行したのである。安藤光信は、時頼の被官であり、多田院の御祈禱所造営を特務として派遣されたのである。

この安藤光信の活動と、京五条の安東蓮聖との関係は不明であるが、無関係ではないと推定される。更に先の安東光成との関係も想定されよう。

畿内での、このような作善に熱心であった時頼は、必要に応じて、被官を使者として派遣していたのである。執権・得宗が公的側面を発揮するのは、幕府制度に依存する形式だけではない。

津軽～鎌倉を往復する曽我氏

　津軽には、北条義時が蝦夷沙汰の権限を持つ者として、安藤氏（安藤五郎太郎）を代官として入部させていたが、同時に曽我広忠を平賀郡岩楯村に送り込んだ。

建保七年（一二一九）四月二十七日、義時は平賀郡内岩楯村の地頭代職を平（曽我）広忠に与えたのである（北条義時袖判下文、新渡戸文書）。自分が地頭職を持つ岩楯村の代官職に曽我広忠を任命したのであるから、曽我広忠は北条義時の被官となっていたことが分かる。曽我氏はもともと相模国御家人であり、建治二年の御家人注文でも、相模国に「曽我入道跡」と記されるように、鎌倉後期でも相模国に本拠を置いていた。曽我氏の義時への接近は、鎌倉での和田義盛の乱（一二一三年）に際し和田方の横山軍を攻めるなかに曽我・中村・二宮・河村が見えるので（『吾妻鏡』）、この功績から義時に近づいたものと考えられる。

その曽我氏の広忠の後、五郎次郎惟重は、同じ平賀郡内の平賀郷の知行を北条義時から命じられ、泰時（義時の子）からも岩楯村地頭代職を安堵されている（嘉禎三年三月十三日北条泰時袖判下文、新渡戸文書）。曽我次郎惟重は、泰時の被官として、現地で得宗家所領の知行に当たったのである。

泰時の後、北条時頼も、仁治三年十月には、平賀郡内の大平賀村々沙汰を曽我五郎次郎（惟重）に命じ（南部光徹氏南部文書、『青森県史中世1』）、大平賀郷内新屋淵村・長峰村地頭代職を曽我光広に与えた（新渡戸文書）。曽我光広は曽我惟重の子であり、父子間の譲状に基づいた処置であった。

この曽我光広は、宝治元年七月十八日、陸奥国名取郡土師郷地頭代職を北条時頼から「勲功の賞」として給付された（南部光徹氏南部文書）。袖に時頼花押が据えられているので、得宗の下文である。ここで曽我光広は得宗（時頼）の家内の人物として扱われている。宝治元年六月には三浦合戦があったので、この恩賞としての地頭代職給付も宝治合戦にともなうものと見るのが妥当である（ただ『吾妻鏡』の宝治合戦記事に曽我氏の活動は見えない）。ここに、曽我光弘は、鎌倉〜陸奥名取郡〜陸奥平賀郡

（津軽）を往復することになる。

『吾妻鏡』には宝治元年五月、同二年九月、陸奥津軽での大魚漂着の情報が陸奥留守所からの情報として届いていたが、盛んな陸奥〜鎌倉の交信がうかがえる。また建長三年九月二十日、幕府は讃岐国の海賊を蝦夷島に追放する処分としたが、鎌倉から送られた（『吾妻鏡』）。追放処分は、幕府侍所の奉行人や下部が実施したであろうが、蝦夷への出入り口に当たる津軽の曽我氏や安藤氏も関与したであろう。曽我光広は得宗被官であるから、鎌倉からの案内人となっていた。したがって曽我氏の鎌倉関東との往復は頻繁なのであり、鎌倉〜津軽の関銭が免除されていた。幕府は鎌倉にいた曽我与一左衛門（泰光）の奥州下向につき、人間二十人・馬五匹の関銭免除の特権を与えていが（年欠（正応年間）十月十三日兵□□某書状（過所）南部光徹氏南部文書）、この権利も前代（惟重・光広）以来のものであろう。幕府は、曽我氏を通じて、国境地帯の維持を図っているのであり、国家公権を行使していたのである。

曽我氏は、相模・鎌倉を本拠としていたが、その一部は得宗被官として鎌倉〜陸奥を往復していた。これは、畿内に派遣された安東氏と同様の存在であり、国家公権を担う得宗家の使者としての面がある。

第七章　最明寺入道の世界

1　時頼の出家

建長寺の梵鐘

建長七年（一二五五）、時頼出家の前年に、建長寺に梵鐘が完成した。総高二〇八センチメートル余、口径一二四センチメートル余の大きなものである。その鐘銘の文は蘭渓道隆の作った漢文であるが、読み下し文も公表されている（西尾賢隆二〇〇七）。銘の末尾には「建長七年〈乙卯〉二月二十一日、本寺大檀那相模守平朝臣時頼、謹んで千人に勧めて同に（同志として）大器を成す、建長禅寺住持宋沙門道隆謹んで題す」と見える。北条時頼（相模守平朝臣）が千人を結縁して財を集め大器を完成したことが窺われる。鎌倉は、これにより、この鐘の音が流れわたる場となった。銘文は「須弥山の南にある人間界はそれぞれ鐘の音を久しく仏への供養として」と始まるが、鐘音が仏法の声として、鎌倉中に響くという。また「（鐘の音は）東に夜明けの月を迎え、西に夕

建長寺梵鐘（神奈川県鎌倉市）

日を送る」と鎌倉の一日は鐘音とともにあること、さらに「大きな鐘を鋳造するのに千人の信者の講を結成し、高く釣った鐘を盛んに鳴らし、世界の安泰を鎮護する」。鎌倉の平穏な一日が世界の安泰につながることを願い、文章の最後には「上は宗尊親王を寿ぎ、民が豊かで年々稔り、天地が長久でありますように」という。将軍宗尊親王を仰ぎ、豊かな民、天地長久を願う。それを、北条時頼が民を結集して、梵鐘の作製として、実現したのである。

時頼は蘭渓との交流のもとで、国土安泰、万民快楽の仏法を知ったのであり、為政者としても禅の理解を一層深めたいという思いを強くしていた。

連署重時の出家

時頼は康元元年（一二五六）十一月に出家した。三十歳の若さであったが、この時頼出家の前に、妻の父である重時が出家していた。重時は連署として時頼とともに幕府を主導していたが、この時三月十一日出家した（法名観覚）。九年近く連署にあったが、五十九歳の年齢であり、辞職を考えていた。後任には時頼の信頼厚い政村が就いたが、重時の弟である。また六波羅北殿である北条長時（重時の嫡子）が京都を発ち鎌倉に下向し（三月二十七日に鎌倉着）、替わって時茂（長時の弟＝重時の三男）が四月十三日に京都に向かった（森幸夫二〇〇九）。

いっぽう時頼は、早くに（数え四歳）父時定を亡くし、京都から鎌倉に戻っていっしょに育った兄経時は執権となって四年後に二十二歳で死去していた。さらに妹で将軍頼嗣の室となった檜皮姫も宝治合戦の直前に死去した。

この年（康元元）の秋、幕府では赤斑瘡（皮膚病）が流行した。将軍宗尊は八月に罹り、二十六日には鶴岡別当隆弁に祈禱させた。時頼は九月十五日に発症し、女子（重時の娘の子）も翌日（十六日）、赤斑瘡が現れた。流行性が見えるので、細菌性かもしれない。幕府ではさらに、越後守（金沢実時）の妻も九月二十八日に発症し、問注所執事三善康連は病気危急となり十月三日死去した（三善の場合も赤斑瘡の可能性がある）。時頼の女子は病状が悪化し、十月十三日に死去した。日頃から祈禱を重ねてきたが、効果はなかった。時頼と重時はおおいに落胆したであろう。

出家と禅的教養

十一月二十三日、時頼は最明寺において、蘭渓道隆を戒師として、髪をおろし、出家した。時に三十歳、法名は覚了房道崇。近辺の者は落胆し、結城朝広・同時光・同朝村、三浦光盛・同盛時・同時連、二階堂行泰・同行綱・同行忠らが出家に随った（但し自由との理由で幕府出仕を止められた、『吾妻鏡』）。この出家は、以上のような経緯からみて、重時（観覚）も承知していたものと見られる。

出家の翌年、正嘉元年、時頼（最明寺殿）は、円爾（弁円）から『大明録』の講義を受けた。この書物は中国の僧（宋末の圭堂）の著作であるが禅修行の心得を説き、儒教・仏教・道教の言説を踏まえたものであったが、円爾が宋にて師（無準）より与えられたものである（原田正俊二〇一四）。この『大明録』は大部の漢文書物であるが、和・漢の両方を理解する円爾は時頼に解りやすく講じたであろう。金沢文庫にも残る「明心」という書物は、『大明録』の抄録の和本であるが、円爾が時頼に説いたのはこの抄録ではないかとの指摘もある（古瀬珠美二〇一七）。そこには密教や浄土系の文言（用語）も見えるので、時頼への説明に配慮があったものと思われる。時頼は禅の純粋な世界に没入するにも、それまで教えられていた仏教語を媒介に、禅の修行に入っていた。

2 幕政とは距離

執権職は長時に譲る

時頼は出家の直前の前日（二十二日）、幕府執権を辞し、北条長時に譲った。同時に北条得宗家が継承してきた武蔵国務、侍所別当、鎌倉第をも長時に預けた。時頼の嫡子である時宗（正寿丸）はこの時六歳（数え歳）であり、幼稚なので、長時を「眼代」として後見させたのであると言われる（『吾妻鏡』）。

北条長時は、時頼が信頼していた六波羅北方・幕府連署を歴任した重時の嫡子であり、六波羅・京都での活動が好評であった。宝治合戦では直前に鎌倉に入り、父の意図を実現していた。妻には北条時盛の娘を、宝治合戦の三か月ほど前に、迎えていた。父重時と時頼の力が実現させた婚姻であろう。また時頼は、宝治合戦後に、重時の娘を正妻に迎えているので、長時は妻の兄ということになる。その長時に執権を譲ったのである。

連署は、重時が老齢のため、すでにこの年の三月末に退き、重時の弟の政村に替わっていた。政村は泰時・重時の弟であり、この時、五十二歳であった。高齢であるが、時頼は重時と同様に、信頼していた。幕府正月垸飯の御釼役は、連署就任のこの年まで続けており、政村は幕府垸飯の立役者であった。それは、政村の文事にも見え、とくに和歌に優れた武士として公家にも評価されていて（佐藤智広二〇一六）、鎌倉政界の和歌の指導的位置にいた。

こうして執権長時と連署政村の指導体制が成立したが、これは文永元年の長時の死去まで八年間続いたのである。最明寺殿の後援を得ながら、時宗が執権になるまで幕政を担ったのである。

時宗の成長

時宗は正嘉元年二月二十六日、七歳で元服し、この幕府体制の下で、政治的経験を積んでゆく。翌年（正嘉二、一二五八）正月二十日には将軍御所の昼番衆一番から六番（各十三人）が定められたが、時宗は一番の筆頭に位置づけられた。これは将軍の仰せとして定書形式で発表されたが、相州禅門（時頼）と何度も相談のうえ決められた（『吾妻鏡』）。時宗の成長には時頼の後援があった。

時宗は文応元年（一二六〇）には七月六日と十一月十一日には小侍別当として文書を発給している（金沢実時と連名）。また弘長元年（一二六一）四月には重時の極楽寺第で行われた笠懸では、時頼は鎌倉亭にいた時宗をわざわざ呼び寄せた。この時は笠懸に続いて小笠懸となったが、この芸に疎い人々が多いなかで、時宗は時頼の指示を得ながら、みごとに的を射た。諸人は歓声を上げたが、時宗は馬場末から鎌倉に帰っていった。時宗は見事な馬芸を示したのである。これを指示した時頼も、かつて泰時の指示で、見事な馬芸を発揮して、御家人たちを魅了した（第一章4節）。時頼は時宗にかつての姿を再現させたのである。このとき、極楽寺第から鎌倉亭まで迎えに行ったのが安達泰盛であるが（『吾妻鏡』）、安達泰盛は馬乗りの名手であり（『徒然草』）、時宗も安達に指導されていたのであろう。

こうして時頼は時宗に幕府内での評価を高めさせたが、文応二年（一二六一）の正月七日将軍鶴岡参詣の供奉人を指名する文書の書き方につき子息三人（時宗ら）は特別扱いにすることを要求し、また着座では時宗が兄の上位になるよう指示した（『吾妻鏡』）。この年四月、時宗は泰盛妹（義景の娘）を妻に迎える。時頼は時宗を次の得宗に育てることに努力している。

3　正嘉の飢饉

日蓮の鎌倉入り

時頼の出家から正宗の少年時代、鎌倉は激動に入っていた。そこを舞台として活動した人物に日蓮がいる。日蓮は安房の生まれであるが、比叡山にも登り、法華経など経典の研究に熱心であった。京都や関東で念仏信仰が広がっていることを見聞し、また飢饉の惨状を目の当たりにし、国難を感じ取っていた。「神々が日本から出て行く」との思いが次第に強くなった。

建長八年（一二五六）、日蓮は安房国から鎌倉に入った（寺尾英智二〇二一）。松葉ヶ谷に庵を結び、法華信仰を鎌倉に広めようとした。松葉ヶ谷の地は、名越のなかにあるが、名越の東方の谷四つある場所だという（『新編相模国風土記稿』）。名越にはすでに新善光寺があり、念仏衆の拠点も形成されていたので、日蓮の活動は鎌倉に新しい緊張を生んだ。日蓮は、弘長元年（一二六一）五月伊豆に流される。それまで約五年をおもに鎌倉で過ごし、その間念仏衆との闘争に燃え、また正嘉元年（一二五七）～三年には飢饉（正嘉の飢饉）を体験した。

その間の様子を日蓮は後年つぎのように述べている。「正嘉元年〈太歳乙巳〉八月二十三日戌亥の時、前代に超えたる大地震、同二年八月一日大風、同三年〈己未〉大飢饉、正元元年〈己未〉大疫病、同二年〈庚申〉四季に亘って大疫已まず、萬民既に大半に超えて、死を招き了んぬ、」（『日蓮文集』所収「安国論御勘由来」、岩波文庫、原漢文）。整理すると、

正嘉元年八月二十三日　大地震
同二年八月一日　大風
同三年　大飢饉
正元元年（正嘉三年改元）　大疫病
正元二年　四季に亘り疫病がつづく

となる。この災害を日蓮自身が直接経験したかどうかは分からない（見聞もあろう）。このうち正嘉元年八月二十三日の地震は『吾妻鏡』には見えないが、「年代記抄節」（国立公文書館）に「正嘉元年、

大旱、地震、疫病、人民餓死無数」と見えるのが該当しよう。正嘉二年八月一日の大風は『吾妻鏡』同日条にも「暴風烈しく吹く、甚雨昏黒が天顔快晴を渡るごとし」と見える。急な大風であり、台風かと思われる（この風は越後でも吹いた）。

正嘉に入り、鎌倉は建長年間の比較的平和な時期を過ぎて、気候も社会も激動に入ろうとしていた。実は建長五年には「盗賊・疫病・飢饉（三災）」を除くための神符が仙洞（後嵯峨上皇）から幕府に送られていた（『吾妻鏡』五月四日条）。この神符本文を『吾妻鏡』はわざわざ掲載しているが、この盗賊・疫病・飢饉の三災に鎌倉も襲われることを意識したものであろう。

また日蓮は記していないが、正嘉元年の鎌倉の夏は炎旱であった（藤木久志二〇〇七）。日照りが続いたのであった。幕府でも七月一日に加賀法印が雨を求める祈禱をしている（『吾妻鏡』）。これが翌年には夏の異常冷温となり、大飢饉となった。日蓮は飢饉の鎌倉で人々と窮状をともにし、窮状の原因が念仏・禅に傾倒する幕府（時頼を含めて）にあると認識し、文応元年（一二六〇）七月、宿屋入道最信に付して、『立正安国論』を提出する。鎌倉は、激しく緊迫感にみちた場となり、八月には日蓮の草庵が襲撃された。

カツオの食用化

飢饉・飢餓の状況のなか、鎌倉の海では鰹があげられるようになった。『徒然草』百十九段には「鎌倉の海に鰹という魚は、かの境にはさうなき物にて、此比もてなす物なり」と見えて、兼好法師の滞在期間には、鰹が食用に利用されるようになったことが分かる。続いて引用される鎌倉の年寄（古老）の話には「これ魚、をのれらが若かりし世までは、はかぐ〳〵しき人の前へ出づること侍らざりき。頭は下部も食はず、切りて捨て侍し物なり」とあり、一世代前までは（若かりし頃）然るべき人に出すことはしなかったし、頭部などは下部でも食べなかったことが分かる。それが兼好法師滞在の一世代前、時頼時代に、鰹が食用になり、然るべき人（武士など）の食用に提供されるようになった。下部（庶民）などは今では頭まで食すようになったが以前は捨てられていたという。

鎌倉周辺では、伊豆半島で鰹漁が盛んであり、鰹節は古墳時代から作られ上納されていたが、鎌倉前期に鰹船が動いていたという。伊豆下之神社文書の建暦元年（一二一一）七月十八日北条時政袖判下文（『鎌倉遺文』第四巻）では供菜奉納の鰹船二艘が幕府により公認されている。この文書は後世に作成されたものであるが、諸国古文書抄にも伊豆加茂郡松崎村唐明神神主と同村百姓の所蔵文書として採録されている（東京大学史料編纂所公開画像）。伊豆の鰹船は江戸時代まで続く免許の出発点を鎌倉前期にまで遡ると伝承している。

西伊豆の鰹漁は「鰹船」という公式船になっていたかは怪しいが、鎌倉時代に遡ると見ていいのではないだろうか。西伊豆では鰹節のほか、塩鰹が昭和三十年代には生産されていた（株式会社田子丸ホームページ）。船上でワタをとり塩漬にし、陸揚げ後に水洗いし再び海水を煮たてた塩水で漬け込むという（塩鰹の画像は静岡県西伊豆町の公式ホームページにも掲載されている）。鎌倉時代がどういうものか不明だが、製塩中の荒い塩水に漬けたものだろうか。伊豆のほか、下総でも、香取神宮では「鰹五十連」が地鎮祭の供菜の一つに宛てられており（文永三年正月日、『鎌倉遺文』十三巻）、房総半島での鰹漁

正月用の塩鰹（西伊豆町ホームページ）

がうかがえる。関東の海岸部では鰹漁が広がっていたと考えられる。

鰹は『庭訓往来』（五月状）に「削物は干鰹・円鮑・干蛸・魚躬・煎海鼠、生物は……」と見えて、干鰹が削り物の一つとしてされていたが、その前提には干鰹を水でもどして利用されていたと思う。香取神社に奉納された鰹五十連は塩鰹を干して棒で巻き連ねたものであろうか。

『徒然草』の記述からは、時頼の時代に、鎌倉の海であがる鰹を食用にするようになったと推定できる。はかばかしき人も下部も食するようになったのである。捕った鰹をすぐに食べるのではなく、塩漬けにして、一定期間の保存が想定できる。背景には正嘉の飢饉という飢餓状況が見える。

京都では死人を喰らう

京都でも同様であった。天変地異は改元の理由となった記述に見える。建長から康元への改元は「赤斑瘡」流行、康元から正嘉への改元は「火災」、正嘉から正元は「疾病・飢饉・地震」が、それぞれ契機であった（『皇年代記略記』、『新稿群書類従二』）。正嘉の始まりとなった火災では官庁（太政官）が被災した。

正嘉元年の京都では、夏に大雨となり、鴨川が大洪水に見舞われた。後嵯峨院に仕える吉田経俊は、五月五日・六日は洪水のため出仕できなかった。鴨川辺の小屋が大略は流されてしまったが、このような洪水はいまだかつて覚悟していないとの古老の発言を日記に書いている（『経俊卿記』）。洪水は八日にはようやく引いて参院できたが、日吉神社の小五月会は延期となった。

正嘉二年になると、初秋に霖雨がつづき（六月十五日軒廊御卜）、「歴仁以来年代記」（大日本史料稿本第五編引用）には「正嘉二、六月寒冷は二三月の例の如し、仍て五穀熟さず、天下一同」と見える。京都・畿内などでは六月に二月三月のような寒冷気候が襲って、農作物が実らないという。これは食料の欠乏をみちびく。

正嘉三年は「五代帝王物語」（『新稿群書類従二』）が「正嘉三年の春比より、世のなかに疫病おひた丶しくはやりて下臈ともハやまぬ《（病ぬ）》家なし、川原なとハ路もなきほとに死骸みちて浅ましき事にて侍りき、崇神天皇の御代昔の例にも劣らすやなりなん、飢饉もけしからぬ事にて、諸国七道の民もおほく死亡せしかハ、三月廿六比改元ありて正元と改める、」と記述している。春に疫病が流行し、河原（鴨川）に死骸が充満しているという。また全国的に飢饉となっていて人民が多数死亡しているという。前年の飢饉が春に現れたのである。「五代帝王物語」は先の文に続けて京都に人食いが現れたと記す。すなわち「正月上旬の比、死人を喰ふ小尼（公）出来て、よろづの所にて喰ふといふほどに十四五計なる小尼、内野より朱雀の大路を南ざまへ行とてまさに死人の上に乗ゐて、むしり喰、目もあれたれぬぞ有ける。童部しりさまに立て打さいなめば、鳥羽の方へまかりける後はいかがなりぬらん。此後少ハしつまりたりとハ申しかども、七月ばかりまては猶なごりもありしやらん」。十四・十五歳の小尼が内野（内裏）から朱雀大路を南方面に行きながら、路上に横たわる死人に馬乗りになり、むしり喰った、というのである。

こうした異常事態が現出したが、この食人の話は公卿の日記にも記されている。中級貴族の吉田経俊の日記にも、正元元年五月八日条に「近日死人を食する小尼あり、希代の珍事なり、昨日城外に追うと云々、十三四ばかりの尼なり、食せしむるの体、耳目の及ぶところにあらず」と見える（『経俊卿記』）。十三四歳の小尼が死人を食して城外（都の外）に追放されたという。吉田経俊は食する様子がどのようであったかは、聞き及ばなかったというが、この噂は相当程度広がっていたと見られる。それだけに、死人が続出し、それを食す者が出現したとしても、さもあらんと思われたのである。京都では、この後、秋には病は収まったという（「五大帝王物語」）。

正嘉二年の時頼主催の仏事

正嘉二年、時頼（道崇）は二月と三月、故経時の仏事を営んだ。出家から二年目であるが、経時の十三年忌にあたる。二月十三日には最明寺にて「中武州（経時）十三年後追福」として七ヶ日にわたる五種行を始めた。「五種行」は五種類の施物を供えると考えられ、兄の追善供養に工夫をこらした。このことを記述する『吾妻鏡』は僧の参加を記すことなく、相州禅室（時頼・道崇）が「法主」として丁寧におこなった、と言う。最明寺は時頼の私邸であるから、北条氏の私の儀として、自ら儀を進めたのである。

三月二十三日には、経時の「十三年仏事」として、佐々目谷にある塔婆を供養した。こちらには寿福寺長老の朗誉が導師として参加した（『吾妻鏡』）。佐々目谷の塔婆（墓地）にての十三年忌法要を営んだのである。十三年忌は三十三年忌とともに、鎌倉時代に見えるようになるが（北条政子十三年忌辰）、鎌倉後期になると増加する（『鎌倉遺文』）。導師の朗誉は栄西の弟子であり、上野国長楽寺の栄朝の法をうけていた。このような墓前での追善供養は、そこに眠る故人の菩提を弔う行為であろう。

この三月には、二十日にも、泰時妻（三浦氏女）の三年忌が建長寺にて営まれたが、そこには時頼（道崇）・時宗・長時が参加し、導師は蘭渓道隆であった。こちらの方が規模が大きいが、祖父（泰時）の妻は時頼の大叔母に当たる。滅ぼした三浦氏を宥める意味もあろうかと思われる。

ところが、夏となると、鎌倉は異常な事態が出現した。四月二十二日に地震が起こり、六月には前述した寒気が襲来し、先のような天候異変となったのである。

4　鎌倉・山ノ内と最明寺の営み

山ノ内の証菩提寺

建長二年四月十六日、幕府は証菩提寺住持の要請に基づいて破損修理の土木作業を急ぐよう命じた（『吾妻鏡』）。証菩提寺は源平合戦で死去した佐奈田余一義忠の菩提を弔うために頼朝が建久八年に建立していた。阿弥陀三尊は平安末期の作であり、ここには以前から寺院があったのを、頼朝により証菩提寺となり、四至も定められ殺生禁断の地となった（『大日本史料』建久八年）。

山内庄はもともと山内首藤氏の所領であったが、召し離され、幕府領となり、将軍が狩や遊覧に出かける場となった。また交通の要衝でもあり、往反の諸人のために「百ヶ日温室」を催してもいる（『吾妻鏡』建久三年三月三十日）。山内庄を預けられていた土肥氏は建暦三年の和田合戦では和田方に付き、山内庄は北条義時の所領となった（同）。以後、代々北条氏本家（得宗家）の所領となった。元仁元年（一二二四）執権となった泰時は、義時から山内庄を引き継いだが、この年の疫病流行には、十二月二十六日、四角四境鬼気祭をおこなった。その境とは東は六浦、西は稲村、北は山内であった。また泰時の妻・子女は山ノ内で仏事を行っている。泰時の娘（小菅谷殿）は嘉禎元年（一二三五）八月に山内本郷に新阿弥陀堂を建立し翌年八月供養した（『新編相模国風土記稿』）。同三年には泰時が妻（三浦泰村娘）の母尼（大津尼）の追福のため山内墳墓に一宇を建立し供養した（『吾妻鏡』）。泰時の死後は、経時・時頼も泰時所縁の山ノ内で追善供養の仏事を行う。寛元元年六月十五日には「山内粟船御堂」（大船常楽寺）で行われたが、泰時が妻の母尼の追善に建立した堂は得宗家に継承されて行く。

山ノ内は、鎌倉郊外の山嶺地でもあり、将軍が自然に触れる場となっていた。建仁二年二月には雪が七寸も積もった山ノ内で将軍頼家は鷹狩をおこない、建仁元年正月には北条経時が山内を逍遥し雉・兎を得ている。山ノ内での時頼活動の記事は『吾妻鏡』には見えないが、泰時邸に住んでいたのであり、武芸に耐える基礎体力を鍛錬する場としていたと想像できる。

この山ノ内と鎌倉（雪ノ下）結ぶ道が造成される。仁治元年十月には「山内道路」の造営が泰時から命じられ、安藤藤内左衛門尉が担当奉行となった。翌年には泰時も巨福礼《こぶくろ》に別邸を持った。山ノ内が鎌倉と結び付けられ、得宗家の本拠地となってゆくのである。

最明寺の造営

建長八年（康元元年）七月十七日、将軍（宗尊）は初めて時頼建立の最明寺に参じた。この堂舎（最明寺）の建立はこの少し前であろう。最明寺の位置は、現在の円覚寺惣門の南西、東慶寺の前のあたり、と考えられる（『神奈川県の地名』平凡社）。寺院の近くには時頼の住まい（相州御亭）も立てられていた。この時も、将軍は仏像に礼した（手を合わせ祈る）後、そこに入り和歌御会を催し、この日は逗留した（帰りは翌日）。将軍の最明寺訪問は、他への御行と同様に、先陣護衛（十二騎）・車護衛（二十人）・劔持・後供奉（二十二人）という規模であった。これを迎える時頼側は、時頼が重時とともに堂前に出て迎え、北条朝直・同時直ら五人が加わったが、宗尊親王は本尊に礼したのち時頼亭に入ったという（『吾妻鏡』）。ここには将軍が御成りするに、迎える側と訪問する側との礼儀が認められるが、そうした光景が最明寺を場として演出された。

翌年の正嘉元年（一二五七）六月にも将軍は、時宗の山内泉亭に行き、遊宴し、翌日には最明寺に逗留し蹴鞠を行っている。最明寺は堂舎だけでなく、時頼亭、時宗亭（泉亭）が並び立っていたことが分かる。

最明寺第・山内亭の薬湯

弘長元年九月十九日、御息所（将軍宗尊親王の御台）は、翌日、服薬のため、山内亭に出かけることとなり、供奉人が決められた。服薬は「蒜」（ヒル）という（『吾妻鏡』）。そして二十日には「最明寺御第」に入り、暫く留まることとなったが、それは「ご服薬、ご薬湯等のため」であるという。蒜は、現在でも野蒜《のびる》などとして食用にするが、服薬には乾燥し煎じたも

最明寺北亭の梅（法然上人絵伝）
（『北条時頼とその時代』鎌倉国宝館，2013年）

のを用いるであろう。鎌倉末期公家では「蒜酒を服す」という例も見えるから（『実躬卿記』徳治元年十一月十八日）、乾燥させた蒜を煎じて酒に入れて飲むこともあった。また薬湯には乾燥したものを湯に入れたであろう。この将軍御息所も暫くの間滞在しているから、繰り返し、薬湯にはいり、また服薬したであろう。

最明寺殿の第が所在する山ノ内は、山野に囲まれた地であり、蒜をはじめ種々の薬草が生育していたであろう。ただ連日湯に入れるには相当の量が必要であるから、庭に植えていたものとも思う。蒜は瘡《かさ》に効用があるという。『喫茶養生記』（群書類従十九）にも「瘡の治療に蒜」と見える。煎じて飲んだものであろう。幕府では赤斑瘡が流行っていたこともあり、服薬と薬湯は人気があっただろう。山ノ内の最明寺域には、蒜をはじめ、薬草が栽培されていたであろう。

山ノ内は山野に囲まれ、夏・冬の寒暖差もあり、植生は豊かであったと思われる。最明寺の時頼亭には梅も植えられていた。宗尊親王が時頼死去後に「最明寺の旧跡の梅」の花の枝を思い出し「心なき物なりなから墨染に咲かぬもつらし宿の梅かえ」との和歌を作っている（瓊玉和歌集巻十）。時頼を偲ぶ梅（樹木）が植えられていて、花が盛んに咲くようになっていた。『法然上人絵伝』（知恩院蔵）の時頼往生の場面では、最明寺北亭の庭に太い幹の梅が描かれている。これも時頼と梅の親しみある関係を示すものである。梅の木は最明寺建立の時に植えられたものであろう。

鎌倉の武士宅

鎌倉に住む御家人などは、館の中に畠をつくり、樹木を植えていた。『徒然草』（二二四段）には、鎌倉から都に上ってきた陰陽師の有宗入道という人物が「この庭はただ広いばかりで、あさましい、あり得ないことだ、道を知るものならば植えることに励むことだ、庭のなかには細い道を一つだけ残して畠をつくるように」と言った。京都の住居が庭ばかりであって、無益だと非難したのである。これを聞いた兼好法師は「わずかな土地だが、何もしないでおくことは無益だから、食べ物、薬種を植えるのがいいだろう」と書いている。

兼好法師も鎌倉に滞在していた時のことを思い出して、こう書いたのであろう。庭に食べ物を作るとは、寛喜・正嘉の飢饉を経験していた京都人の智慧であろう。また薬種がいいというのは、おそらく鎌倉での見聞であろう。鎌倉の武家や寺社の人々は宅内に梅などの樹木と各種の薬草を植えていたと思われる。少し後の事例であるが、忍性は文永二年に極楽寺に入ったが、山野に菓子・薬種を植えたという（「性公大徳譜」）。これが病人に施す薬のもととなったのである。

山ノ内の最明寺も、周囲の山野を含めて、薬草を採集・栽培できる地である。将軍家御台がたびたび訪れて療養したということは、幕府の女房たち、北条氏一族の体調回復の場となったことであろう。最明寺の意義は政治的に限られるものではない。

5　鎌倉の刀鍛冶と名刀伝承

鎌倉の山ノ内は刀鍛冶の場でもあった。本間薫山（順治）は「粟田口國綱が建長頃、北条時頼に召されて鎌倉に来た」と述べている（本間薫山一九五八）。これは刀剣書『銘尽』の記事をもとにしているが、相州流をはじめ全国の刀剣の現物を実見している著者の記述であり、尊重されるべきである。時頼の時代に鎌倉で刀剣が始まったとの伝承の背景にはどのような事実関係があるのか、古文書をもとにした考察があっていいと思う。以下の文章は多少考証的になるが、鎌倉刀鍛冶に関する文献学的検討を試みたい。

鎌倉の刀鍛冶

鎌倉での刀鍛冶が窺われる良質な史料の初見は、正応六年（一二九二）五月二十五日の鎌倉弥次郎等預銭請取案（東大寺文書、未成巻文書、『鎌倉遺文』二十三巻）であろう。時頼の時代からは三〇年ほど後のものであるが、刀剣関連史料としては検討されたことがないので紹介したい。

「鎌倉弥次郎等請取案」（端裏）
かくしやうハうの御てよりあつかるせにの事
　合九十一貫七百文
たしかにあつかりまいらせ候ぬ

正応六年五月廿五日　　　　いや次郎在ー
　　　　　　　　　　　　とくわう入道在ー
　　　　　　　　　　　　よこ三郎在ー

五月十日かたなのに四た、たしかにうけとりまいらせ候ぬ、
かくしやうの御房のてより
正応六年五月廿五日　　　　いや次郎在ー

詳しい吟味は避けるが、簡単に述べる。文書の前半は「いや次郎・とくわう入道・よこ三郎」の三人が連署して、「かくしやうのハう」（覚性房カ）から銭九十一貫七百文を受け取ったことを報告している。後半は「いや次郎」が「かくしやうの御房」より「かたなのに四た」（刀の荷四駄）を受け取ったことを報告する。報告の相手は、この文書が残されている東大寺の関係者であろう。

文書の前半は銭九十一貫七百文を三人で預かったこと、後半はいや次郎（端裏書では弥次郎）が一人で刀荷を受け取ったことが示している。この二つの文書が案文として残るのは、受け取った東大寺側が二通を一紙に写し取ったものと考えられている（井原今朝男二〇一七）。

文書の後半に見えることは、弥次郎がかくしやう房（覚性房カ）より直接に刀を受け取っている。その刀は「かたなのに四駄」と表現されていて、荷であり、四駄である。駄馬の背に付けられた荷である。この受取状が東大寺に送付されていることは、その刀荷が奈良・東大寺からの荷であることを

示すが、「五月十日かたなのに四た」と見えるから五月十日に出している。鎌倉で二十五日に受け取っているので、十五日ほどかかっている。

刀が荷として駄馬に乗せられて来ているから、この刀は完成品とは考えられない。刀の半製品であろう。奈良で打った刀の中途品が何本も束ねられ、袋に入れられ、馬に付けられて、鎌倉まで運ばれてきた。こうしたことを、この文書は示している。東大寺のなかに刀を打つ者がいたことは『銘尽』のなかにも見える。東大寺でも刀の半製品を周辺から集めて、最終打ち（仕上げ）を東大寺出入り職人が行っていたのであろう。刀剣の原材料となる鉄を生産する大鍛冶は、鎌倉にあったかもしれないが、その比重は大きくない、と考えていい。鎌倉では大和の技術を受け入れる形で刀鍛冶が正応年間（十三世紀末）前までにに始まっていたことが確認できるのである。

山ノ内の刀鍛冶

奈良からの刀荷を受け取った弥次郎は「鎌倉弥次郎」（端裏書）と書かれているので、鎌倉中（雪ノ下カ）の人物であろう。また山ノ内で刀鍛冶が鎌倉末期には始まっていたことを考えさせる史料もある。建武二年（一三三五）三月十八日坪付注文（証菩提寺文書、『神奈川県史資料編古代中世Ⅲ』三二〇五号）であるが、冒頭に「相模國山内本郷新阿弥陀堂供僧以下料田坪付事」とあるように、相模国山内本郷に所在した新阿弥陀堂の供僧たちの所有する田地の書き上げである。この相模国山内本郷は建長寺の所在する山ノ内に違いない。そこの新阿弥陀堂には平安末期の阿弥陀三尊像と鎌倉期前半の本尊阿弥陀像が残っている（『神奈川県の地名』平凡社）。

この坪付注文は、僧（三人）・承仕（二人）・下部（一人）に分けて記載されているが、僧の大夫法師昭弁分（二町）に「一町加治谷口」、三位律師実修分（二町）に「三段鍛治谷」、下部の鏡法分（一町）に「二段加治谷口」の記載が見える。山内本郷に「鍛治谷口」「鍛治谷」という地字が存在したことが確かめられる。これは鍛治を行う谷地であろう。ただこれは建武二年であり、時頼の時期とは六十年ほど隔たっている。

この坪付に見える田地を所有する者の中には、承仕のなかに「道円跡」という記載も見えて、道円の跡を継承した者もいる。鍛治谷口二段を持つ下部の鏡法は、他の僧・承仕が屋敷を持つのに対して、屋敷記載がなく、道円跡の下部として扱われている。したがって下部鏡法は前代から存在であり、鍛治谷口に田を持っていたと考えられる。正安年間（一三〇〇年頃）までは遡らせていい。

また山内本郷の新阿弥陀堂であるが、北条泰時の息女（小菅谷殿）が文暦二年（嘉禎元年、一二三五）に証菩提寺に建立したと伝えられる（新編相模国風土記稿、「鶴岡社務職次第」）。証菩提寺は頼朝期の建立であるが、泰時期に息女が新阿弥陀堂を建立したが（第七章4節）、それ以後中心が本堂から移って、本堂は荒れていたのである。建長二年四月十六日に住持が修理沙汰を幕府に要請していたが（『吾妻鏡』）、これは執権時頼の時期である。証菩提寺は泰時以来、山ノ内にも亭を持ち、山内庄を得宗領化しつつある北条氏との縁を頼ったのであろう（湯山学一九九九）。したがって新阿弥陀堂には供僧が鎌倉中期より存在しており、その料田が山内本郷に分布していたことは十分に考えられる。建武二年に見える供僧田は鎌倉後期には遡るだろう（鍛治谷口の田も）。

また坪付の地字には鍛治谷口のほか、白山堂も見える。例えば讃岐僧都行弁分（二町）の「四段白

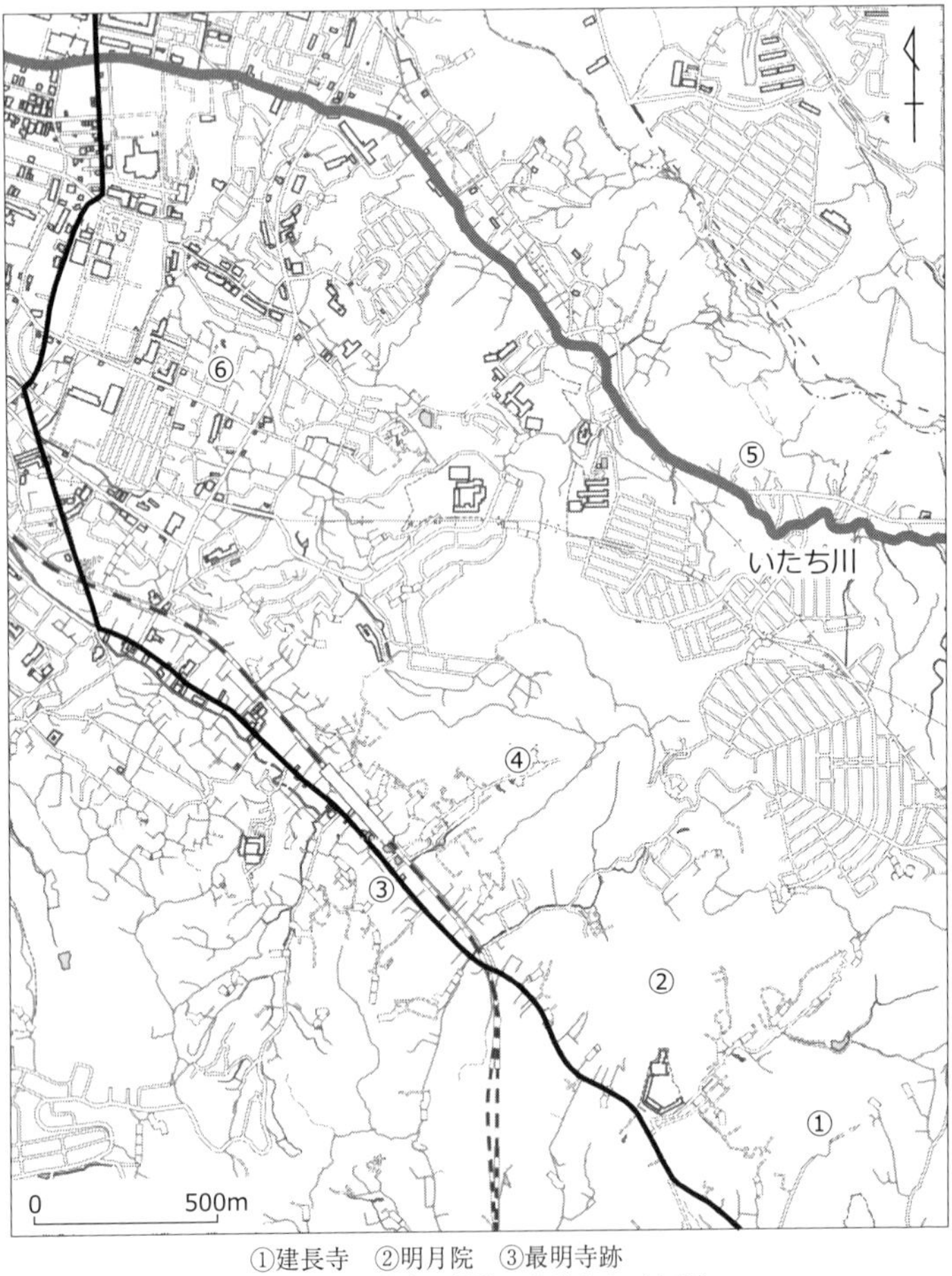

①建長寺　②明月院　③最明寺跡
④円覚寺　⑤白山神社　⑥常楽寺（大船）
（背景地図：地理院地図Vectorを利用）

山ノ内　地図（作成：山本・武田）

山堂」があり、もう一筆「二段白山堂」（道円跡分）がある。白山神社は鍛冶と関連深いと言われている。間宮光治も指摘しているが、証菩提寺・新阿弥陀堂の近くにも白山神社がある（間宮光治一九八八）。新阿弥陀堂と白山堂は近しい関係のあると思われる。ここの供僧は密教も兼修していたと思われ、鍛冶とも関係あろう。

このように、信頼できる史料から順番に検討してみると、『銘尽』の記事も参考になる。『銘尽観智院本』（国会図書館デジタルコレクション）の諸国鍛冶之銘に「（國末）来《らい》孫太郎入道之三男、来三郎かまくらのひきのやつ《（鎌倉比企谷）》にちうす……」、「（画、助綱）あわた口、ほ□（う）《（法光寺殿）》くわうし殿御代めし下され……」と見えて、来氏の三郎が鎌倉比企谷に住したといい、また山城国粟田口本拠の助綱は北条時宗（法光寺殿）に召されて鎌倉に下ったという。次に『古刀銘尽大全8』（国会図書館デジタルコレクション）の粟田物系図に「國綱〈同子、薫六左近将監、隠岐國番カヂ、長寛元生、建長七死、九十三才、相州下山内住、四十二才ノトキ二藤六左近入道ト云、北条時頼鬼丸ノ作人ナリ〉」とある。細かなことは不詳だが、相州に下り山内に住したこと、北条時頼の鬼丸の作者という。相州山内に住したことは、その弟子（眞國）も「相州住、弘安ノコロ……」と注記され、山内で刀鍛冶を続けたと伝える。このうち、國綱が北条時頼所有の鬼丸の作者との記述は、南北朝期に見える北条氏伝来の名刀鬼丸伝承を取り入れたのであろう。

北条氏の名刀伝承

北条氏、とくに得宗に名刀が相伝されてきたという伝承がおおく見える。まず『太平記』（巻三十二　直冬上洛ノ事〈付〉鬼丸鬼切ノ事）には「源平累代ノ重宝ニ鬼丸・鬼切ト云二振ノ太刀」（源平累代の重宝である鬼切と鬼丸の二振りの太刀）のうち、鬼丸は天下を執った北条時政が病を受けた際に使用し除去して、その後は「鬼丸ト名付テ、高時ノ代ニ至マデ身ヲ不放守リト成テ平氏ノ嫡家ニ伝リケリ」と記述する。平氏（北条氏）嫡家に伝わったという。泰時―時頼―時宗―貞時―高時と伝わってきたということを暗示している。

鬼丸という名刀があることは、日蓮の時代には、鎌倉で流布していた（後述）。得宗家には、他の名刀も集まった。弘安九年十二月五日に、北条貞時は、頼朝が上洛した時に所持していた劔が、前年の安達氏討伐の際に出てきたとして、赤地錦袋に入れて法華堂に籠めた（相州文書所収法華堂文書、『鎌倉遺文』二十一巻）。北条得宗家に名刀が集積されていたことは事実としてあり、それをもとにした伝承が生まれたと考えられる。

鎌倉での刀剣の流通

文永十一年二月二十一日、佐渡に流罪中の日蓮は、弥源太殿宛に書状を書いた（日蓮聖人遺文、『鎌倉遺文』十五巻）。幕府では直前の十四日に赦免状を出したが、佐渡に届いたのは翌月八日である。その流罪中の日蓮のもとに、弥源太殿は祈禱のために太刀・刀を二振り送っていた。この書状はその返事であるが、送られてきた太刀について、日蓮は「此太刀はしかるへきかち《然るべき鍛冶》作候歟と覚候」と書き、天國・鬼切・八劔のようだ（名刀）、と書いている。名刀としての鬼切を知っていたのである。送り主の弥源太殿も知っていたであろう。弥源太殿はそれほどの太刀と刀を日蓮に送ったのである。

弥源太（名字は不明）は、日蓮の書状では、文永年間の幕府（北条時宗、平頼綱）と日蓮を媒介する人物として、宿屋入道最信とともに登場する（文永五年十月十一日書状）。また弟子たちに法華経が第一だと伝えるに弥源太殿を宛所にしている（文永十一年九月十七日書状）。弥源太は鎌倉に住み、幕府実力者との繋がりを持つ人物である。その弥源太殿が日蓮に送った鬼切まがいの太刀や刀は、鎌倉で入手したものであろう。弥源太の周囲に刀鍛冶がいたのかも知れないが、それだけでは名刀は入手できない。鎌倉ではかなりの量の太刀・刀が流通していたと考えなければならない。文永年間、日蓮の時代、鎌倉では刀剣（太刀・刀）は相当量が流通していたことは確かである。それを支える生産もあったであろう（もちろん鎌倉外部から完成品の流入もあろう）。

鎌倉市中の刀鍛冶

鎌倉に居住する御家人が市中に所有する所領の一部を鍛冶職人に付与していたと考えられる例もある。海老名氏の所領相伝文書は四通ほど確認できるが、弘安九年九月二十一日譲状に見える屋敷の一つが「新藤三垣内鍛冶免」であり、それは建武元年十二月十三日譲状の「鎌倉大町の松浦の前の谷地」に該当するらしい（小島つとむ二〇一五）。ここから御家人海老名氏が抱える刀鍛冶が鎌倉大町に工房を営んでいたと想像できる。こうした刀鍛冶職人は、主人の需要に応えるように存在していたが、広い需要にも応じていたものと思える。鎌倉には、名刀から粗悪品まで、各種の刀が流通していたと思われる。北条得宗（時頼）も山城粟田口から国綱系の職人を呼び寄せていたとの伝承が生まれる現実は存在していた。

6　高僧との出会い

立正安国論を受け取る

鎌倉・東国の悲惨な状況を見聞した日蓮は、駿河国実相寺に籠り種々の経巻を勘見して、国主を諫めるべく「立正安国論」を著し、文応元年（一二六〇）、最明寺殿に進献した。出家から二年を経ていた最明寺殿（時頼）は宿屋入道を介して受け取った。宿屋入道は日蓮関係の史料によく見える人物であり、日蓮の理解者であった。いっぽう幕府の役人（奉行人）でもあったが、時頼（得宗）に仕えていた。幕府関係の史料には最明寺殿が「立正安国論」を受け取ったという記述は見つからないが、宿屋入道が得宗の被官であるので、その縁を媒介にしたのであろう。この時の場面を描く『日蓮聖人註画讃』からは巻物のように見える（次頁）。

この書物は念仏・禅を激しく非難しているので、鎌倉では名越の念仏衆らとの対立が激化した。弘長元年（一二六一）五月十二日には名越で日蓮信者と念仏衆との間に武力闘争があり、松葉ヶ谷の日蓮草庵も襲われ、翌日（十三日）に日蓮は伊豆流罪となった（高木豊一九八四）。日蓮の松葉ヶ谷法難と流罪については、寺尾英智が高木論文の詳しい考証に賛同して、五月十二日襲撃・十三日流罪と指摘している（寺尾英智二〇二一）。その寺尾論文は十二日の武力襲撃を記述する『論談敵対御書』の関係部分を写真とともに紹介しているが、それによれば、善光寺僧（道阿弥陀仏・長安寺能安）を中心にした国々の地頭等が昼夜に私宅を打ったり、杖木・刀杖をかざしたりしていたが、ついに去年（文応元

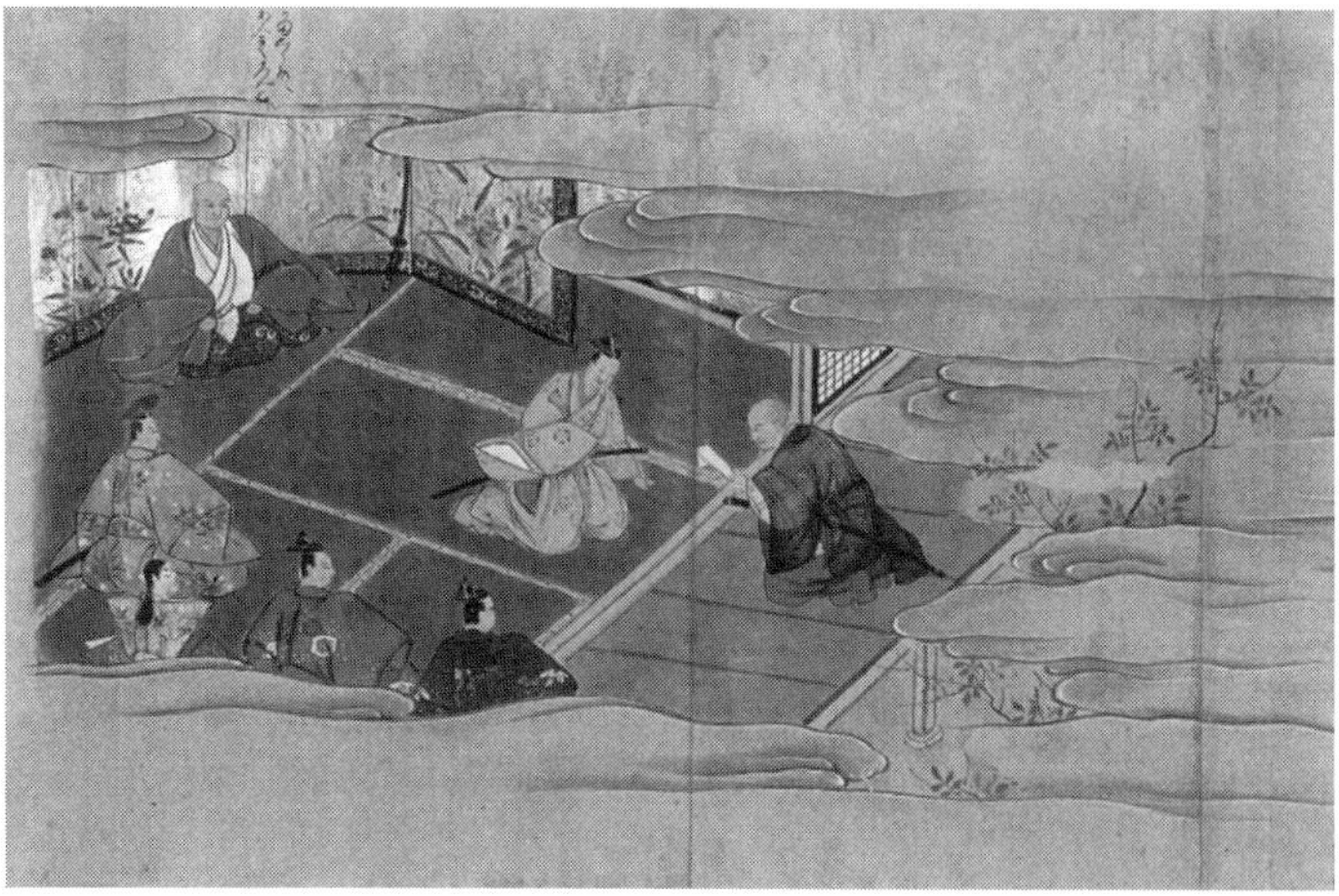

日蓮聖人註画讃　宿屋入道が「立正安国論」を時頼に渡す
（『鎌倉の日蓮聖人』神奈川県立歴史博物館，2009年）

年）「五月十二日戌時に、念仏者並に塗師・剛師・雑人等」が襲ってきたという。日蓮が草庵を襲ってきた人達を、念仏衆と塗師・剛師・雑人と指摘したのは、名越の新善光寺の僧と職人たちを知っていたからであろう。塗師・剛師・雑人は日蓮側からも布教の対象であったと考えられ、これらに人々の帰属をめぐり、阿弥陀衆と日蓮信者の争いが激化していた。新興都市鎌倉には職人・雑業層が集まっていた。法然門下の然阿・良忠が仁治元年下総から鎌倉に入った時、こうした人々が同行していたことが見える（玉山成元一九八六）。

最明寺殿が「立正安国論」を受け取り、日蓮に一程度の理解を示したのは、幕府関係者のなかに日蓮に近い関係者（宿屋氏など）がいたためであろうが、最明寺殿自身も国土の窮状を前にして日蓮の考えを知りたいとの思いもあったかと思われる。また親しんできた浄土系の教えと日蓮の説く所を、鎌倉で併存させてみたらどのような展開を見せるのか、興味があった。飢饉・窮状を前にして最明寺殿には、軟な教えでは満足できなかった。

幕府では連署の北条政村が日蓮に理解をもっていた節が見える。日蓮宗関係の史料では、北条政村が非難されていない。日蓮宗の『祖書証議論』では、泰時・時頼は賢人ではなく、執権政村は貞時とともに賢人として扱われている。名越松葉ヶ谷の衝突の時、幕府の執権と連署は長時と政村であった。政村の意向が武力衝突を小規模に止めたとも思われる（日蓮の扱いも流罪で終えた）。奉行人層のなかにいた日蓮理解者も鎮静をはかったであろう。

兀庵普寧を建長寺に招く

最明寺殿と近しかった円爾は、径山《きんざん》の無準会下の縁で、兀庵普寧《ごったんふねい》を日本に呼び寄せた。文応元年（一二六〇）に来日した兀庵は京都建仁寺に入り方丈で普説していたが、その評判を聞いた時頼（最明寺殿）は書面を円爾に送り、兀庵を鎌倉に招き、建長寺二世とした（弘長元年、一二六一）。建長寺に入るに、兀庵は本尊の地蔵菩薩は仏である自分より下位にあると、礼拝しなかったという（納富常夫一九八七）。寺内での面会で時頼（道崇）は兀庵に会えた嬉しさに「弟子（私）は大宋の国で曾て和尚（あなた）を礼拝したことがあります」と言った。心は宋まで行きあなたを礼拝していました、との意味であろう。が、聞いた兀庵は言葉が異常なのを不審に思い、「私の拳頭はまだ硬いぞ」といった（意味不明なことを言うと頭を叩くぞ）。道崇がまた「師の尊年はどのくらいですか」と尋ねると、「六十三」と答えた。道崇は「その年のことではありません」と言ったが、兀庵は「這箇《しゃこ》の年ではない（その意味の年ではない）」と。道宗は言葉を失い、師の拳を三度受け、「師の拳を受けて歓喜無量です」と答えた。兀庵は二度と拳頭を作らせることがないようにと言った。兀庵はこの年、年齢六十三であったが、たんなる生年ではなかったのである。尊年（仏道の年数）と生年とは区別できないという意味であろう。

これ以降、時頼（道宗・最明寺殿）は、中国からの禅僧の兀庵に邂逅し、禅の至高さにふれることとなった。やがて道宗は、兀庵を建長寺二世に据えて、修行僧の規律をいっそう厳しくしたが、自らも参禅に励み「大悟」に近づきつつあった。弘長元年九月三日、時頼は鶴岡八幡宮僧（学頭職）の審範が体調不良との知らせを受けて、最後の面会に雪ノ下の坊を訪問した。顕密碩学の審範と顕密事理につき何回も問答し、夕刻となり帰ることとなったが、最後に時頼は審範に「最初の行摂の願い、かえすかえす憑《たの》みあり」と言った（『吾妻鏡』）。「行摂」とは、この場合、浄土に導くというものであり、先に入った者が後に来る者を浄土に往生させる、という意味に受け取れる。これを記述する『吾妻鏡』は続けて「宗門に於いて大悟を開きたまうと雖も、なお以て行摂の縁を結び給う、

兀庵和尚像
（正伝寺蔵,『北条時頼とその時代』鎌倉国宝館, 2013年）

賢慮尤も測り難きか」との文（地の文）を添えている。宗門（禅宗）で大悟を開いたというのに顕密の行摂の縁（浄土に導く縁）を碩学との間に結ぶ最明寺殿（時頼）の賢慮の深さに感嘆している。『吾妻鏡』編纂者の文章であり、後世の挿入文であろう。

後に述べるように、時頼の禅宗の契悟（大悟）は弘長元年十一月二十三日である。それを二年も前の、弘長元年九月三日に記述するのは奇異であるが、禅宗で大悟を開いた最明寺殿が、このように行摂の縁を結んだという風に書いている。あるいは、兀庵のもとでの修行が始まって、大悟が近くになっているとの評判があったのかもしれない。かれの参禅修行はそれだけ熱心で真摯であったものと思われる。同時に、禅の境地を深めても、来世・浄土を念願する思いは、また強くなっていたのであり、時頼にとって、禅と来世往生とは、どちらも捨てられるものでなかった。

傑物僧が鎌倉を席巻する

時頼の周囲には、こうして、日蓮や兀庵のように、芯の強い仏教者が出現した。兀庵らの禅は「不立文字」（経典の文言を絶対視しない）を揚言したので、法華経を絶対視する日蓮は対立し「禅天魔」と激しく批判した。鎌倉は、僧侶のなかの傑物が同居するようになり、それぞれの目指すところが明確となってゆく。緩やかで曖昧な雑信仰のなかにいた人々に決断を迫る一面があった（兼宗が否定されるわけではないが）。念仏衆と日蓮信者は互いに許容することが困難となり、弘長元年五月の武力衝突（前述）にもなった。

叡尊の鎌倉入り

兀庵が建長寺二世の時、時頼（道崇）は弘長二年二月末に大和西大寺の叡尊を鎌倉に迎えた。前年から、評定衆の金沢実時を通じて迎えたい旨を伝えていたが、前年（弘長元）十月には叡尊から承諾の書状が来ていた（細川涼一二〇一一）。叡尊は戒律の復興を目指し大和・畿内で布教していて、その名声を時頼も聞いていた。鎌倉に入った叡尊のもとには、北条氏一族の者、幕府関係者、その女性、他宗の僧侶などが、戒を受けようとして群参した（細川涼一二〇一一解説）。なかには殺生禁断を実行する者も出た。また叡尊は、鎌倉に飢餓民、病人、孤児のために施設も作ったので、下層民の支持を得た。

叡尊の鎌倉での住居は旧知の金沢実時が世話をして新清涼寺釈迦堂（扇谷）となった。ここは前年に叡尊弟子の忍性が住した場所であり、事前に用意された一つと考えられる（細川涼一）。叡尊はその脇にあった中原師員後家の家を住居とした。

叡尊が鎌倉に到着する前の二月二十七日、相模大磯に宿泊した際、金沢実時はその場に出向きねぎらうとともに、最明寺禅門がたいそう喜んでいると伝えた。時頼は三月一日には実時を介して「いそぎ面謁を遂げたい」と告げた（叡尊はもう少し経ってからと返事）。一日でも早く会って法話を聞きたいとの気持ちがうかがわれよう。

興正菩薩（叡尊）像
（西大寺蔵，『奈良西大寺展』日本経済新聞社，1991年）

時頼と叡尊の面会

叡尊が鎌倉にいたのは閏七月末までであるが、

七月晦日までの様子は同行の弟子（性海）が記述した『関東往還記』に見える。その記述は簡単であるが、具体的であり、同行の弟子の文章として、信頼性がたかい。時頼（最明寺殿）は、叡尊のもとに使者を派遣したり、直接に会ったりしている。時頼が叡尊を鎌倉に招いた事情のうかがえる記事を見よう。

まず、時頼と叡尊が面会した場所であるが、最初の三月八日は最明寺である。ここで二人は数刻談話し、叡尊は深更に帰宅したという。会談場所が最明寺となったのは、時頼が金沢実時を介して「対面したい志は切なのですが、私自身の参詣は憚りがありますし、また私宅（時頼宅）に請じるというのも恐れ多いことです、どうしたものでしょう」と叡尊にうかがいをたてた。そこで叡尊はこちらから出向きましょうと言い、最明寺に向かった、という経緯である。叡尊（高僧）を私宅に呼ぶのは恐れ多いと時頼は意識していたが、叡尊は私宅ではあるが仏堂でもある最明寺に赴いた。全くの私宅ではないことで了解したものと思われる。

また時頼は、自分からの叡尊住居への参詣は憚りある、という。金沢実時など多くの幕府重職者は叡尊を訪問しているが、時頼はなぜそれを憚るのか。六月十三日に時頼が叡尊を訪問しているが、その時には「私は不肖の身でありながら誤りて征夷の権を執る者です、恐れ多く、薄氷を踏むおもいです、よって咫尺（近い場所）でもたやすく出かけられません、先日は私宅（最明寺）に来てくださいましたのに、私から参詣しないのは恭敬の儀として仏法を等閑にするもので、あってはならないことです」と言っている。ここで時頼（最明寺殿）は、いま現在でも「征夷の権を執る」身と意識しており、いくら近くとも容易に外出できないと言っている。この「征夷の権を執る」の文言は、弟子性海の筆録であるだけに、言い回しとは考えられず、時頼自身から出た言葉であろう。時頼は、執権職を譲っていても、「征夷の権」すなわち武力指揮権は保持していると思っている。その自分が安易に外出して、その間に襲われたら、一大事になると認識しているのである。時頼は叡尊に対面するにも自らの立場から離れているのでなない。むしろその政治的立場ゆえに求めるものがあるのだろう。また「誤りて征夷の権を取る」の「誤りて」の文言は、私の征夷の権は前執権の弟であることにもとづいており、その権力行使も力づくのものであるとの意識が高僧との会談のなかで表面化したものであるが、自戒の念もうかがえる。

最明寺殿は、叡尊からの受戒を願っていた。禅についての談話だけでなく、受戒を強く求めた。叡尊がもうすぐ帰洛するとの話を聞いた時頼は、七月二十二日、「私は受戒の志が強いが、夏中なので、むやみには出られない、本来の思いを遂げたいので（受戒したい）まげて一両月留まって（帰るのを延期して）ください」と申し送った。同二十六日以後に時頼私宅近くの「一閑亭」に叡尊が出かけて、そこで受戒が行われた。

受戒と同時に、時頼は叡尊に、大和法隆寺の聖徳太子真影を模写したので、その供養をしてほしいと申し出た（七月二十六日）。叡尊は固辞したが、翌月（閏七月）九日に「鎌倉苑寺」（不詳）にて開眼供養し、叡尊は表白文を作った（細川涼一二〇一一解説）。時頼（最明寺殿）は鎌倉に、日本仏教招来者たる聖徳太子影を、叡尊とともに開眼供養した。鎌倉での聖徳太子像供養は将軍実朝以来である。

北条政村・長時の受戒

幕府では、北条長時（執権）が七月十五日に妻とともに斎戒を受け、政村（連署）も六月二十四日に斎戒を受けている。ただ評定衆・引付頭人で受戒した人は、叡尊を請じた金沢実時だけである。聴聞を聞いた人物にも幕府重職者の名前は見えない（二階堂氏も行綱などは見えるが、行方・行義・行泰の評定衆は見えない）。

北条政村は、六月二十一日に斎戒を受けたいので叡尊に自宅まで来てほしい旨要請したが断られ、二十四日に叡尊を訪れて斎戒を受けた。受戒の後、談話となったが、「出離の要並びに政道の事」についてたずねた。政村は修行の要（心得）とともに政道の事も尋ねたのである。執権として幕政に当たることと禅修行をどのように進めればいいか、その要点を質問したのである。ここには、最明寺殿（時頼）が「征夷の権」を保持しつつ禅修行する自覚と同様の内心がうかがえる。

執権・連署の政務は精神的負担が重く、その妻たちの心労は大きかった。長時が受戒した時には妻も一緒であった。また政村の一族の者は、政村の娘で金沢実時の室（妻）となっていた人物に率いられて、叡尊を訪れ北舎にて斎戒を受けた（七月十八日）。同行した政村妻室は「私の女子一人が夫（北条時茂・六波羅探題）に付いて京都に住んでいますが、西大寺に参詣し受戒したいと申しています、参詣したら必ず授けてくだい」と叡尊に懇望した。政村妻室は、六波羅政務の夫を支えている娘の苦労を思っている。前年十一月に死去した連署重時の後家（少納言）も六月二十日に叡尊を訪れ、娘（安達泰盛妻）とともに斎戒を受けている。

最明寺殿の黒錫丹

叡尊の鎌倉での滞在は、初めての場所でもあり、体調に変化がでた。六月二十七日（陰暦）に心身が疲労を極めた。その様子を、性海は「連々（毎日毎日）の化導（教説）といい、諸人との対面といい、数か月窮屈に過ごしていたが、このところの炎暑に侵され、心身が不調をきたした」と書いている。この日は太陽暦（グレゴリオ暦）の一二六二年七月二十一日に当たる（国立天文台、日本の暦日データベース）。鎌倉では夏の南風が吹き暑さが続いたのであろう。叡尊は灸を加えて薬（具体的には不明）を服し、翌日も不調が続き灸を継続したが、回復せず、諸人との対面は断った。二十九日には少し回復したが、事情を知った時頼から良薬（平胃散）が届けられた。その後も七月十九日には、夜前からの病気となり、食事が取れなくなった。翌日（二十日）には北条時定（時頼の弟）が「氷雪」を届け、時頼は使者を送り安否を尋ねたが、病状が重いとのことで、医師の丹波長世を派遣した。叡尊が窮屈至極と言ったとの報告を聞いた時頼は良薬を二種届けさせた。それが、黒錫丹と養胃湯であった。しかも黒錫丹は時頼が自ら調合したものであったという。

養胃湯は胃薬であろう。黒錫丹は黒錫（鉛）を硫黄などと混ぜて湯沸かしで溶かし、漉して乾かし粉末にする。これに他の薬を掻き混ぜ捏ねて研き、酒を加え糊状にし、陰干しにする。さらに布袋に入れて擦る。空腹時に生姜湯などとともに飲む（細川涼一二〇一一、小学館『中薬大辞典』鉛・エン）。内蔵の働きを活発化させる作用が予想される。この服薬により叡尊の症状は回復に向かったようである（悪化の記録は見えない）。

時頼は黒錫丹を常用していたであろう。叡尊にも胃薬とともに提供したのも、時頼自身が日常的に合わせ服用していたからであろう。黒錫丹は、叡尊に提供するのに、時頼が自ら調合している。時頼は、自分で調合した黒錫丹を、胃薬とともに服用していたのである。黒錫丹はもともと中国のものであるが、この時期の僧の往来により、薬品として輸入されていたと考えられるが、時頼に見えるように、日本の中で調合する者があったと考えられる。中国由来の薬が日本でもつくられるようになり、鎌倉でも広がっていたのである。

時頼は黄疾を患い（建長二年、二十四歳）、出家前には流行の赤斑瘡となった。また弘長二年の五月二十二日には激しい下痢となり、叡尊に翌朝の斎戒を延期するよう要請している。二十九日には回復したようであるが、夏の暑さに内蔵が不調をきたしている。そうしたなかで、黒錫丹のような劇薬も服用していたのであろう。黒錫丹（鉛）が毒性を含み害をもたらすものであることは、細川涼一が注目し、翌年の時頼死去とも関係するかもしれないと指摘している。

兼好法師は「唐の物は薬の外はなくとも事欠くまじ」と言っている（『徒然草』百二十三段）。唐の薬を高く評価しているが、この言は、京都だけの生活ではなく、鎌倉での経験を踏まえているものと思われる。兼好法師は鎌倉で北条氏一族と交流していたので、鎌倉での唐物薬流行を知っていた。

建長寺僧の受戒、新善光寺別当の動き

叡尊を鎌倉に招くに積極的であった時頼は、自身の斎戒を求めたのと同様に、建長寺の禅僧にも求めた。七月十八日、叡尊は病状が続いていたが、約束していた者たちが集まってきたので、弟子たちの扶けをうけながら、六百二十一人に菩薩戒を授けた。この内には「建長寺の禅宗僧済々」がいたという。「済々」との表現から、数多くの禅宗僧がいたと理解できる。また語感からは下層の僧だけでなく然るべき禅宗僧も含まれていたと受け取れる。この時、最明寺禅門（時頼）が面閲を求める旨申し出て来たという。この日の建長寺の禅僧の行動を知った最明寺禅門は叡尊に面会を求めたと考えられよう。建長寺禅僧たちの叡尊訪問と受戒は、僧侶の自主的

なものであろうが、禅門（時頼）の奨励があったと考えていい。この時建長寺の住持は兀庵であり、時頼との信頼関係を深めていた。禅僧の叡尊訪問・受戒は兀庵も反対しなかった。ここに建長寺の禅宗僧は、叡尊から菩薩戒を受けて、戒を保つ禅僧として、修行することになる。これは同法の最明寺禅門も同じである。この時期、兀庵は建長寺の規式を定めていたが、建長寺僧が叡尊の律・戒の教え（戒を重んじる）に触れたことは、効果があったであろう。

まんだら堂やぐら群（神奈川県逗子市，史跡名越切通内）

また鎌倉で広がっていた阿弥陀信仰の僧も叡尊に接近する動きがあった。七月十九日、新善光寺の別当である道教が、叡尊の近辺に寄宿して、対面を求めた。叡尊は食事も取れない状態であり、対面は実現しなかった。この新善光寺別当の道教について、性海は「念仏者の主領」と注記している。新善光寺は名越にあり、鎌倉での阿弥陀衆の中心となっていた（高木豊一九八四）。名越にはやぐら群（曼荼羅墓地）がある。信濃善光寺曼荼羅堂に似て、阿弥陀衆が葬送の場をつくっていたが、新善光寺はその活動の中心であった。その別当が叡尊に面会しようとしている。建長寺禅僧受戒の翌日である。叡尊の名声が鎌倉全体に広がっていて、皆が面閲を求めたのであろう。この年の夏、鎌倉は叡尊を招き、宗教的興奮のなかにあった。

六月十六日、最明寺禅門（時頼）は使者を叡尊のもとに送り、斎戒を受けたいので十八日に出向いてほしい旨を伝えた。これは時頼の体調悪化（痢病）により延期となったが（前述）、この使者となったのが宿屋左衛門入道最信であった。

宿屋入道の多様性

宿屋氏は武蔵国を本拠とした御家人であるがが、鎌倉に出て北条得宗との関係を深めていた。文応元年（一二六〇）七月には、日蓮が「立正安国論」を幕府（時頼）に提出するに取り持ったのが宿屋入道西信光則であった（『大日本史料』所引『本化別頭仏祖統紀』、光則を念仏者とする）。叡尊への時頼使者となった宿屋左衛門入道最信と同一人物と考えられる（岩波文庫『日蓮文集』注記は宿屋左衛門光時としているが）。叡尊への使者となった時には「来る十八日、斎戒を受けたく存じます、（申し訳ないが）私宅までお出かけください」との言葉を伝えている。これは単なる使者でなく、叡尊が普通は避ける私宅訪問を要請することであり、叡尊の理解者こそがふさわしい。宿屋左衛門最信は、日蓮信者であるが、叡尊理解者でもあった。

宿屋氏は、時頼の幼い時、幕府での一切経校合の時、武藤左衛門入道と宿屋入道が担当者になっていた（前述）。また南北朝初期の法然系の書物（『法然上人絵伝』など）に浄土信仰の人物として書き留められた。江戸期の『本化別頭仏祖統紀』が宿屋最信（光則）を念仏者と記したのは根拠があった。浄土系（念仏信仰）に親しんでいた人物とみていい。阿弥陀信仰の人々も、律の高僧との面会を求めたのである。

念仏衆や日蓮や叡尊と接触する宿屋左衛門最信は、また禅宗にも関わっていた（今野慶信二〇〇二）。叡尊がまだ鎌倉に滞在していた弘長二年閏七月四日の蘭渓道隆書状は「前年、宿屋入道より、（筑前）芦屋寺を建寧寺ニ寄進」（『鎌倉遺文』）と言っている。また蘭渓は「宿谷入道の志は深い」とも言う（八月十六日書状、『神奈川県史資料2』八五七）。宿屋最信は蘭渓に傾倒していたが、そのことは『大覚禅師語録』にも「示す　宿屋居士」との表題のもとに法語を与えていることにも窺える。

宿屋左衛門入道最信は、日蓮の信者でもあり、禅にも傾倒し、叡尊の律の理解者でもあった。浄土系との関係も窺われる。時頼の死去の際には近侍した人物としても『吾妻鏡』弘長三年十一月十九日条に「宿屋左衛門尉〈法名最信〉」と見えて、時頼の側近であった。

宿屋最信は、このように、複数の仏教者との信頼関係のなかにあり、時期により一つに限定されるというものではなかった。多様な教えのなかにいたのであり、それをよしとしていた、と思える。こうしたことは最明寺禅門にもうかがえる。

最明寺禅門の契悟

最明寺殿（時頼）は、叡尊が帰洛し、秋の気候となり、早朝に、建長寺の兀庵のもとに参禅するようになった。そして十月十六日に契悟した（「大悟徹定」）。その時の問答を記す「兀庵和尚語録」は難解であるが素人が想像するに、最明寺殿の発言は以下のようである。「私はこのところ何日も参禅に来ていますが、今日は非断非常の底を見得したい（本来の自分・仏性を見究めたい）」。兀庵が「参禅は見性（本来備わっている仏性）を目的としている、あなたが見性を得ればすべてがはっきりと見えてくる」と促すのを聞いたので、いくつかのやり取りをして「森羅万象・山河大地と自己は二つではなく別でもない」と最明寺が述べた。兀庵が「青青とした翠竹は究極の真理（尽くこれ真如）です、鬱蒼と茂る黄花も本来の姿（般若に非ざるはなし）です」と言うのを聞くと、最明寺は「わたしは今忽然として契悟しました、全身に汗が流れています」と発言し、さらに「弟子（私）はこの二十一年来の望はいまこの一時に満足しました、感激で涙が流れます」と言って、師（兀庵）を九拝した。何度も何度も跪き立ちして敬意を表したのである。兀庵は仏前に焼香し、印可を与え（悟りを得たことを証明し）、自身が身に着けていた法衣一頂を最明寺殿に付した。

兀庵の言った「青青とした翠竹は究極の真理（尽くすにこれ真如）です、こんもり茂る黄花も本来の姿（般若に非ざるはなし）です」という句は兀庵独自のものでなく、中国の唐代の禅宗の世界で流行したものであり、日本でも平安時代の僧（安然）も触れている。また十二世紀の寂然は「竹のみどり」を組み入れた和歌をつくっている（石井公成二〇一二）。

最明寺入道（時頼）は、漢籍・墨書に親しんでいた傾向が見えるので、おそらく「青々翠竹……」の句を知っていたであろう。陰暦十月十六日（グレゴリオ暦十一月十八日）の早朝、山ノ内の自然のなかに坐禅し、兀庵と問答して、この句を聞き、身が震えたのであろう。兀庵の言葉により、森羅万象（山河大地）と自己とは二つでなく別物ではないとの考えに確信をもった。森羅万象のすべての姿はそれぞれが本来（真理）であるように、自己もそれと別ではないと思った。自己も翠竹や黄花と別ではない、自己そのものが本来の姿である。ここで最明寺入道は森羅万象（山河大地）との関係で「自己」という文言をつかっているが、このような「自己」のつかい方は『大覚禅師語録』に見えるので、蘭渓との法話のなかで体得していたものかと思われる。

森羅万象のそれぞれが真理であるという言説を受け止めた最明寺殿が、自己も新羅万象と別ではないという時、その自己とはどのようなものと意識していたのであろうか。時頼はかつて円爾を私宅に招いた際には妄心・真心につき質問している（『聖一国師年譜』、甲寅、建長六年）。妄心・真心が交錯するように生起する内面を自己と意識していたのであろうか。

こうして最明寺殿（道崇）は兀庵の指導により、禅僧としては大悟したのであるが、阿弥陀信仰は保持しており、弘長三年三月十七日には信濃善光寺に買得した信濃国深田郷を寄進し不断念仏衆の費用としたが「来世の値遇を」を願ってのことであった（『吾妻鏡』）。また日蓮は伊豆に流罪中であったが、弘長三年五月二十二日には赦免されて、鎌倉松葉ヶ谷の草庵に帰った。この事情を日蓮系の「本化別頭佛祖続紀」（『大日本史料』）は弘長三年のこととして、鎌倉の元帥（時頼）・子息（時宗）父子が凶事におちいり天下騒動となる夢を見たので、時頼は「立正安国論」を想起して「有徳の僧なり」と赦免の牒を出させたという。江戸期の記述であるが、日蓮赦免に時頼（最明寺殿）が関与していたことは確かであろう。時頼は日本国の惨状を憂い、神が去ってしまう国土とならないよう激しく願う日蓮を知っていて、尊重してもいた。時頼（最明寺殿）は、宿屋最信と同じように、禅・念仏・律・日蓮の一つに片寄ることなく、本物の教えを求めていたのである。

崇高な時空

最明寺入道（道崇）は、兀庵との坐禅にて、大悟を得たという。その問答は、詳細は理解しがたいが、感銘的である。そのとき、道崇は九拝したというが、何度も何度も、兀庵を拝したのであり、兀庵も自らの法衣を授けたという。崇高な師弟関係がうかがえよう。兀庵は最明寺入道の禅理解を高く評価しており、南宋に帰国した後も、道崇（最明寺入道）のことを話題としていたという（市川浩史二〇〇二）。

最明寺入道は、高僧を遇するのに、極めて丁重であった。叡尊の法話や行いが尊いものであると理解した最明寺殿は将軍に「この上人の徳行は常篇を超える」と言い、あれこれ賛美したという（『関東往還記』五月十七日）。叡尊が鎌倉で尊卑道俗すべての人に等しく接する姿は何回も見えるが、その高貴さにうたれて、時頼は丁寧なあつかいをした。

六月二十六日、最明寺にて斎戒を受けた日、ことが終わり叡尊が帰るのを、最明寺殿は家の建物から降りて庭に立ち、何回も庭をゆっくり巡り別れを惜しんだ。そして叡尊が門から出るのを見送ったというが、その姿が見えなくなるまで、門の側に立ちつづけたであろう。その様子を見た叡尊の弟子や、聞いたりした人たちは、「希代の珍事」と言って謳歌したという。崇高な僧に対して心から敬っている。こうした心境を礼としてふつうに実行できるほどになっていた。時頼（最明寺殿）の精神的平穏（安らぎ）はここで確保されていた、と思える。

第八章　時頼の死去と伝説の発生

1　時頼の死去

弘長三年正月垸飯

兀庵の指導のもと、契悟した最明寺殿は、弘長三年（一二六三）の正月を例年のように迎え、正月一日の幕府垸飯を主催した。相州（北条政村）以下の重臣が布衣を着して出仕したが、申刻（午前十時頃）には各々が庭に降りて列をつくった。二人ずつ五十列、百人がならんでいるところに、将軍が南面するように出御した。御簾は土御門顕方が例年のように挙げて、御剱・御調度・御行縢も進上された。正午になると将軍は相州禅室（時頼）亭に御行した。二日垸飯は相州（政村）の主催、三日垸飯は武州（北条長時）の主催で実施された。

入道となった時頼のもとで、執権・連署に随うように百人の御家人が将軍との主従関係を更新したのである。将軍は五日に鶴岡八幡宮に参詣し、八日には前浜（由比ヶ浜）にて的射（的弓）を見物した。

善光寺不断念仏衆への所領寄進　弘長三年三月十七日、最明寺禅室（時頼）は買得した信濃国水内郡深田郷を善光寺に寄附し、六町ずつを不断経衆と不断念仏衆の料所（費用）に宛てることとしたが、それは「偏《ひとえ》に来世の値遇（知遇）」を願ってのことであった（『吾妻鏡』）。その寄進状は二通あるが、一通は不断経衆に宛て、一通は不断念仏衆に宛てているが、ともに沙弥蓮性が発給している。二通ともに、寄進状でありながら、僧に対して結番に随って勤行することを求める規式状ともなっている。この寄進・規式状を読解することで、最明寺（時頼）の願いに迫ってみたい。

一通は、不断経衆を定蓮房律師観西・理久房阿闍梨重実など十二人に定め、各人に田五反ずつを配分することとし、経衆に欠員が出た場合には衆議により器量の仁を選び、権利の譲渡を優先してはならないと命じている。もう一通は、不断念仏衆を出雲公尊海・浄仏房良祐など十二人に定め、田五反ずつ配分するが、欠員が出た場合は衆議により器量の仁を選ぶよう命じている。二通はほぼ同文であるが、不断経衆に宛てたものは「一時念仏三昧」（吉川本では読誦法華経）の勤行を求め、不断念仏衆に宛てたものも「一時念仏三昧」勤行を求めている。共通して勤行を求めており、十二人ずつ（合計二十四人）への料田の配分はその費用であることが分かる。念仏三昧は毎日催されるものであるが、「過去帳を守り彼の忌日役ごとに」に行うよう命じている。過去帳があり、記入されている人の忌日に修善するよう、求めていることが分かる。この時点で善光寺には過去帳が存在したのである。

寄進状（規式状）を発給した蓮性は、所領寄進者である最明寺殿（時頼）の意図するところを現地（善光寺）で実施する立場の人物であるから、時頼（得宗）の被官人であると考えられる（一五一頁の表の末尾に見える蓮性も時頼の被官であり、同一人物あろう）。該当する人物としては、北条泰時以来の被官人である千田蓮性（判官代入道）がいる（『吾妻鏡』寛元二年六月五日）。また千田氏は鎌倉稲生川近くに住居を持つ幕府奉行人でもあった。若狭国太良庄は地頭職が北条得宗家に移ると荘園知行のあり方が大きく変わるが（山本隆志一九九四）、その基本となる土地台帳が領家（東寺）から得宗家に移動した。この領主権の移動（基本文書の移動）を媒介したのが得宗被官の千田氏であった。「千田の後家尼」は領家（東寺）側から検注目録・勧農帳などの知行文書を預けられている（正和二年六月二十四日さた朝證状、東寺文書、『鎌倉遺文』）。このように千田氏は幕府奉行人・得宗家被官人と見なせるので、水内郡深田郷の寄進と配分を現実に進めたのは千田蓮性と見ていい。

この蓮性が発給した寄進状（規式状）に、不断経衆・不断念仏衆に対して「過去帳を守り彼の忌日ごとに」念仏三昧を勤めるよう求める文が見えるが、これは「来世の値遇を願って」寄附をしたという最明寺（時頼）の思いと合致する。時頼は所領を寄進することにより、善光寺の過去帳に自身の名前が書き込まれて、善光寺阿弥陀如来の浄土に導かれるのを願ったのである。善光寺のホームページによれば、本堂内々陣の御三卿像の前に過去帳が置かれ、表紙の画像がみえる。画像の過去帳は江戸時代のものであるようだが、善光寺に過去帳の伝統は存在したのである。善光寺は平安以来、天台園城寺の配下に入っているが、天台ではすでに源信が二十五菩薩三昧の結衆の過去帳に基づく同法亡者の訪いを決めている。天台での過去帳が信濃善光寺に及んでいたと考えられる。

時頼と西大寺有恩過去帳

時頼（最明寺殿）は、過去帳というものを知らなかったと思われる。それを知ったのは、弘長二年に鎌倉に下ってきた叡尊との交流中にであろう。大和西大寺の過去帳の一つは、鎌倉で叡尊の戒を受けた人物を多く記入している。西大寺過去帳としては光明真言過去帳が有名であり、詳しい調査もされているが（松尾剛次二〇〇六）、これは明治年間までを含むものである。いっぽう、弘安三年九月十日の西大寺有恩過去帳は『鎌倉遺文』十九巻に翻刻されているが（二四〇九二号）、叡尊像胎内文書の一つであり、鎌倉期の正文と判断できよう。そしてこの過去帳のなかに「道崇」の名前を見ることができる。この道崇は時頼と判断できる。この有恩過去帳がどのようなものか、またなぜ道崇の名前が書き込まれたか、検討してみたい。

この過去帳は冒頭からは次のように記載されている。

西大寺有恩過去帳
当寺本願称徳天皇
奉始神武天皇代々陛下聖霊　　律法興行本願貞慶上人
□□院前法務大僧正　　当寺僧法興行大檀那尼善印
当寺僧法興行本願上人尊円　　法印権大僧都忠恵
法務権大僧都行勇

本願の称徳天皇（孝謙天皇）を最初にあげ、神武以来の代々の天皇聖霊と記し、僧としては貞慶、尊円、行勇らを挙げている。この区画は西大寺の建立発展に寄与した人物の名前があげられている箇所であるが、ここに続く中の名前に「正四位下左京大夫平泰時〈幷妻〉」が見える。北条泰時である。

次いで、一行の行間があり、続きには、後嵯峨法皇、六条摂政殿下（近衛基実）、普賢寺禅定殿下、猪熊禅定殿下、岡屋禅定殿下（兼経）、などが記され、「極楽寺殿」も見える。この極楽寺殿は北条重時であろう。

次に、「光明真言修中助縁衆」として三十九人の僧名が記されるが、そのなかに「長時入道」が見える。これは北条長時（重時子息、執権）であろう。この三十九人は西大寺の光明真言会に奉賀したのであろう。それが「助縁衆」として過去帳に書き込まれたのである。

次に「結縁衆過去帳　現前　各々恩所」の区画があり、膨大な数の人名が書かれている（僧名、俗名）。そのなかに「覚智」、「道崇」が見える。安達景盛、北条時頼の法名である。さきに記入されている北条泰時、北条長時とは別の扱いであるが、「結縁衆過去帳」に入っている。叡尊から戒を授けられた人たちと見られる。道崇（時頼）は弘長二年に鎌倉で受戒しているので、それが結縁衆として過去帳に入った理由であろう。覚智（安達景盛）は宝治二年死去なので、鎌倉で叡尊に遇ってはいない。高野山にいた時期に、西大寺に住していた叡尊から戒を受けたと思われる。そうすると、先の北条長時も六波羅時代かと思われる。「結縁衆過去帳」には、鎌倉下向中の叡尊から受戒したと考えられる人名も見える。「美濃局」は『関東往還記』五月十九日・同二十二日・六月二十二日に登場するが、土御門顕方の妾である。土御門顕方は宗尊親王の鎌倉下向に同行し、鎌倉で叡尊と何回も面会し斎戒を受けているが、この過去帳には見えない。ただこの区画には「頼玄」（常陸三村僧）、「忍性」と『関東往還記』の鎌倉関係者もみえる。したがって、「西大寺有恩過去帳」に「道崇」の名前が記入されているのは納得できるのであり、それは北条時頼のことである。

西大寺の光明真言過去帳は光明真言会にて役者が真読すべき過去帳であり、その光明真言会は文永元年九月四日に叡尊が本願称徳女帝の忌日を期して始めたという（松尾剛次二〇〇六）。文永元年には光明真言過去帳が存在していたわけである。ただ西大寺の過去帳は文永元年以前に遡る。文永元年九月十八日に叡尊弟子の性海が記した「西大寺毎年七日七夜不断光明勤行式」（『鎌倉遺文』十二巻）の十一箇条のうちに「一、亡者を過去帳に載せるべき事」という規定がある。この文章には、この勤行（七日七夜不断光明）の始まりは「同法を訪う為であり」、そのために「名字を過去帳に録し未来際を祈念する」ものだという。同法（不断光明衆）の死亡者の名前を過去帳に記録し、来世を祈念するというう。そしてそれは拡大し、修行の死者だけでなく、専寺・他寺を論じず載せて、また当寺・末寺近住の男女の恩所を注載するという。そのため既に過去帳は十巻となっている、という。勤行の法名読みでも九巻までは悉く読み、十巻も数十人を載せているので大部となり読むのに時間がかかるので当年書き入れの分だけを読む事と定めている。ここから、七日七夜不断光明過去帳が文永元年を遡り作成されていることが分かる。この過去帳の作成がいつまで遡るか不明だが、叡尊が衰退していた西大寺を拠点とし戒律普及に務める時期（暦仁元年、一二三八）の早い段階かと推定される。十三世紀の中頃には西大寺にて過去帳の作成はあったと思われる。

文永元年の七日七夜不断光明規式を書いたのは性海であるが、彼は叡尊に随い鎌倉に下向し、『関東往還記』を著している。鎌倉で北条時頼の叡尊への尊敬心が深いことを実際みている。性海は鎌倉での時頼と会話するなかで、西大寺の過去帳のことにも触れたのであろう（『関東往還記』には記述はないが）。それを知った時頼は西大寺の過去帳に自分の法名が記されるのを願ったのである。

最明寺殿の善光寺への所領寄進を現地で実行する千田蓮性の規式状には「過去帳の忌日」の日に、念仏三昧の勤行を求めている。時頼（最明寺）は自分の忌日での勤行を要請し、善光寺阿弥陀如来の浄土往生を願ったと思われる。善光寺にはこの時点ですでに過去帳が存在していたのであるが、これはおそらく、善光寺が平安後期には天台寺門派が別当に就任しその末寺化していた（牛山佳幸二〇一六）ことにより、天台浄土系の過去帳の作法が持ち込まれていたと推定される。寛和二年（九八六）九月十五日に横川首楞厳院の僧徒は二十五三昧起請を定めたが、そのなかで、同法（結衆）の没後は「過去帳」に亡日を記録し毎月の念仏の時に必ず宝号を唱え毎年の忌日に善根を修するよう定めている（『大日本史料』二編）。念仏三昧の日に法号を唱え、毎年の忌日の修善する、そのための過去帳である。善光寺に入った過去帳の作法もこうしたものと考えられる。

時頼被官人の千田蓮性は、この善光寺過去帳の存在を知っており、道崇（法名）の名字が書き込まれること願ったのである。念仏三昧の勤行をする不断念仏衆・不断経衆の亡者の引摂を願ったのであり、法然上人絵伝の時頼臨終の場面と同趣旨である。『吾妻鏡』の時頼の関する記事は、臨終場面の前では、この善光寺への所領寄進の記事が最後である。この善光寺への寄進を、臨終場面の一つ前に配置したのは、『吾妻鏡』編者の何かしらの意図があるかもしれない。この時期に時頼は自らの死を意識していた。

北条時頼の死去

道崇（最明寺入道、時頼）は弘長三年十一月二十二日、死去した。このことを記す史料は、幕府関係の年代記や公家関係の記録に見えるが、みな同じ趣旨である。

時頼の体調は、弘長二年の夏は下痢におそわれるなど、思わしくなかったが、回復した。弘長三年になると、善光寺への寄進の後は、『吾妻鏡』に最明寺殿の記事は見えなくなる。そして、夏を過ぎた弘長三年八月二十五日に相州禅室（時頼）が病悩のため自亭にて大般若経の信読をうけている。十一月に入ると重くなり、八日には、祈禱のため、造立した等身の千手菩薩像を僧良基に供養させた（『吾妻鏡』）。秋の間（七〜十月）に病気が悪化したのであろう。同九日には病状危急となり、最明寺の北亭に移った。心静かに臨終を迎えようと、人々が見舞いに群参するのを禁じるよう尾藤太（浄心）・宿屋左衛門尉（最信）に命じた。そして十一月廿二日死去した。グレゴリオ暦十二月三十日。鎌倉でも寒い日であったろう。

『吾妻鏡』の卒伝

時頼死去を『吾妻鏡』は詳しく叙述している。北条得宗でも泰時死去の記述はなく（泰時死去の仁治三年は『吾妻鏡』欠本）、義時の死去は元仁元年六月十三日条に記述されているが、数日前から病魔が獲麟に及んでいたので落飾出家したが遂に卒去したこと、昨朝から彌陀宝号を唱え、丹後律師を善知識として、外縛印を結び念仏数十反して寂滅した、という。

これに比べて時頼死去の記述は詳しく『吾妻鏡』の卒伝のなかでも違例である。その内容は市川浩史が深く解読しているが、『吾妻鏡』記述を箇条書にすると次のようになる。
①入道正五位下行相模守平朝臣時頼〈法名道崇御年三十七〉が最明寺北亭に於いて卒去した
②臨終の儀は、衣袈裟を着し、縄床に上り、座禅して、聊かも動揺することなく、次のような偈を遺した。

業鏡高懸　三十七年　一槌打砕　大道坦然
弘長三年十一月廿二日道崇珍重云々

③（時頼朝臣は）平生は武略を以て君（将軍）を補佐して、仁義を施し、民を撫でてきた。それは天意に達して人望に協《なか》うものとなっている。
④終焉の刻が来ると、手を叉えて印を結び、口には頌を唱え、即身成仏の瑞相を現した。その様は権化の再来かと思えた。誰もこれに異論を出すものはない。道俗貴賤は拝し奉った。
⑤名越時章・安達頼景・武藤景頼・二階堂行氏・安達時盛は哀傷のあまり髪を下し、その他の御家人は記録できない程の数が出家したが、皆出仕を止められた。
⑥北条朝直は、落飾しようとしたが、執権長時に禁止された。
このうち、②の、禅床（椅子）に上り座禅して偈を遺した様は禅僧の臨終を表現している。ただ④の終焉の刻そのものでは、手を叉し（胸の前で両手を組み）印を結んでいるが、これは通常の禅僧とは異なる。また同時に遺偈（業鏡……）を口にしたが、これらは密教の行業であり、即身成仏の瑞相を

現したのも密教の即身成仏を意味しているという（市川浩史二〇〇二）。②・④に見える時頼朝臣の臨終は、密教的要素を含みながら、禅僧として誇らしいものであった、という趣旨であろう。

この記事は、③に見えるように、時頼が武略をもとに将軍を補佐し、天下に仁義を施し撫民の政治を行って人望を得ていることを讃えている。それ故、④・⑤のように死を惜しむ者が多く出現したという。時頼朝臣に対する幕府の評価がここに見えよう。義時の卒伝にはこのような記述は見えず、違例の卒伝からみて時頼は偉大な権力者（将軍補佐）として尊敬されていた、と伝えている。

時頼の死去は、このように『吾妻鏡』に記述されて、幕府の記憶となった。偉大な執権の死として、伝説化されて行く素地となった。

遺偈について

道崇（時頼）は臨終の頌（辞世の詞）として「業鏡高懸　三十七年　一槌打砕　大道坦然」を遺した。「業鏡」（浄玻璃鏡）とは閻魔が亡者を裁く際に善悪を見究めるに使用する鏡であるという（『日本国語大辞典』）。時頼はその鏡に人生三十七年を照らしてみて、すべては一槌で砕け、ただ大道（無為自然の道）坦然としている（ゆったりとひろがっている）、と総括したのである。「大道坦然」は老荘思想的であるが、森羅万象と自己は別物ではないと大悟した心境と通じる。兀庵のもとでの契悟は臨終の場でも生きている。

この遺偈は道崇（時頼）の独創ではなく、中国の禅僧（笑翁妙湛）のものを借りて、もとの七十二年を三十七年に変えて、自己の心地を表明したものと言われている（鷲尾順敬一九一六、辻善之助一九四九）。そうであっても、時頼は笑翁妙湛の文を知っていたことになる。おそらく、建長寺での座禅の場に笑翁妙湛の文が墨蹟として掛けられていたであろう。

南北朝時代の鎌倉円覚寺が持っていた頂相には笑翁のものがあり（仏源賛）、墨蹟には張即之のものがある（貞治二年四月日円覚寺仏日庵公物目録、『神奈川県史資料編古代中世3上』四四五一号）。また法衣袈裟には東福寺からもたらされたものもある（宏智袈裟）。笑翁の墨蹟はここに見えないが、頂相はある。墨蹟の残る張即之も禅僧であり、張と笑翁とは交流があったという（峯岸佳葉二〇〇六）。そして文化庁の国指定文化財データベースによれば笑翁妙湛の墨蹟が京都府に残っているという（東福寺カ）。

笑翁妙湛の墨蹟は幾つか日本（東福寺）に将来され、禅僧が建長寺住持に就任するなどして、墨蹟の一部が鎌倉に移動していたのではないだろうか。時頼はそれを見ていたのであろう。笑翁の句に時頼は自分を見たであろう。またこれを真似た遺偈を作ったということは、中国〜日本に広がる禅宗の世界に、自分を残したかったのであろうか。

法然上人絵伝の引摂伝説

最明寺殿臨終の場面は、『法然上人絵伝』（四十八巻本）に絵・詞書にて描かれている（日本絵巻物十四、角川書店）。この場面（第二十六巻の四）は祢津宗伸が詳しく解読しているが（祢津宗伸二〇〇九）、それによれば、詞書の趣旨は『吾妻鏡』の記事と文言が少し違うが大筋は近しいものである。絵の方は（画面構成）、六区画に分かれるが、以下のようになる。①畳敷きの室内の中央に、椅子に座った直綴《じきとつ》・九条袈裟の道崇（時頼）が西面し掛けられた阿弥陀如来画像に合掌していて、その西隣座敷には墨染の三人の僧侶が坐し、東隣の座敷には衣冠の武士が胡座する。②畳敷き室の前の広縁に二人の武士が背中合わせに胡座し、白衣僧形の人物が西向きに正座する。③

三人の僧の後ろの建物には御簾を下げた部屋に女性三人が描かれる。④広縁の東側の板敷きに七人の武士が胡座する。⑤広縁の前の庭には四人の武士が蹲踞し、築山には梅が描かれる。⑥門外には従者と馬がいつもの様で描かれる。

この画面は、道崇が、多くの武士と高僧に見守られながら、阿弥陀如来の西方に向かい、臨終を遂げたことを主題として描かれた場面として理解していいと思う。問題は、その臨終場面がなぜ『法然上人絵伝』に描かれたかである。描かれる必然性のなかに、道崇（時頼）の信仰の一面を探りだすことができよう。

この絵巻場面は、詞書によれば、諏訪入道蓮仏が臨終直後に教西房宛に書いた書状がもととなっている。教西房とは法然の孫弟子であり、弘長二年ころ（臨終の前年）京都から鎌倉に下向して時頼に往生の故実徳業などを伝えたという。その教西房に諏訪蓮仏は時頼臨終の場面を詳しく報告したのである。それが弘長三年十二月二十五日（臨終は二十二日）に諏訪が教西房宛に書いた書状である。この書状は、絵伝が作成された時期（南北朝初期）には知恩院にあったらしく、詞書に文章そのものが「……〈取詮〉」として引用されている。したがって、この場面は諏訪蓮仏の教西宛書状をもととして（典拠のように）構成されている。

すると、画面構成のなかに諏訪蓮仏が描かれていなければならない。それは②のうちの白衣僧形の人物が該当する（祢津宗伸二〇〇九）。諏訪蓮仏は時頼の被官であり、また阿弥陀信仰をともにする同法でもあった。その蓮仏書状は道崇臨終の場面を次のように伝える。

最明寺殿御往生の事、中々申すに及ばず、目出たき次第にて候、十一月廿二日亥時に、唐ころもめしてかけて西方にあミたほとけをかけまいらせて、ゐすにのほらせ給て、御いきすこしもみたれす、合掌して御往生候なり……

衣袈裟にて椅子に上り西方阿弥陀仏に向かって合掌する姿は、合掌に遺偈も含まれていたと考えれば『吾妻鏡』に近い。これに続けて、最明寺殿が臨終間際に諏訪蓮仏に残した言葉が綴られている。

…御臨終ちかくなり候てかたしけなき仰せをかふりて候き、あみたほとけの御ちからにて浄土へまいりたらハむかへうするそと、仰せの候しかハ、日ころ不足なくかうふりて候御恩にハ百倍千倍したてたのもしくありかたく覚候て、歎きのなかにもうれしく候、（〰〰引用者）

最明寺殿は諏訪蓮仏に向かって、阿弥陀の力にて浄土に生まれたらそなたを迎えるぞ（引摂する）と言ったである。先に浄土に入った者が同法を迎えるのである。これを聞いた蓮仏は日頃の恩を百倍・千倍に感じた。このように、この画面は、最明寺殿と諏訪蓮仏の、同法としての引摂が主題となっている。阿弥陀如来信仰をともにし、同じ法系に属する者たちが、浄土に導き合うということが語られている（従って画面に描かれている人物像の人名比定には相応の手続きが必要であろう）。

じつは、この場面の直前は、法然に信仰厚い上野国御家人の薗田成家が念仏往生する場面である。

面（『北条時頼とその時代』鎌倉国宝館，2013年）

殺牛を盛んにしていたが、上洛時に法然上人の教えに触れて以来、念仏怠りなく過ごし、宝治二年に端座合掌して往生したという。そして時頼往生の場面は、詞書冒頭に「西明寺の禅門」が若冠のとき、念仏の安心につき薗田成家（小倉草庵）に尋ねていたと記述する。薗田成家の往生の跡を追うようにして時頼（最明寺殿）往生の場面が配置されている。薗田成家による引摂を願う時頼がうかがわれる。

こうした主題だからこそ、法然絵伝のなかに、時頼臨終は描かれたのであろう。それも死去（臨終）の場面を忠実に残すというよりも、最明寺殿をめぐる引摂を主題するように再構成されている。この伝のもととなった諏訪蓮仏書状には、ほかに文章もあったはずであるが、そのなかから二人の引摂に関わる部分が大きく取り上げられたのである。

法然上人絵伝における北条時頼（最明寺殿）臨終の場

最明寺殿（時頼）の引摂をめぐる関係は前述したように鶴岡八幡宮僧審範との間にも見られた。諏訪蓮仏は時頼被官でもあり主従関係が深いが、阿弥陀如来信仰では同法の関係にあった。こうした現実の関係が基礎にあって、最明寺殿（時頼）と諏訪蓮仏の引摂伝説が、法然伝にまとめ上げられた。禅では大悟しながら阿弥陀浄土を願う最明寺殿の姿が、ふくらんだ形である。室町幕府に諏訪氏も参加しており、法然系の人々は、それを意識したのであろうか。

地蔵の応現　徳治三年（一三〇八）八月、幕府奉行人の平（中原）政連は得宗貞時の政治を諫める提言を提出したが（『鎌倉遺文』三十巻、二三三六三号）、北条家を作り上げた先祖として義時・泰時・時頼をあげて、義時は武内宿祢の再誕、泰時は観世音の転身、時頼は地蔵菩薩の応現、と言っている。義時の武内宿祢再誕伝は『古今著門集』にも見え（前述）、泰時の観世音転身伝は泰時の明恵信仰を背景にしている。時頼の地蔵応現（化身）伝は地蔵を本尊として建長寺を建立したことを高く評価した伝である。

時頼は地蔵が姿を現したものであるとの伝説は、鎌倉社会に広がっていたが、御家人佐竹氏の家記ともいうべき『神明鏡』は鎌倉将軍として下向した後嵯峨院皇子を、時頼が執権として補佐した様子を次のように言っている。「此時相模守時頼朝臣、明時賢人、政道私（ママ）賞罰行シカハ、一天風和四海浪波静也。王氏ヲ出十五代時政カ五代ノ孫也、唐道隆禅師夢、聖徳太子再来ト云々、又ハ地蔵ノ化身共申、サレハ二ヤ日本国ヲモ廻民間ノ愁ヲ哀玉ケン、」。相模守時頼朝臣は、賢人であり、政道は私なく賞罰を行ったので、国土は穏やかとなった。その時頼は北条時政の五代孫であり、師の蘭渓が夢に見るには聖徳太子の再来か、地蔵の化身であるというが、日本国を廻り民間の愁いを聞いた、という。時頼が賢人として（理を弁え）、善政を行ったので、蘭渓は時頼が聖徳太子の再来か地蔵の化身との夢を見たという。高僧が見た夢であるから、その通りであるとの文章となっている。それに続けて、日本国を廻り民間の辛苦（実情）を知ろうとした、という。

『神明鏡』にも時頼地蔵応現伝が見えることが分かり、鎌倉武士の間にこの伝が定着していたことを示すが、その地蔵応現伝は廻国し、民の苦しみを救うという伝説と結びついている。時頼の廻国伝説については後述するが、地蔵化身との結びつきに注意したい。『神明鏡』は年代記であり十四世紀後半に一旦成立しその後書き継がれたというが（細川重男二〇〇四）、平政連諫草との関係から鎌倉末期にはあった伝説を取り入れたのであろう。

得宗領の廻国伝説

無住は鎌倉御家人梶原氏の出身と見られ、時頼のことを詳しく知っていたが、尾張国長母寺に住んでいた時期、我が所領は十町ばかりで貧しいが、時頼の所領は莫大であり十万町にも及ぶらしいとの伝聞を『雑談集』（巻第三）に書いている。そのなかには、十町ばかりの私は自在にどこにでも行けるが、十万町の禅門（時頼）はそこに遊戯する（廻る）ほかはどこにも行けない、と書いている。無住は自身が見物してきた場所として山門・南都・熊野・善光寺・高野山・四天王寺・法隆寺などをあげているが、それができない禅門（時頼）を気の毒そうに書いている。

この記述は、時頼が自身の所領（得宗領）を廻っていたという伝聞を聞いていたことを示している。時頼が廻国しているとの伝聞は、無住の時代からあった。時頼死去の直後からである。ただそれは所領が多く（十万町に及ぶと無住は書く）、そこに出向くものであったという。

時頼廻国伝説は得宗領との関係から理解しようとする研究が現在でも主流であるが（豊田武一九八三）、時頼とほぼ同時代の無住に同様な考えがあった。

2　奥羽の時頼廻国伝説

時頼の廻国は事実だろうか

時頼の廻国は伝説ではなく、事実としてあったとの考え方がある。古くは『弘長記』の記述に見えるが、時頼には廻国している年次が見つけにくいため、時頼の死去は二回とする。一回目と二回目の間に全国を廻り民間の実情を確かめたと叙述しているが、『弘長記』（現存本）のこの記事は江戸時代に追補されたと思われる（この考えは仮名草子、浅井了意著『北条九代記』にも取られている）。

現在では、佐々木馨が時頼廻国を歴史的事実として記述しており（佐々木馨一九九七）、『新編弘前市史通史編1』（二〇〇三年）や入間田宣夫も事実として蓋然性がたかいと扱っている（入間田宣夫二〇〇五）。が、私はいま分かっている史料の限りでは、廻国じたいを歴史的事実として理解するのは困難であると考えている。

松島円福寺の廻国伝説

奥羽の最明寺殿廻国伝説のうち、もっとも明快なのは松島円福寺が伝えるものであろう。中世の松島（円福寺）は正嘉元年（一二五七）の書物（『私聚百因縁集』）には慈覚大師の教えが及んだ場として出羽立石寺と奥州松島寺が挙げられている。北条時頼の時代に、松島は立石寺とともに天台宗寺院として存在していたのである。

そして、鎌倉後期に、松島は関東祈願所となった（入間田宣夫一九八三）。金澤文庫文書に残る年月日未詳の社寺交名断簡（『神奈川県資料2』一二六六号）は天台系寺社が関東祈願所と認めてもらう際に幕府に提出した名簿と思われるが（正安元年には室生寺や西大寺の例がある）、そこには東海道二か所（前欠のため少ない）、東山道八か所、山陰道三か所（後欠のため）が載せられている。その東山道の部分に「陸奥国　松嶋〈白河〉出羽国　立石寺」と書き上げられている。松島は立石寺などとともに祈願所となっていたのである。

瑞巌寺（宮城県宮城郡松島町）

この関東祈願所になる契機となったのが、建長年間の最明寺（時頼）が檀那となり外護したことにあった。このことは観応元年（一三五〇）十一月日松島円福寺雑掌景凱言上状案（瑞巌寺文書）に「当寺は去る建長年中、最明寺入道外護の檀那として将軍家御祈願所となる…」とあり確認できる。最明寺入道（時頼）の外護とは、時頼による円福寺への所領寄進と見ていい。ただここには時頼自身が廻国して来たことは確認できない。

これが文明二年（一四七〇）書写の『天台記』（瑞巌寺）になると、宝治元年四月十四日の松島山王七社大権現祭礼の日、平時頼が出家し東国修行のついでに松島に下着して、祭りの舞楽に難癖を付けて山王衆徒との間に争いとなったが禅僧の法身和尚に救われた、との記述となる。宝治元年という年次には無理があるが

（時頼出家は康元元年、また宝治元年は三浦合戦）、修行中の最明寺（時頼）が松島に立ち寄ったという。さらに『天台記』は、鎌倉に帰った最明寺は三浦小次郎儀成に命じて、一千の兵を率いて円福寺大衆を滅亡させ、時の願主（住持）追い出し、正元元年（一二五九）に法身和尚（禅家）を住持に就けたが、これを恨んだ福浦島（松島）熊野三山学衆は時頼を呪詛したので弘長三年死去した、と記す。ここに、時頼によって派遣された鎌倉軍勢により、円福寺は天台から禅宗へと変わり、関東祈禱寺となった、ということになる（ただこれを喜ばない衆徒が多くいた）。

この『天台記』は文明二歳孟春中五日（正月十五日）に書写されたが、署名は「奥州松嶋八屋左次郎潘重」である。松島の八屋氏が書写したのである。この八屋（蜂屋）氏については入間田宣夫が、近世まで『天台記』を所持していたこと、瑞巌寺施餓鬼会では大宮司家とともに住持を守護する役を奉仕していたことを明らかにしており、さらに現地に伝わる蜂屋家系図（二本）を紹介している（入間田宣夫一九八三）。そのうちの慶長十九年書写本（奥に蜂谷忠兵衛源光忠・花押）は、武田（佐久間）義氏の弟の成種から蜂屋を名乗り、成豊（義氏の孫）は北条泰時の家臣となり、その子の光次は時頼の近習となり、松島に下向したと見える。入間田紹介の系図によれば「建長三年ヨリ時頼公ニ随身、建長寺建立之時ヨリ近習トナリ、後奥州下向、松島円福寺守護ノ為、此地ニ土着、松島郷ノ内三拾五貫文領ス、忠功ニ依リ時頼公ゟ宗近太刀幷ニ六百巻拝領」であるが、松島下向の年は不明ながら、円福寺守護のため土着したという。

『天台記』の時頼廻国伝説は、円福寺の禅宗化が必ずしも歓迎されず、現地に新しい対立を生み出し、時頼呪詛も含んでいる。この記述は、現地で、円福寺を監視する蜂屋氏の立場につながるものである。時頼の松島廻国伝説には蜂屋氏が関与していると見られる。

この蜂屋氏は、源姓土岐氏の分流にも見られる。『尊卑分脈』土岐系図に載せる「定親」には「法名鏡円、蜂屋と号す、母平貞時女」との注記がある。蜂屋定親は法名鏡円といい、母親は得宗貞時の娘であった。この鏡円は嘉元三年（一三〇五）の鎌倉での北条一族内訌で北条宗方側の討手として時村殺害に加わった十三人のなかに「土岐孫太郎鏡円」と見える人物であり（「鎌倉年代記裏書」）、鎌倉北条家の家人であった。この鎌倉の蜂屋氏は千葉氏との婚姻関係も確認され（『尊卑分脈』）、また得宗家に臣従していたらしい（市村高男二〇一一）。この蜂屋氏と松島蜂屋氏が同じかどうか（源姓でも武田氏系か土岐氏系か）不明だが、鎌倉に居住し、北条氏に近侍していたことは確かであろう。

以上から、松島の時頼廻国伝説は、時頼が檀那となり（所領寄進）円福寺の禅宗化をすすめたことをもととしている。その廻国伝説化は得宗被官として松島に下り監視役となった蜂屋（八屋）氏がすすめたものと考えられる。

津軽の時頼廻国伝説

津軽には、北条時頼が愛妾（唐糸御前）の墓を訪れたという伝承が残っている。また嘉元四年（一三〇六）鐘（江戸時代以後は弘前市長勝寺所在）を造営した大檀那が北条貞時（時頼の孫）であることから、貞時と時頼廻国との関連も考えられる（佐々木馨一九九七）。ただ関連資料を検討すると、鎌倉建長寺の僧が津軽に建立した堂舎が荒れたのを北条時頼使者が所領を寄進し護国寺・関東祈禱寺としたこと、これと現地の唐糸前塚伝説が習合したものと考えられる。

時頼が愛妾（唐糸）の墓を訪れたと伝える史料は『津軽一統志』の冒頭部分の古跡に見える。「一唐糸前　藤崎村　この所墳墓あり」との見出しから始まるが、記述順序に従って要点を記すと次のようになる。①最明寺時頼の妾の唐糸という者がこの所にて死去した（古墳石碑が今も残る）、②『曹洞縁起誌』の満蔵寺の項には、曾て藤崎村に住む唐糸という者は時頼公の妾であったが、婦人の妬みにより弘長年中に茲に移されており、容姿が衰え、最明寺殿の廻国を聞いたが、会うのを憚り石を抱き入水したとの記述が見える、③最明寺（時頼）は哭泣し、唐糸のために護国寺を建てて、帰途についた、④帰りには、一七日には一七山、二七日には二七山を建てて、鎌倉に戻った、⑤護国寺には法物・供器が寄進されていたが、今に伝えるのは大学（覚）禅師（蘭渓）の像と袈裟、唐糸所持の手箱・鏡、鎌倉寺院からの書簡二通、その他に元弘二年綸旨、同年八月の国宣があった（目録）、⑥按ずるに、ここには（護国寺）平堂院という古跡があり、常陸阿闍梨が住していたとき領主の極楽寺殿（北条重時）が建長年中に帰依して田畠を寄進した霊臺寺としたが、その後に荒れ果てたのを最明寺（時頼）が巡国に際し唐糸を偲び弘長二年に復興し護国寺（臨済）と名付け田舎・花輪・平賀三郡を供給費に宛てたが、その後は乱世となり、また曹洞宗・満蔵寺と改名し、今は弘前城に長勝寺耕春院となった。

ここには、藤崎村には唐糸前との伝説のある墳墓の存在が、取り上げられている。これは五代津軽藩主（信寿）により編纂された『津軽一統志』（享保十六年完成）が藩の正史を藩祖為信の事蹟を詳細に記録することを目的にしていたが、為信以前の歴史も全て申告させて記述する方針をとっていたことにより、いわゆる地誌の記事も採用されたことによる（長谷川成一二〇二一）。「古跡」としての唐糸墳墓は、『津軽一統志』編纂の始まる享保五年の惣検では実見調査されて、菩提所と古碑（板碑）が調査されている（八木橋本）。『津軽一統志』以前から現地ではこの伝説があり、藩がそれを藩史に利用しようとする意図があったことが分かる。

この①〜⑥の記述のなかで、唐糸前の伝説は『曹洞宗縁起誌』（現地の寺院が伝える）に依拠する手法を取っているが、これは伝説の根拠を質問された時のことを配慮したものであり、唐糸前という墳墓を調査している。藩も半信半疑なのである。また時頼の廻国は弘長二年のことであるとされるが⑥、弘長二年は『吾妻鏡』欠本の年であるが、この年は最明寺（時頼）は年初から奈良西大寺の叡尊を鎌倉に迎える用意に腐心し、三月〜閏七月まで鎌倉にて叡尊と交流しており、叡尊帰京後には兀庵のもとで座禅・契悟している（十一月）。弘長二年に廻国していたとは考えられない。したがって最明寺自身の津軽廻国は想定できず、その替わりの人物の津軽入部（使者）が考えられよう。

つぎに、荒れていた満蔵寺を、たまたま廻国中の時頼が再興し、護国寺となし、その経営費用に三郡を宛てたという⑥。これは、使者が三郡内の所領を募り寄進したのを、時頼寄進として護国寺に伝えたものと思われる。使者安藤光信の摂津多田院の再興・所領寄進が、時頼寄進となったのと同様のこと（第六章6節）が想像されよう。

唐糸が津軽に移ったことを、満蔵寺縁起を引く形で、時頼女房の嫉妬により弘長年中と記すが、もしあったとすれば、弘長以前のことであろう。無住の『雑談集』には時頼の女房のなかに性根の悪い人物がいて男子でも追い出されたと見えるが、こうした話を鎌倉での生活で知っていた人物が持ち込んだものかと思われる。北条一族に関係する女性の津軽への移住は可能性があろう。

こうした津軽での時頼の代行者は、得宗に近く（被官）、津軽にも所領を持つ曽我氏の可能性がたかい。なかでも曽我光弘は、宝治元年に勲功の賞として陸奥国名取郡土師塚郷地頭代職を与えられた（南部光徹文書）。宝治合戦で時頼側に付いたのである（『吾妻鏡』にはみえないが）。曽我光広は、それ以前の仁治三年に津軽平賀郡内の地頭代職を時頼から給付されていた得宗被官である。宝治合戦以後には、津軽に入部し死去まで知行していた（文永元年には後家尼が平賀郡岩楯村地頭代職を北条長時から安堵されている、斎藤文書）。つまり曽我光弘は宝治元年から死去（文永元年以前）まで、津軽平賀郡の地頭代職を知行していたのである。そして『津軽一統志』の伝える弘長二年の時頼津軽廻国・護国寺建立の記事は、この曽我光弘が津軽平賀郡地頭代知行の時期にはいる。

こうしてみると、津軽の最明寺殿廻国伝説は次のように整理されよう。得宗被官の曽我光広が津軽平賀郡内を知行するなかで、荒れていた寺院（平等院）を再建し、郡内の所領を寄進したが、護国寺と改名するなかで最明寺殿寄進となった。これが唐糸前墓と言われる墳墓の伝説と習合し、最明寺殿が愛妾唐糸を偲ぶ物語となった。

嘉元の梵鐘

弘前市長勝寺に嘉元四年（一三〇六）八月十五日銘の梵鐘がある。この梵鐘はもと津軽藤崎の護国寺にあったが、江戸時代に現在地に移された（弘前市二〇〇二）。この梵鐘の銘には、大檀那の「相模州菩薩戒弟子　崇演」（北条貞時）が中心となり「皇帝萬歳　重臣千秋」

「風調雨順　国泰民安」を願う旨が記され、賛同し施銭（寄附）した領主（十六人くらい）らの名前が列記されている。この施銭領主には、在来の奥州武士（安倍氏など）のほか、関東出身者が見える。丹治宗員（武蔵丹党安保氏出身）、沙弥道性（曽我太郎兵衛入道、鎌倉曽我氏出身）、沙弥道暁（山川五郎光義、下総結城氏一族山川氏）らがそれに該当するが、この嘉元の梵鐘造成にかれらは積極的に参加した。

とくに曽我氏は、泰光が弘安頃に過書を与えられて奥州～鎌倉の往復が国家的に認められていたが（前述）、嘉元二年五月二十四日に嫡子光頼に譲っていた平賀郡大平賀郷地頭代職を、嘉元三年（一三〇五）七月二日に得宗貞時から安堵された（南部光徹氏南部文書）。その形式は文書の冒頭に花押を据え領知せしむ旨をしるす袖判安堵状である。御家人が将軍から所領譲与を安堵される形式にちかい。曽我泰光はこの時期津軽の所領継承をめぐり得宗貞時と関係を強化していたのである。その貞時が大檀那となって梵鐘を造営する事業を始めた。梵鐘の完成は嘉元四年八月であるが、資金調達（勧進）や工事は前年から始まっていたであろう。曽我泰光（左衛門尉）の名前は鐘銘のなかに見出すことはできないが、未詳の法名のなかに該当する人物がいる可能性もある（沙弥行心は曽我氏かもしれない、弘前市二〇〇三）。

また列記された領主名のなかに見える「沙弥道暁」は結城一族山川五郎光義の法名の可能性がたかい（市村高男一九九六）。この山川五郎光義は下総結城家では庶子ながら鎌倉末期には得宗に接近しており、得宗の高時（貞時の子）が下総潮来の長勝寺に梵鐘を造成した時の現地大檀那であった。その山川五郎光義が津軽護国寺の梵鐘造成にも参加していたのである。前後関係は津軽護国寺の方が下総長勝寺よりも早い。たぶん、山川五郎光義は下総と奥羽を往復していたのであろう。曽我氏と同様な広域活動を展開していたのであろう。

この津軽護国寺での梵鐘造成とその直後が最明寺殿廻国伝説が盛んになった時期と考えられる。得宗時頼との関係が深い曽我氏が、得宗貞時の護国寺梵鐘造成につき、祖父の時頼が廻国に来ていたという物語を強調することはごく自然である。おそらくこの時期に以前からあった唐糸物語と習合したのであろう。

3　京・畿内の時頼廻国伝説

得宗被官の寄進→最明寺寄進→最明寺廻国

摂津多田院の再興は得宗被官の安藤光信が多田政所として満願寺を起こし関東祈禱の寺とすることから始まったが、その多田政所（安藤光信）寄進状（建長三年六月日）は後に写が作成された際に「北条時頼入道下知状」と呼ばれるようになる（『川西市史』史料編）。時頼の命令を受けた寄進状と解釈されたのである。

これが江戸時代には時頼（最明寺）が多田院・満願寺を訪れたとの伝説となる。「満願寺縁起」（宝永五年仲春）（『川西市史』史料編九四）には、寺の乾隅にある瀑は「西明寺瀑」という名であるが、それはむかし西明寺時頼が諸国を巡行した時、ここで修行していた僧と一緒に休息したことに因む、と伝える。ここから得宗被官の田地寄進が北条時頼寄進となり、さらに最明寺廻国伝説にまで進んだことが分かる。江戸時代の縁起に文字化されたものであるが、伝説自体はもう少し遡るであろう。

『増鏡』の廻国伝説

京や畿内での時頼廻国伝説は、南北朝時代に広がる。『増鏡』は後鳥羽天皇誕生から後醍醐天皇の帰京までの、鎌倉時代の全史を公家の立場から、王朝行事のあり方を中心に叙述した歴史物語である。その巻第九「草枕」に時頼廻国伝説が記述されている。「この比は、ありし時頼朝臣の子、時宗といふ相模守、世の中はからふ《計う》主なりける。故時頼朝臣は、康元元年に頭おろして後、忍びて諸国を修行しありきけり。それも国々のありさま、人の愁へなど、くはしくあなぐり見聞かんの謀にてありける」と叙述されている。時頼が康元元年に出家して以後、忍んで諸国を修行して歩き、国々の様子、人々の愁いなど詳しく探って見聞しようと企てた、という。これが時頼の廻国を記すもっとも古い史料であろう。『増鏡』は南北朝初期にいったん成立していたので、この時期には廻国伝説そのものが生まれていたと考えられる。

ところで、この『増鏡』の叙述は、巻九（草枕）のなかにあるが、この巻は後宇多天皇の践祚（文永十一年正月）から亀山院女御の院号（建治二年十一月）までの出来事を扱っていて、幕府では執権時宗の時期に該当する。時宗はいわゆる両統交立を進めた人物として評価されており、時頼はその父親として取り上げられ、廻国伝説が叙述されているのである。

『増鏡』はさきの文の続きに、時頼はみすぼらしい家の主に事情を尋ね、道理のある愁いを聞くと「私は見すぼらしい姿をしているが以前は権勢があったので、この消息（文書）を差し上げよう、これを持って訴え出て来なさい」と言った、家主は期待しなかったが書類を持って「東」（鎌倉）にゆき事情を話すと最明寺入道殿のものと分かったという。

このように『増鏡』には、この話が時頼自身の時期のことではなく、時宗の時期の時宗父の話として採用されている。これはおそらく、『増鏡』が最初に成立した段階の叙述にはなく、後に付け加えられたものかと思われる。最明寺殿（時頼）が、見すぼらしい家をたずね、事情を聞き、書付を与え、訴えでるよう諭す話が、この頃の京都や畿内に広がっており、それを踏まえた叙述になったのであろう。

『太平記』伝説——難波の浦の尼

時頼廻国伝説のうち最も有名なのは『太平記』が伝えるものであろう。この書物は南北朝内乱の前半を描いた軍記であるが、後醍醐天皇による京都朝廷政治の展開（成立〜吉野移動）を叙述した後は、足利氏のよる幕府政権樹立の紆余曲折過程を辿っている。足利尊氏・直義の幕府権力が、第二代将軍義詮の時代に整備され安定していくと、この内乱を振り返る機運が出てくる。『太平記』巻三十五の「北野通夜物語事付青砥左衛門事」は、日野僧正頼意という僧が北野神社の聖廟に通夜した際に一緒になった三人から、それぞれの物語を聞くというものであるが、この形式は歴史・世間を語らせる装置にふさわしい。

その三人のうちの一人は「古へ頭人評定ナミニ列テ武家ノ世ノ治リタリシ事、昔ヲモサゾ忍覧ト覚テ、坂東声ナルガ、年ノ程六十許ナル遁世者」（昔は評定頭人なみに幕府に列らなった坂東声の年齢六十位の遁世者）である。坂東声の、年齢は六十という人物は、鎌倉幕府に奉仕し、評定頭人（引付頭人）のように振舞っていたというから、幕府の法曹官僚（奉行人）の上層ということになろう。鎌倉末期は、得宗の貞時・高時の時期の話ということになる。

その坂東声の人物が語ったことは、延喜帝が地獄でうけた拷問、北条泰時の治世が無欲を旨としたがその死後は諸国（遠国）では守護・国司・地頭・御家人の無道猛悪な者たちが他人の所領を押領して民百姓を悩ますこととなった。そこで「西明寺の時頼禅門」が密に貌を窶《やつ》し六十余州を修行して廻ったという。そしてある時、摂津国の難波浦に到り、日も暮れたので、垣根もまばらで軒も傾いた荒家に宿を借りようとした。家にいた年老いた尼は「宿を貸すことはなんともないが、藻塩草のほか敷く物もなく、磯の菜のほかに進める食物のないので、宿を貸すにもどうしようもない」と断ったが、修行僧は「もう日もくれましたので何とか泊めてください」とお願いし、泊まることとなった。寝床は風の寒く、葦を燃やし、夜が明けた。尼は朝餉の用意をしていたが、慣れない様子なので、事情を尋ねると、尼は「私はここの一部領主でありましたが、夫と子を失った後に、惣領某により関東奉公の権威に重代相伝の所帯を取り上げられました。京・鎌倉に訴え出るに伝手となる人もなく、ここ二十年ほどは浅ましいばかりです」と言った。聞いた廻国修行の僧は卓の上の位牌の裏に「難波潟鹽干ニ遠月影ノ又元ノ江ニスマザラメヤモ」との歌を書きつけた。鎌倉に戻った最明寺はこの位牌と尼を尋ねだして、かつて尼の本領を安堵し、その他の没収所領を加えた。

所領をめぐる一族の相論で、所帯を失った人々を時頼が救済する旨の伝説である。ただここには、幕府で評定頭人を補佐していた人物の話として設定してあるだけに、見逃せない事柄がある。一族の女人（尼）の所帯を取り上げたのが関東奉公の権威を笠に着る惣領である。この物語の惣領が幕府用語の惣領と同じとは言えないが、時頼期に進められた御家人一族を「惣領」中心に把握する政策（前述）とそれに呼応する在地の動向を背景としている。武士層に広がる所領格差と零落は社会問題となっていたのである。

その零落者が身を寄せる場として難波浦が出てくるが、難波（庄）を本拠とする武士に渡辺氏と遠藤氏がいるが、両者は鎌倉後期に勢力争いを展開していた。そのうち遠藤氏の為長は北条氏との関係が強く、多田院と接触があり、子息の俊全を六波羅探題に奉仕させ（奉行人）、女子の一人を北条宗頼（時頼の子）の妻としていた（生駒孝臣二〇〇二）。時頼の子の宗頼は後に周防・長門の守護となるが、その前に京・畿内での活動があった。その妻を遠藤氏から迎えており、時頼が難波に立ち寄る話の背景があったのである。

4　廻国伝説の広がり

『太平記』伝説
――青砥左衛門尉

『太平記』は最明寺入道の廻国を述べて、すぐに「後ノ最勝園寺貞時モ、先蹤ヲ追ヒ又修行シ給フニ」として、北条貞時（得宗）が最明寺時頼の先例を引き継ぎ廻国修行したことを叙述する。久我内大臣（通基カ）が仙洞（院）の咎めを受け領地を没収され、城南（鳥羽）の茅宮（粗末な建物）に隠居していたのを、諸国修行中の最勝園寺貞時が訪れ気の毒に思い、院に知らせ、旧領を回復したという。理不尽に不遇を囲っている公卿を救う話である。この話が、時頼廻国伝に続いて叙述されているのであるが、これは得宗の廻国が何回かあったということを述べるとともに、さらに続く青砥左衛門尉の伝説を引き出すものであった。

「又報光寺（時宗）・最勝園寺（貞時）二代ノ相州ニ仕ヘテ引付ノ人数ニ列リケル青砥左衛門尉ト云者アリ」と、得宗家に奉仕する被官である青砥が幕府引付にも連なっていた人物であることを示す。続く文章では、青砥左衛門尉が、富貴ながら廉直であること、乞食など貧民には食を与えたこと、得宗領をめぐる北条家裁判では地下（在地）の公文の主張を道理あると勝訴にしたこと、賄賂は拒否したこと、さらに鎌倉滑川に落とした銭十貫を探すのに銭五十貫の松明を使用したこと、北条時宗から理由なく所領を給付されるのを断ったこと、などを述べる。

『太平記』では、この青砥左衛門尉の話が最明寺廻国伝に付属するように記述されている。巻三十五のこの場面の表題は「北野通夜物語事」であり、三人が世事・歴史を談話する。ここに「青砥左衛門尉事」が「付けたり」として追加されたのである。坂東声の、かつて幕府に奉公したことのある遁世者の語る話が、ここで青砥の話にも及んだのである。青砥左衛門尉の伝説は意図的に挿入されたと見られよう。

まえにも述べたように（第五章4節）、青砥氏は、時頼の時代から得宗家に奉仕する家人でありながら、幕府の奉行人でもあり、左衛門尉を代々名乗っていた。『太平記』巻三十五が、時頼廻国伝説と青砥左衛門尉伝を一つながりに叙述するのは、時頼の廻国は青砥左衛門尉の進言によるものだという噂を背景にしている。『弘長記』が「正五位下行相模守平朝臣時頼入道諸国巡行ハ、文応より弘長に

佐野橋（群馬県高崎市）
晴れた日には丘陵のむこうに浅間山が見える。

いたる此間三年、青砥左衛門藤綱か異見によると云々、」と書いているが、文応から弘長の三年間は実際の廻国は無理であるから（史料の上から無理）、ここに書かれているのは作り話というしかない。ただこうした話が京都（『太平記』の書かれた）でも広がっていたのである。

青砥左衛門尉という人物は、南北朝期には室町幕府の奉行人のなかにも確認できる（康永三年三月二十一日足利幕府引付番文、白河文書）。北野で通夜した元鎌倉幕府奉行人の遁世者は「今ノ代ノ」「不直ノ奉行」（室町幕府に奉公する者の不正）を叱責しているが、かつての同僚で足利幕府に出仕した人たちに向かって、奉行人の理想を示そうとしたのである。青砥左衛門尉を実際よりも廉直な人物として描きあげているのはこのためであろう。

「鉢の木」伝説

最明寺時頼の廻国伝説のなかで「鉢の木」物語も有名なものといえよう。旅の僧（出家した北条時頼）が、上野国佐野渡で宿を借り、家主の佐野源左衛門が梅・松・桜の鉢木を燃やしてもてなす話である。この物語は能の曲目として残っているが、観阿弥あるいは世阿弥の作と言われ、原形は南北朝時代には成立していたと思われる。ただ現在の謡曲「鉢木」（日本古典文学大系『謡曲下』所収）は何回も脚色されている。話は前半の修行僧が信濃の浅間山から碓氷峠を越えて上野国に入り佐野で宿を願う場面と後半の佐野源左衛門が鎌倉で時頼に称美され梅・松・桜を冠する所領を賜る場面からなるが、後半の佐野源左衛門の武具がいかに粗末かを強調しているのも粉飾を示している。

前半は旅の僧（時頼）が雪の深い夜に佐野渡に着き、宿を乞うのであるが、家主の佐野源左衛門常世が留守のため、妻は断る。時頼は家主の帰りを待ち、また宿を乞う。それでも佐野夫婦は貧困を理由に断る。夫婦は旅の僧が出て行くのを見守るが、妻は思いかえし、宿を貸そうと源左衛門に提案し、宿を提供することになる。

佐野夫妻は最初から宿を貸すと承諾すればいいものを、いったんは断り、やがて妻が思い返し、宿を貸す。ここには、旅の僧が訪ねたのは、貧しい尼であり、その貧しさを救済する趣旨がうかがえる。原形は『太平記』の難波渡の同様の話と思うが、それが謡曲に編集されるなかで、京都にてこのように変容したと考えられよう。また貧しい佐野夫妻が時頼をもてなし、昔語りをするに、源左衛門が所領を一族に奪われて零落したと語るも、『太平記』難波の尼と同じである。

この「鉢木」物語が、佐野（上野国）を舞台の地として選んだのは、京都のなかで「佐野の浮橋」が万葉集以来の地として知れ渡っていて、それを連想させようとした意図がみえる。また上野国佐野渡は、鎌倉から信濃善光寺への参詣路（善光寺道）のなかにあり、一遍など時衆の徒の廻国コースの一つであった。武蔵府中宿～武蔵児玉宿～上野山名宿～上野佐野渡～上野板鼻宿～上野松井田宿～碓氷峠～信濃沓掛宿～信濃大井宿とつづく道は、『曽我物語』の虎御前廻国の道でもあり、宿には時宗系寺院が立っていた（山本隆志二〇〇〇）。

この交通路の地名として知られていた佐野を、修行僧が訪れるというのは中世人に受け入れられやすいものであるが、時頼に宿を提供した佐野源左衛門（常世）はどのような人物として意識されたのであろうか。「源左衛門」というから源姓の出自であるが、上野国佐野に相応しい佐野氏を歴史史料に見つけることはできない。おそらく伝説が物語としての創作度を上げるなかで設定された人物であろう。佐野渡は烏川沿いの板鼻宿に近く交通の要衝であったが、そこを管理する人物として佐野源左衛門をつくり出した。弘安八年（一二八五）の霜月騒動で安達氏主流が没落し、上野国守護・国府が北条得宗家の管理下に入る。得宗家（鎌倉）から派遣された代官は得宗の廻国伝説を交通路支配の権威づけに利用したと考えられる。

「鉢の木」伝説流布の背景

時頼（最明寺入道）の伝説は、南北朝期までは、歴史的人物の時頼の一部を彷彿させるところがあり、社会的力をもっていた。松島や津軽での伝承がそうであり、京都・畿内での流布もそうであった。「鉢の木」伝説も、京都で広がる社会的背景があったと思われるが、謡曲として伝存している物語は、抽象度がたかく、全体を歴史資料として考察するのは困難である。ただ、鎌倉中期から、関東・六波羅の評定衆を勤めた長井氏が、鎌倉末期・南北朝期の所領譲状に「上野国佐野郷在家」を記している。鎌倉評定衆の長井氏も北条氏滅亡後は足利氏に随い、室町幕府の奉行人・奉公衆となって、京都社会に定着する（小泉宜右一九七〇）。上野国佐野郷を伝領したのは長井泰茂―頼秀―貞頼の系統であるが（元徳元年十二月二十二日長井道可〈頼秀〉譲状、貞和五年八月二十五日長井貞頼譲状）、鎌倉末期～南北朝期には京都を基盤としている。京都長井氏は歌人を輩出しており、頼秀―貞頼の系統を含む長井一族は、歌枕「佐野の浮橋」には親しんでいたと思える。上野国佐野（佐野渡）を舞台とする「鉢の木」伝説が京都社会で流布したことと無関係ではなかろう。ただ長井氏と「鉢の木」伝承との関係は、検証には推定が多くなりすぎる。

おわりに

北条時頼が死去した後、幕府の執権には長時、次いで政村が就任した。長時は七年間弱の間執権を勤めたが、時頼の信頼厚く岳父でもあった重時の子であり、また時頼妻の弟であった。政治的にも時頼を支えている。政村は血縁的には近くないが、執権となり四年弱の間在職した。政村は泰時に引き上げられた文人であり、連署重時の後継者でもあり、時頼にも信頼されていた。政村の後に、時頼執権辞職から十年を経て、時宗が執権となり、執権が専制的権力へと向かう。その後は貞時（時宗の子）、師時（時宗の甥）と時頼系が続く。時頼の執権職への影響力の強さをしのばせる。その後の宗宣・熙時・基時と執権は得宗家から離れるが、高時（貞時の子）で再び得宗家にもどる、その後は貞顕（金沢氏）・守時（長時系）となり、幕府滅亡に至る。

その北条氏一族は、鎌倉幕府の倒壊とともにほぼ全滅した。北条一族で生き延びた者は無いに等しい。金沢氏も大仏氏も極楽寺流も亡んだ。鎌倉の執権権力の崩壊とともに北条氏は全体が滅亡したのである。それだけに北条氏と執権権力は一体的関係にあった。この関係を鎌倉に構築したのが、北条時頼である。祖父泰時は執権の理念を提示したが、その具体的政治力は時頼によって実現したのであった（出家後の最明寺殿は執権を背後から支え、この関係の継続を作り出した）。

北条時頼・最明寺殿は幕府政治のなかの人物であり、得宗という権勢者である。ただふりかえってみると、その人生には病が作用していることを痛感する。時頼は執権北条氏の泰時の子の時氏の二男であるが、その父時氏は六波羅から執権後継予定者として鎌倉に戻った直後に急逝した（寛喜二年、一二三〇）。二十八歳であるが、六月十八日という真夏の時期を考えると、何等かの病が急速に悪化したのあろう。幼い時頼は病の恐ろしさを感じたに違いない。その約十年後、祖父の泰時が病に臥せった時（仁治二年、一二四一）、兄の経時とともに、鶴岡八幡宮に百度詣でを必死におこなって息災を願った。が泰時は翌年に死去した（六十歳）。そして兄の経時は泰時後の執権となったが、寛元四年（一二四六）在職わずか四年で死去した（享年二十三歳）。時頼と経時は、六波羅以来の仲のいい兄弟であったが、若い兄を失い、自分の半分を亡くした気持ちになったろう。時頼は執権を譲られて、将軍頼経と幕府を指導することとなったが、北条氏全体では確執を生み、時頼は強権を発動し名越光時らを幕府から追放した。妹の檜皮姫は将軍頼嗣の妻（御台）となっていたが、宝治元年（一二四七）五月十三日突然病死した。十八歳である。前年の兄につづき、妹という肉親を失ったのであり、時頼は病の恐ろしさをいやというほど味わった。早世の家系との意識が浮んだであろう。この妹の死去も契機となり、三浦氏との間に距離が生まれ、六月五日には鎌倉での合戦となった。

合戦後に六波羅から北条重時を連署に迎え、その娘を妻にして、幕府を評定衆との協調のもとに主導した。このなかで時頼は気丈な政治家となり、小事には動じない器に成長した。建長寺蔵の束帯姿の時頼像のふくよかな姿には自信が見える。だが無理もしていた。幕府内では赤斑病が流行していたが、ついに時頼も康元元年（一二五六）九月に家族ともども罹患し、十一月には赤痢を患った。二十九歳の時である。この病に、時頼は執権を続けることに、体力的・精神的困難を感じた。無理を続けると、大事（権力者であることと同時に禅修行者であることの前進）が成し遂げられないと直感したのであろう。執権職を北条長時（重時の子）に譲り、最明寺にて出家した。法名の道崇は師蘭渓道隆の一字をつぎ禅の修行に入った。

体調が一時的に回復した翌年（康元二年、一二五七）には円爾弁円から禅・道の講義を受け、禅を大自然のなかで実践する契機をえた。最明寺を建立した山ノ内には、亭も隣接するように造成し、湯屋を設け、幕府の御台・女房などの療養にも提供した。山ノ内には薬草もおおく、それを利用したが、また栽培もしていた。時頼自身もその薬草を利用していたであろうが、唐（中国）からの薬を重用していた。赤痢を患うなど内蔵疾患のあった時頼は、中国由来の「黒錫丹」（鉛）を自分で調合し愛用していたが、それも重症化の原因ともなった。弘長二年（一二六二）、叡尊を鎌倉に迎えた夏にも、病の悪化で、戒を与えられる機会を延期する申し入れをしている。病の状態が思わしくなく感じ、この年秋以降、尊敬する兀庵のいる建長寺に坐禅に通い、森羅万象と「自己」は別でなく、同一であると大悟した。ここで、執権として幕府権力を時には強引に牽引してきたことなど振り返るも、一切を突き放し、大道湛然の境地に達した。ここに最明寺殿は死去した。三十七歳とはわかい。おおくの人達が死を惜しんだ。もっと生きていてほしかった、と誰もが思った。この感情は鎌倉だけでなく、関東一帯で、また京・畿内でも、また全国の北条氏関係地でも生まれた。とくに得宗被官人・幕府奉行人が関係する地では寺院造営に結びつきながら広がった。

相模守時頼、最明寺殿がもし出現しなかったら、執権政治は、軌道に乗ったか、疑わしい。泰時の理念を現実の社会のなかに具体化した人物である。鎌倉末期の幕府奉行人（平政連）が「前武州禅門（泰時）は救世観音の転身、最明寺禅閤（時頼）は地蔵菩薩の応現」と表現したのは、泰時の掲げた観音浄土と、そこに導く現世の地蔵菩薩の時頼のことを言ったのである。地蔵は苦しむ人々に替わり苦難を引き受けるという。時頼自身、出家からの約七年、修行の場とした建長寺は地蔵菩薩を本尊にしており、また鎌倉は地蔵像の多い土地柄であった（清水眞澄一九八五）。地蔵とともに病をかかえながらも、執権・得宗の生涯を歩んでいる姿を想像できよう。

参考文献

〔全体〕

『国史大系　尊卑分脈』吉川弘文館
『国史大系　吾妻鏡』吉川弘文館
『中世法制史料集一　鎌倉幕府法』岩波書店
『日本古典文学大系　沙石集』岩波書店
『日本古典文学大系　方丈記　徒然草』岩波書店
『日本古典文学大系　古今著聞集』岩波書店
『日本古典文学大系　神皇正統記・増鏡』岩波書店
『日本思想大系　中世政治社会思想上』岩波書店
鎌倉国宝館　二〇一三『北条時頼とその時代』（特別展図録）
東京大学史料編纂所データベース
国立歴史民俗博物館データベース
『東洋文庫　関東往還記』平凡社
新井白石『読史余論』岩波文庫
奥富敬之　一九八〇『鎌倉北条氏の基礎的研究』吉川弘文館

佐藤進一 一九九〇『日本中世史論集』岩波書店
佐藤進一 一九九三『鎌倉幕府訴訟制度の研究』岩波書店
高橋慎一朗 二〇一三『北条時頼』吉川弘文館
細川重男 二〇〇〇『鎌倉政権得宗専制論』吉川弘文館

〔はじめに〕

山村亜希 二〇〇九『中世都市の空間構造』第二部第一章「東国の中世都市の形成過程」吉川弘文館

〔第一章〕

長塚孝 二〇〇二「八条流馬術の成立と展開」『馬の博物館研究紀要』二十三号
平松令三 一九九八『親鸞』、吉川弘文館
森茂暁 一九九一『鎌倉時代の朝幕関係』第一章第一節「西園寺実氏「関東申次」指名以前の朝幕関係」思文閣出版
森幸夫 二〇一〇「得宗家嫡の仮名をめぐる小考察」阿部猛編『中世政治史の研究』所収、日本史史料研究会
山本隆志 二〇一二『東国における武士勢力の成立と展開』第七章「鎌倉時代の馬市・馬喰」思文閣出版

〔第二章〕

秋山哲雄 二〇〇六『北条氏権力と都市鎌倉』第一部第一章「都市鎌倉における北条氏の邸宅と寺院」吉川弘文館
伊藤邦彦 二〇一〇『鎌倉幕府守護の研究 国別考証編』第四章「東海道美濃」岩田書院
細川重男 二〇〇〇『鎌倉政権得宗専制論』第一部第三章「得宗家公文所奉書と執事」吉川弘文館

細川重男 二〇一〇『北条氏と鎌倉幕府』第二章「江間小四郎義時の軌跡」講談社
松薗斉 二〇一八「鎌倉時代における説話編集者の歴史認識――沙石集と古今著聞集を中心に」愛知学院大学『人間文化』三十三号
村井章介 二〇二二『北条時宗と安達泰盛』第一章「垸飯にみる幕府政治の推移」講談社

〔第三章〕
高橋秀樹 二〇一六『三浦氏の研究』第四章「佐原義連とその一族」、吉川弘文館
森茂暁 一九九一『鎌倉時代の朝幕関係』第一章第一節「西園寺実氏「関東申次」指名以前の朝幕関係」思文閣出版

〔第四章〕
金永 二〇〇一「摂家将軍期における源氏将軍観と北条氏」『ヒストリア』一七四号
高橋秀樹 二〇一六『三浦氏の研究』第八章「宝治合戦記事の史料論」吉川弘文館
福田誠 二〇〇六「永福寺の考古学的成果」『吾妻鏡と中世都市鎌倉の多角的研究』(科研成果報告、五味文彦代表)
平山敏治郎 一九八四『歳時習俗考』法政大学出版局
和歌森太郎 一九八一「八朔考」『和歌森太郎著作集9』弘文堂

〔第五章〕
秋山哲雄「都市鎌倉における永福寺の歴史的性格」『吾妻鏡と中世都市鎌倉の多角的研究』(科研成果報告、五味文彦代表)

茨城県歴史館 二〇〇八『茨城県歴史館叢書11鹿島神宮文書1』
茨城県歴史館 二〇〇九『茨城県歴史館叢書12鹿島神宮文書2』
川島孝一 二〇〇八「北条時頼文書概論」北条氏研究会編『北条時宗の時代』所収、八木書店
佐藤雄基 二〇一八「文書史からみた鎌倉幕府と北条氏」日本史研究六六七号
清水眞澄 一九八五『鎌倉の仏教文化』岩波書店
納富常夫 一九八七『鎌倉の仏教』鎌倉春秋社
葉貫磨哉 一九七六「武蔵村山正福寺濫觴考」『日本歴史』三三九
神奈川県立歴史博物館 二〇二二『永福寺と鎌倉御家人』（展示図録）
中川博夫 一九八四「大僧正隆弁——その伝と和歌」『芸文研究』四六
原廣志 二〇〇六「永福寺諸用瓦について」『吾妻鏡と中世都市鎌倉の多角的研究』（科研成果報告、五味文彦代表）
福田誠 二〇〇六「永福寺の考古学的成果」『吾妻鏡と中世都市鎌倉の多角的研究』（科研成果報告、五味文彦代表）
古瀬珠美 二〇一七「『明心』についての考察」『仙石山仏教学論集9』
細川重男 二〇〇〇a『鎌倉政権得宗専制論』第一部第四章「得宗家執事長崎氏」吉川弘文館
b巻末「鎌倉政権上級職員表」
保立道久 一九九〇「町の中世的展開と支配」『日本都市史入門Ⅱ町』所収、東京大学出版会
水戸部正男 一九六一『公家新制の研究』第五章「公家新制と武家新制の関係」創文社
宮内教男 二〇〇九『茨城県歴史館叢書12鹿島神宮文書2』解説
宮崎肇 二〇一五「中世書跡の和様と唐様」『日本美術全集8中世絵巻と肖像画』所収、小学館

森幸夫 二〇〇九『北条重時』吉川弘文館
山野井功夫 二〇〇八「北条政村及び政村流の研究」『北条時宗の時代』所収、八木書店

〔第六章〕
青木文彦 二〇〇二「武蔵の奥大道」江田郁夫・柳原敏昭編『奥大道』所収、高志書院
市川浩史 二〇〇二「九条道家の政治思想」『吾妻鏡の思想史』所収、吉川弘文館
海老名尚・福田豊彦 一九九二「「六条八幡宮造営注文」について」『国立歴史民俗博物館研究報告』四五集
岡田莊司 一九九四『平安時代の国家と祭祀』第二編第二章「即位奉幣と大神宝使」続群書類従完成会
小口雅史 一九九五「津軽安藤氏の歴史とその研究」小口編『津軽安藤氏と北方世界』所収、河出書房新社
木澤南 二〇一二「日本思想における『観ること』の問題の一側面」『国士館哲学16』
田中大喜 二〇〇九「物領職の成立と「職」の変質」『歴史学研究』八五一号
原田種成 一九七八『貞観政要上』解題、明治書院
宮崎肇 二〇一五「中世書跡の和様と唐様」『日本美術全集8中世絵巻と肖像画』所収、小学館
森茂暁 一九九一『鎌倉時代の朝幕関係』思文閣出版
山本隆志 二〇一二『那須与一伝承の誕生』ミネルヴァ書房

〔第七章〕
石井公成 二〇一二「青々とした竹は真理そのものか」ハノイ国家大学付属人文社会科学大学『日本研究論文集 日本とアジア』所収
市川浩史 二〇〇二「時頼の卒伝を読む」「兀庵不寧」「円爾弁円」『吾妻鏡の思想史』吉川弘文館
井原今朝男 二〇一七『日本中世債務史の研究』第八章「中世請取状と貸借関係」東京大学出版会

小島つとむ 二〇一五「鎌倉の刀工と刀剣」福田豊彦・関幸彦編『鎌倉の時代』所収、山川出版
今野慶信 二〇〇二「得宗被官による禅院寄進の背景」『駒沢史学』五十八号
佐藤智広 二〇一六「北条政村と和歌」『青山国文』四十六号
高木豊 一九八四「鎌倉名越の日蓮の周辺」『金沢文庫研究』二七二号
玉山成元 一九八六「『然阿上人伝』について」『仏教文化研究』三十一号
寺尾英智 二〇二一「鎌倉の日蓮をめぐる三つの史料」神奈川県立歴史博物館『鎌倉の日蓮』(展示図録)
西尾賢隆 二〇〇七「建長寺の鐘銘」『禅学研究』八十五号
原田正俊 二〇一四「円爾」平雅行編『公武権力の変容と仏教界』所収、清文堂
細川涼一 二〇一一訳注『関東往還記』東洋文庫平凡社
本間薫山(順治) 一九五八『日本古刀史』日本美術刀剣保存協会
古瀬珠美 二〇一七「『明心』についての考察」『仙石山仏教学論集』九号
藤木久志 二〇〇七『日本中世気象災害史年表稿』高志書院
間宮光治 一九八八『鎌倉鍛治　藻塩草』猪瀬印刷
森幸夫 二〇〇九『北条重時』吉川弘文館
湯山学 一九九九『鎌倉北条氏と鎌倉山ノ内』社会福祉法人光友会

〔第八章〕

生駒孝臣 二〇〇二「鎌倉中・後期の摂津渡邊党遠藤氏について――「遠藤系図」をめぐって『人文研究』(関西学院大学)五十二号
市川浩史 二〇〇二「時頼の卒伝を読む」『吾妻鏡の思想史』吉川弘文館

市村高男　一九九六「鎌倉末期の下総山川氏と得宗権力」『弘前大学国史研究』一〇〇号
市村高男　二〇二一「中世土岐氏の成立と展開」『瑞浪市歴史資料集6』
入間田宣夫　一九八三「中世の松島寺」『宮城の研究3』清文堂
入間田宣夫　二〇〇五『北日本中世社会論』Ⅰ「第三章鎌倉建長寺と藤崎護国寺と安藤氏」吉川弘文館
牛山佳幸　二〇一六『善光寺の歴史と信仰』法蔵館
奥富敬之　一九八〇『鎌倉北条氏の基礎的研究』「第四章得宗専制の展開」吉川弘文館
小泉宜右　一九七〇「御家人長井氏について」『高橋隆三先生喜寿記念論集古記録の研究』所収、続群書類従完成会
佐々木馨　一九九七『執権時頼と回国伝説』吉川弘文館
辻善之助　一九四九『日本佛教史第三巻中世篇之二』岩波書店
祢津宗伸　二〇〇九「北条時頼往生来迎図」の人物比定について」『中世地域社会と仏教文化』法蔵館
松尾剛次　二〇〇六「西大寺光明真言過去帳の紹介と分析」速水侑編『日本社会における仏と神』所収、吉川弘文館
峯岸佳葉　二〇〇六「南宋書法にみる「墨蹟」の源流――禅僧と文人の接点・張即之書風に伝播を中心に」、『書学書道史研究』十六号
長谷川成一　二〇二一「「津軽一統志」の編纂と弘前藩」『書物のなかの近世国家――東アジア「一統志」の時代』勉誠出版
弘前市　二〇〇三『弘前市史通史編1』第四章第三節
細川重男　二〇〇四「裏松本『神明鏡』の書写にみる戦国期東国文化」『古文書研究』五十九号
山本隆志　一九九四『荘園制の展開と地域社会』第五章「得宗勢力の荘園知行」、刀水書房

山本隆志 二〇〇〇「宿と往反」『新編高崎市史通史中世』
鷲尾順敬 一九一六『鎌倉武士と禅』日本学術普及
〔おわりに〕
清水眞澄 一九八五『鎌倉の仏教文化』岩波書店

あとがき

本書はわたしの〈日本評伝選〉三冊目になる。前著の『山名宗全』を書き上げた二〇一五年夏、京都駅でミネルヴァ書房担当者（前任）にお会いした時、北条時頼はどうですか、とお誘いを受けた。もう八年以上前である。その時は、時頼廻国伝説に興味があったので、やってもいいが考えて返事する旨を伝えた。

『山名宗全』（二〇一六年四月）の刊行以後、世の中は様々な変動があり、わたし自身も群馬県の高崎市に戻り、時頼の原稿は進まなかった。そんな中、新田義貞の挙兵経緯を北関東の在地社会からだけで考えるのでなく、鎌倉政界の政治的矛盾との関係のなかで考え直す機会があり、また関東における刀剣・冑の広がりも鎌倉が拠点となっていることを実物や文書の調査で思い知り、鎌倉の政治的・文化的力量を思い知らされた。鎌倉なくして中世関東を考えることはできないのであるが、思うに、鎌倉が鎌倉らしく確立したのは、執権北条氏の時代であり、それも時頼の時代である。

鎌倉の幕府権力と都市を作り出したのは、時頼・最明寺殿であろうとの意識のもと、時頼を調べ直した。気持ちが充実し、場合によっては時頼になるつもりで文章化も進めた。この作業では、前著につづき、武田周一郎さんには地図の作製で協力していただいた。近藤好和さん、苅米一志さん、山野龍太郎さん、渡辺浩貴さんには、専門的分野から、種々教えを頂いた。またミネルヴァ書房編集部の天野葉子さんには様々な要望をきいていただいた。お礼もうしあげたい。

終わってみると、時頼は器量の大きい、魅力的な人物であった。いま生きていたら、どのようなことをするか、想像したくなる。

二〇二四年二月四日

山本隆志

北条時頼略年譜

和暦	西暦	年齢（数え年）	関連事項	一般事項
元仁 元	一二二四		兄経時誕生。	
安貞 元	一二二七		5・14京都六波羅で誕生（戒寿丸）。	
寛喜 二	一二三〇	4	3・28父時氏、兄経時とともに鎌倉下向、4・11下着。6・11父時氏死去。	諸国大飢饉（明月記）～翌年。3・26北条重時、上洛する。
寛喜 三	一二三一	5		7月九条道家は関白を教実に譲り「大殿」と称す。
天福 元	一二三三	7		6月炎干、三旬にわたり作物被害大。
文暦 元	一二三四	8	3・5兄経時元服。	
文暦 二	一二三五	9	この頃、幕府の一切経書写校合にて時頼（開寿）は親鸞と問答する。	3・16鎌倉大地震、泰時亭にて徳政沙汰。4・13～5・7連日地震12・18将軍疱瘡病む。
嘉禎 二	一二三六	10		1・16将軍病む（押領使という

				病）。
嘉禎 三	一二三七	11	4・22元服し北条五郎時頼を称す。7・19北条五郎時頼、鶴岡馬場にて流鏑馬芸を披露する。8・16時頼、鶴岡放生会に流鏑馬を射る。	6月鎌倉甚雨がつづく。11・7には甚雨洪水。
暦仁 元	一二三八	12	1・2泰時主催の幕府垸飯にて経時は一馬、時頼（北条五郎）は五馬を引く。9・1時頼、左兵衛少尉に任じる。	2・17将軍頼経、泰時・経時らをともない上洛する。3・28僧浄光、深澤に大仏造営始める。4・25九条道家、出家。6・5上洛中の頼経、春日神社参詣。
延応 元	一二三九	13	11・2時頼、毛利季光娘と婚姻。	5・1鎌倉・諸国に人倫売買停止。
延応 二	一二四〇	14		5・12人倫売買停止。6月鎌倉旱魃。
仁治 二	一二四一	15	1・23時頼は経時とともに将軍御前にて笠懸・射的を行う。7・6時頼は兄経時とともに不例の祖父泰時の息災延寿祈請のため鶴岡八幡宮に百度詣で。11・30小山氏と三浦氏の喧嘩に際し、時頼は慎重な行動をとる。12・15時頼は泰時から一村を与えられる。	6月炎干旬を渉る。
仁治 三	一二四二	16	6・15祖父泰時死去、兄経時執権就任。10・1陸	1・20後嵯峨天皇践祚。

			奥大平賀郷を曾我惟重に安堵する下文に袖判を据える。	
寛元　元	一二四三	17	閏7・27従五位下、左近将監に任じられる。	2・26経時、訴論沙汰を促し結番を定める。
寛元　二	一二四四	18	12・26経時亭・時頼亭・幕府政所、焼亡。	4・28将軍頼経辞職、頼嗣将軍宣下。8・29西園寺公経死去。
寛元　三	一二四五	19	1・1経時沙汰の幕府正月垸飯に時頼は御剣役を務める。6・27経時・時頼、新造亭に移る。7・26時頼妹檜皮姫、将軍家御台所となる。10・19由比ヶ浜大鳥居建立に時頼監臨する。	6月経時の病の様子が京都に伝わる。7・20将軍、修理後の御所に移徙、7・24経時の体調持ち直す。
寛元　四	一二四六	20	3・23時頼、執権就任。4・19経時出家。閏4・1経時死去。5月末時頼は名越光時を伊豆に配流し上総秀胤を上総に追放する。7・11頼経、帰洛に鎌倉を進発。8・27頼経上洛は遁世の儀とする時頼書状を重時は後嵯峨院側に伝える。9・1三浦泰村と政務につき談合する。9・27薬師如来像造立のため在京中の隆弁を呼び寄せて衣木に加持させる。10・13時頼、頼朝法華堂に参詣。使者として安東左衛門光成を上洛させ、関東申次に西園寺実氏を推し、徳政を求める。10・29薩摩夜叉に	6月京都で前将軍頼経のよる時頼殺害の風聞があり。6・10、6・26九条道家は関与せずの起請文を書く。

寛元五・宝治元	一二四七	21	薩摩国薩摩郡内所領を安堵する関東御教書に署判。左近将監〈御判〉。12・3越前宇坂庄のことにつき本所に自筆書状をだす。12・12前将軍頼経よりの書状を受け取る。2・16伊豆走湯山に駿河国伊賀留美郷内田五町を寄進。左近将監平朝臣（花押）。5・13将軍御台（檜皮姫）死去。6・5三浦一族との合戦。7・7評定衆・奉行人を招請し盃酒・垸飯。8・1御家人に対し将軍への八朔贈答を禁じる。12・29結城朝光に六月合戦の恩賞を与え、時頼は結城に理解をしめす。	7・18北条長時、六波羅探題就任。
宝治二	一二四八	22	2・5時頼は頼朝の例を倣い滞っていた永福寺修理を興行する。8・1時頼は長井泰秀亭に出向き囲碁に興じる。閏12・28足利正義と結城日阿との書札礼相論を裁く。この年、蘭渓道隆を粟船常楽寺に招く。	12・2近衛兼経は摂政を弟兼平に譲ることを幕府に相談する。
建長元	一二四九	23	6・14時頼、相模守となる。この年重時娘を室に迎える。	2・1閑院内裏焼亡。
建長二	一二五〇	24	1・28時頼、黄疾（黄疸ヵ）を煩う。2・26時頼、将軍頼嗣の文武稽古につき消息状にて諫める。	3・1幕府は閑院内裏造営の費用負担者を定める。

建長　三	一二五一	25	3・1閑院殿造営につき時頼は紫宸殿を担当とする。3・16鎌倉の保奉行人に「無益の輩」の名簿作成を命じ田舎に帰させる。6・3山内道・六浦道の土石除去を命じる。8・26、27時頼、帝範と貞観政要を将軍に推薦する。9・26時頼亭出火。11・28執権時頼・連署重時は鶴岡別当隆弁に対し供僧乱行禁止を命じる。12・5時頼は分国・所領に殺生禁断を命じる。12・29時頼と重時、頼朝・実朝・政子・義時等の墓を巡礼する。この年時頼は千葉亀若丸の元服に「頼」の字を与える（頼胤）。 5・15時頼、室の出産につき隆弁に御書を送る、子息時宗誕生。5・27時頼、隆弁に御書を送り男子平産を謝す。6・13閑院殿造営功により時頼正五位下となる。10・8時頼、小町新造第に移る。9・23時頼、三島社参詣。11・8 時頼、建長寺事始を行う。10・29時頼第にて大般若経信読を始める。11・27時頼、諏訪盛綱を使者として上洛させ、将軍頼嗣祖母の死去を訪う。12・7足利泰氏、出家を企てる。12・26了行ら謀叛の企てを摘発す	6・26関東は異常冷気。11・25将軍祖母死去聴聞に、幕府は使者を派遣。

			る。この年蘭渓道隆を建長寺に招く。	
建長　四	一二五二	26	1・1幕府垸飯を時頼沙汰する。1・7騒動により諸人、幕府及び時頼第に馳参。2・20宗尊親王下向要請の時頼自筆状を後嵯峨院に送る。4・1宗尊親王、鎌倉の時頼亭に入る。9・16時頼妻病悩、回復。10・3時頼妻懐妊。11・13宗尊親王御所湯殿始に時頼出する。	1・12長賢霊少女に憑き後鳥羽院をかたる。4・3前将軍頼嗣ら帰洛す。4・6宗尊親王、将軍宣下を受け取る。4・14将軍宗尊親王、鶴岡八幡宮参詣。11・11宗尊親王、新御所に移る。この年大飢饉。
建長　五	一二五三	27	1・1時頼、幕府垸飯を沙汰する、土御門顕方が御簾をあげる。1・28時頼子息（宗政）生まれる。7・24時頼は書状（自筆ヵ）にて鹿島神宮前大祢宜に巻数到来を伝える。11・25時頼、建長寺供養。	1・11鎌倉大雪。6・10鎌倉大地震。7・9幕府は鶴岡放生会社参随兵の散状を廻し、書様を載せる。9・16幕府、過差禁止など新制十三箇条を定める。9・16鎌倉地震。
建長　六	一二五四	28	1・1時頼、幕府垸飯を沙汰する、土御門顕方が御簾をあげる。4・18聖福寺鎮守神殿を上棟し、関東長久、時頼両息の息災延命を祈願する。6・15青船で泰時十三回忌をいとなむ。10・6時頼女子誕生。12・26時頼沙汰にて法華堂にて不動護摩を修す。この年寿福寺居住の円爾弁円を招き受戒	1・10将軍鶴岡参賀は火事により延期。

			する、「大疑の下に必ず大悟あり」問答。	
建長 七	一二五五	29	2・21時頼、結縁を募り建長寺洪鐘鋳造する。	
康元 元	一二五六	30	8・11時頼子息宝寿元服、時利（後に時輔）。9・15時頼、赤斑瘡。9・16時頼幼女、赤斑瘡。11・3時頼、赤痢を煩う、その後持ち直す。11・22時頼執権職を北条長時に譲る。11・23最明寺にて出家す。この年日蓮、鎌倉に出る。	3・11重時出家、連署は北条政村。4月北条時茂、六波羅探題。
康元二・正嘉元	一二五七	31	2・26時頼子息正寿、元服し時宗。4・15時頼は紺紙金字大般若経と願文を伊勢皇太神宮に送る。6・24将軍、最明寺殿にて蹴鞠。9・30時頼は大慈寺修理の様子を点検する。翌日大慈寺供養に将軍出御。10月時頼は青砥左衛門尉を側近に採用する。この年時頼、円爾から大明録の講義をうける。	閏3・16鶴岡八幡宮にて金泥大般若経供養、導師隆弁。8・1、8・23鎌倉大地震。
正嘉 二	一二五八	32	8・16時頼は鶴岡流鏑馬を桟敷で見る。終了後帰宅。従者伊具四郎は山内に帰るに建長寺前にて諏訪刑部左衛門入道に殺害される。	8・28宗尊将軍上洛延引を決める。この年諸国損亡。
正嘉三・正元元	一二五九	33		5・22閑院内裏焼亡。
正元二・文応元	一二六〇	34	1・1時頼、正月垸飯形式を改める。2・5近衛兼経娘を時頼の猶子とし、将軍宗尊の妻とする。	

弘長元	一二六一	35	7月日蓮から「立正安国論」を受け取る。この年時頼は兀庵普寧を建長寺に招く。1・4鶴岡御参供奉に時頼子息催促の書様を改め、時宗の着座を兄の上とする。3月頃建長寺に入った兀庵を訪れ、問答する。4・24時頼は将軍の重時極楽寺山荘訪問に候ずる。4・25極楽寺での小笠懸に時宗を鎌倉から呼び寄せる。6・22時頼の腹心二人が亀谷石切谷にて三浦氏残党の了賢律師を捕らえる。8・14鶴岡放生会、随兵・布衣・供奉人等次第につき金沢実時に指示する。9・3弁法印審範を坊に訪ね、行摂の願いを伝える。12月金沢実時に託し、叡尊の鎌倉下向招請を願う。	1・25幕府は御息所の鶴岡参詣の供奉人に田舎人は加えずと決める。4・23時宗、安達氏娘を娶る。5・12日蓮は鎌倉松ヶ谷にて襲撃される。11・3北条重時死去。
弘長二	一二六二	36	5・22下痢により叡尊に受戒延期を申し込む。6・13叡尊を釈迦堂に訪ね談義し「私は誤って征夷の権に就いている」と話す。閏7・9時頼は鎌倉苑寺にて叡尊を導師に聖徳太子御影開眼供養する。10・16建長寺に兀庵を訪ね問答し契悟する。	2・27叡尊、鎌倉に入る。
弘長三	一二六三	37	2・8常磐御亭にて千首和歌会を催す。3・17信濃国深田郷を善光寺の不断講衆・不断念仏衆に寄進する、沙弥蓮性は勤行の定めを指示する。11・	

8時頼の病により加持祈禱。11・22時頼最明寺北亭にて死去、法名道崇。

*金沢庄三郎　石川遼子
*柳田国男　鶴見太郎
厨川白村　張　競
*村岡典嗣　水野雄司
大川周明　山内昌之
西田直二郎　林　淳
*折口信夫　斎藤英喜
九鬼周造　古川雄嗣
三木　清　杉山直樹
シュタイン　瀧井一博
*西　周　清水多吉
*福澤諭吉　平山　洋
加藤弘之　田中由香里
成島柳北　山田俊治
*福地桜痴　山田俊治
*村山龍平　早房長治
*島田三郎　武藤秀太郎
田口卯吉　鈴木栄樹
*陸　羯南　松田宏一郎
有賀長雄　森田吉彦
*黒岩涙香　奥　武則
幸徳秋水　馬渕浩二
長谷川如是閑　織田健志
*上杉慎吉　今野　元
*吉野作造　田澤晴子
*山川　均　米原　謙
*岩波茂雄　十重田裕一
*北　一輝　岡本幸治
*穂積重遠　大村敦志
中野正剛　吉田則昭
*荒畑寒村　川村邦光
*満川亀太郎　福家崇洋
*エドモンド・モレル　林田治男

*北里柴三郎　福田眞人
高峰譲吉　木村昌人
田辺朔郎　秋元せき
*南方熊楠　飯倉照平
*辰野金吾　河上眞理・清水重敦
*七代目小川治兵衛　尼崎博正
本多静六　岡本貴久子
*ブルーノ・タウト　北村昌史
*ウィリアム・メレル・ヴォーリズ　山形政昭・吉田与志也

現代

昭和天皇　御厨　貴
高松宮宣仁親王　後藤致人
*李　方子　小田部雄次
芦田　均　矢嶋　光
吉田　茂　中西　寛
マッカーサー　柴山　太
鳩山一郎　楠　綾子
*石橋湛山　増田　弘
重光　葵　武田知己
*市川房枝　村井良太
*池田勇人　藤井信幸
高野　実　篠田　徹
和田博雄　庄司俊作
ライシャワー　廣部　泉
朴正熙　木村　幹
全斗煥　木村　幹

*田中角栄　新川敏光
宮沢喜一　村上友章
竹下　登　真渕　勝
*松永安左エ門　橘川武郎
鮎川義介　井口治夫
*出光佐三　橘川武郎
*松下幸之助　米倉誠一郎
渋沢敬三　井上　潤
*本田宗一郎　伊丹敬之
*井深　大　武田　徹
*佐治敬三　小玉　武
幸田家の人々　金井景子
*正宗白鳥　大嶋　仁
*大佛次郎　福島行一
井伏鱒二　滝口明祥
*川端康成　大久保喬樹
*薩摩治郎八　小林　茂
坂口安吾　千葉一幹
太宰　治　安藤　宏
松本清張　杉原志啓
司馬遼太郎　山本幸正
安部公房　鳥羽耕史
*三島由紀夫　島内景二
井上ひさし　成田龍一
R・H・ブライス　菅原克也
柳　宗悦　熊倉功夫
バーナード・リーチ　鈴木禎宏
*熊谷守一　古川秀昭
川端龍子　岡部昌幸
藤田嗣治　林　洋子

*井上有一　海上雅臣
*手塚治虫　竹内オサム
古賀政男　藍川由美
*吉田　正　金子　勇
武満　徹　船山　隆
*八代目坂東三津五郎　田口章子
*力道山　岡村正史
*西田天香　宮田昌明
安倍能成　中根隆行
サンソム夫妻　平川祐弘・牧野陽子
*天野貞祐　貝塚茂樹
和辻哲郎　田中久文
*矢代幸雄　稲賀繁美
石田幹之助　岡本さえ
*平泉　澄　若井敏明
*早川孝太郎　須藤　功
安岡正篤　片山杜秀
*青山二郎　田野　勲
*島田謹二　小林信行
田中美知太郎　川久保剛
西脇順三郎　加藤孝男
前嶋信次　杉田英明
*唐木順三　澤村修治
*亀井勝一郎　山本直人
*宮本常一　須藤　功
知里真志保　モコットゥナシ
竹内　好　田澤晴子
*保田與重郎　谷崎昭男
*石母田正　磯前順一
*福田恆存　川久保剛
井筒俊彦　安藤礼二

*吉田　満　貝塚茂樹
*佐々木惣一　伊藤孝夫
高田保馬　金子　勇
小泉信三　都倉武之
*瀧川幸辰　伊藤孝夫
式場隆三郎　服部　正
大宅壮一　有馬　学
*清水幾太郎　庄司武史
*山本健吉　井上泰至
鶴見俊輔　冨山一郎
*フランク・ロイド・ライト　大久保美春
*中谷宇吉郎　杉山滋郎
今西錦司　山極寿一

*は既刊
二〇二四年四月現在

＊栗本鋤雲　小野寺龍太
＊大村益次郎　竹本知行
岩倉具視　斎藤紅葉
河井継之助　小川和也
松平春嶽　大石　学
＊西郷隆盛　家近良樹
＊由利公正　角鹿尚計
＊橋本左内　角鹿尚計
＊塚本明毅　塚本　学
松平容保　白石　烈
＊山岡鉄舟・高橋泥舟　岩下哲典
三条実美　奈良勝司
毛利敬親　三宅紹宣
＊月　性　海原　徹
＊吉田松陰　海原　徹
＊高杉晋作　海原　徹
＊久坂玄瑞　一坂太郎
ペリー　遠藤泰生
ハリス　福岡万里子
オールコック　佐野真由子
アーネスト・サトウ　奈良岡聰智

近代

＊明治天皇　伊藤之雄
＊大正天皇　F・R・ディキンソン
＊昭憲皇太后・貞明皇后　小田部雄次
大久保利通　三谷太一郎
木戸孝允　落合弘樹
井上　馨　伊藤之雄
＊松方正義　室山義正
榎本武揚　醍醐龍馬
北垣国道　小林丈広
板垣退助　小川原正道
長与専斎　笠原英彦
大隈重信　五百旗頭薫
伊藤博文　坂本一登
井上　毅　大石　眞
＊井上　勝　老川慶喜
三浦梧楼　大澤博明
＊桂　太郎　小林道彦
東郷平八郎　金澤裕之
＊渡邉洪基　瀧井一博
＊乃木希典　佐々木英昭
星　亨　小林道彦
林　董　奈良岡聰智
＊児玉源太郎　小林道彦
＊高宗・閔妃　木村　幹
山本権兵衛　室山義正
＊金子堅太郎　松村正義
高橋是清　鈴木俊夫
小村寿太郎　簑原俊洋
＊犬養　毅　小林惟司
原　敬　季武嘉也
＊加藤高明　櫻井良樹
牧野伸顕　小宮一夫
田中義一　黒沢文貴
内田康哉　高橋勝浩
平沼騏一郎　堀田慎一郎
＊鈴木貫太郎　小堀桂一郎
宇垣一成　北岡伸一
＊宮崎滔天　榎本泰子
＊浜口雄幸　川田　稔
幣原喜重郎　西田敏宏
関　一　玉井金五
水野広徳　片山慶隆
＊広田弘毅　井上寿一
安重根　上垣外憲一
＊グルー　廣部　泉
＊永田鉄山　森　靖夫
東條英機　牛村　圭
今村　均　前田雅之
蔣介石　劉　岸偉
近衛文麿　庄司潤一郎
＊岩崎弥太郎　武田晴人
伊藤忠兵衛　末永國紀
＊五代友厚　田付茉莉子
大倉喜八郎　村上勝彦
＊安田善次郎　由井常彦
＊渋沢栄一　武田晴人
中野武営　佐賀香織
山辺丈夫　宮本又郎
＊大川平三郎　四方田雅史
武藤山治　阿部武司・桑原哲也
池田成彬　松浦正孝
西原亀三　森川正則
小林一三　橋爪紳也
大倉恒吉　石川健次郎
大原孫三郎　猪木武徳
＊河竹黙阿弥　今尾哲也
イザベラ・バード　加納孝代
小泉八雲　斎藤英喜
＊林　忠正　木々康子
＊森　鷗外　小堀桂一郎
＊二葉亭四迷　ヨコタ村上孝之
＊正岡子規　井上泰至
＊夏目漱石　佐々木英昭
＊徳冨蘆花　半藤英明
巌谷小波　千葉信胤
樋口一葉　佐伯順子
＊島崎藤村　十川信介
上田　敏　小林　茂
＊有島武郎　亀井俊介
志賀直哉　小林幸夫
北原白秋　平石典子
菊池　寛　山本芳明
芥川龍之介　髙橋龍夫
＊宮沢賢治　千葉一幹
高浜虚子　坪内稔典
与謝野晶子　佐伯順子
＊種田山頭火　村上　護
＊斎藤茂吉　品田悦一
＊高村光太郎　湯原かの子
石川啄木　先崎彰容
＊原阿佐緒　秋山佐和子
＊狩野芳崖・高橋由一　古田　亮
川村清雄　落合則子
＊小堀鞆音　小堀桂一郎
竹内栖鳳　北澤憲昭
黒田清輝　高階秀爾
中村不折　石川九楊
横山大観　高階秀爾
＊橋本関雪　西原大輔
土田麦僊　天野一夫
岸田劉生　北澤憲昭
濱田庄司　濱田琢司
＊山田耕筰　後藤暢子
松旭斎天勝　川添　裕
中山みき　鎌田東二
佐田介石　谷川　穣
＊ニコライ　中村健之介
＊出口なお・王仁三郎　川村邦光
＊新島　襄　太田雄三
新島八重　佐伯順子
木下広次　冨岡　勝
山川健次郎　小宮京・中澤俊輔
嘉納治五郎　クリストファー・スピルマン
＊柏木義円　片野真佐子
津田梅子　田中智子
＊澤柳政太郎　新田義之
＊河口慧海　高山龍三
＊山室軍平　室田保夫
大谷光瑞　白須淨眞
＊久米邦武　髙田誠二
フェノロサ　伊藤　豊
井上哲次郎　井ノ口哲也
三宅雪嶺　長妻三佐雄
＊岡倉天心　木下長宏
志賀重昂　中野目徹
徳富蘇峰　杉原志啓
＊竹越与三郎　西田　毅
内藤湖南・桑原隲蔵　礪波　護
＊廣池千九郎　橋本富太郎
岩村　透　今橋映子
＊西田幾多郎　大橋良介

＊赤松氏五代　渡邊大門
＊北畠親房　岡野友彦
楠正成　兵藤裕己
＊楠木正行・正儀　生駒孝臣
＊新田義貞　山本隆志
＊光厳天皇　深津睦夫
足利尊氏　市沢　哲
＊足利直義　亀田俊和
佐々木道誉　下坂　守
細川頼之　亀田俊和
円観・文観　田中貴子
足利義詮　早島大祐
＊足利義持　吉田賢司
足利義教　秦野裕介
足利持氏　植田真平
足利義政　木下昌規
三条西実隆　前田雅之
＊日野富子　田端泰子
＊大内義弘　平瀬直樹
伏見宮貞成親王　松薗　斉
＊山名宗全　山本隆志
細川勝元・政元　古野　貢
畠山義就　呉座勇一
足利成氏　阿部能久
世阿弥　西野春雄
雪舟等楊　河合正朝
宗祇　鶴崎裕雄
一条兼良　田村　航
＊満済　森　茂暁
一休宗純　原田正俊
蓮如　岡村喜史

戦国・織豊

北条早雲　家永遵嗣
＊北条氏綱　黒田基樹
＊北条氏政　黒田基樹
＊大内義隆　藤井　崇
＊斎藤氏四代　木下　聡
＊毛利元就　岸田裕之
＊毛利輝元　光成準治
＊小早川隆景・秀秋　光成準治
＊六角定頼　村井祐樹
＊今川義元　小和田哲男
＊武田信玄　笹本正治
＊武田勝頼　笹本正治
＊真田氏三代　笹本正治
＊三好長慶　天野忠幸
松永久秀　天野忠幸
＊宇喜多直家・秀家　渡邊大門
＊上杉謙信　矢田俊文
＊大友義鎮　鹿毛敏夫
島津義久・義弘　福島金治
細川幽斎　鈴木　元
＊長宗我部元親・盛親　平井上総
＊最上氏三代　松尾剛次
浅井長政　長谷川裕子
蠣崎・松前氏五代　新藤　透
吉田兼倶　西山　克
山科言継　松薗　斉
正親町天皇・後陽成天皇　神田裕理
＊雪村周継　赤澤英二
＊足利義輝・義昭　山田康弘
織田信長　三鬼清一郎
織田長益　八尾嘉男
織田信雄　柴　裕之
＊明智光秀・秀満　小和田哲男
豊臣秀吉　藤井讓治
豊臣秀次　矢部健太郎
＊北政所おね　田端泰子
＊淀殿　福田千鶴
筒井氏三代　片山正彦
蜂須賀正勝・家政　三宅正浩
前田利家　東四柳史明
＊山内一豊・忠義　長屋隆幸
＊黒田如水　小和田哲男
＊蒲生氏郷　藤田達生
大谷吉継　石畑匡基
石田三成　堀越祐一
＊細川ガラシャ　田端泰子
＊支倉常長　田中英道
千利休　熊倉功夫
＊長谷川等伯　宮島新一
＊顕如　神田千里
教如　安藤　弥

江戸

＊徳川家康　笠谷和比古
板倉勝重　谷　徹也
本多忠勝　柴　裕之
本多正純　小川　雄
柳生宗矩　福田千鶴
＊徳川家光　野村　玄
柳沢吉保　福留真紀
徳川吉宗　横田冬彦
＊後水尾天皇　久保貴子
＊光格天皇　藤田　覚
＊春日局　福田千鶴
宮本武蔵　渡邊大門
上杉鷹山　小関悠一郎
＊池田光政　倉地克直
保科正之　八木清治
シャクシャイン　岩崎奈緒子
＊田沼意次　藤田　覚
細川重賢　安高啓明
松平治郷　小林准士
＊二宮尊徳　小林惟司
末次平蔵　岡美穂子
＊高田屋嘉兵衛　生田美智子
沢庵宗彭　芳澤　元
＊林羅山　鈴木健一
吉野太夫　渡辺憲司
＊熊沢蕃山　川口　浩
＊山崎闇斎　澤井啓一
山鹿素行　前田　勉
＊北村季吟　島内景二
＊伊藤仁斎　澤井啓一
貝原益軒　辻本雅史
関孝和　佐藤賢一
＊ケンペル　B・M・ボダルト＝ベイリー
新井白石　大川　真
＊雨森芳洲　上田正昭
＊石田梅岩　高野秀晴
白隠慧鶴　芳澤勝弘
前野良沢　松田　清
平賀源内　石上　敏
本居宣長　田尻祐一郎
杉田玄白　吉田　忠
木村蒹葭堂　有坂道子
＊大田南畝　沓掛良彦
菅江真澄　赤坂憲雄
＊鶴屋南北　諏訪春雄
＊山東京伝　佐藤至子
＊滝沢馬琴　高田　衛
平田篤胤　山下久夫
国友一貫斎　太田浩司
シーボルト　宮坂正英
本阿弥光悦　岡　佳子
＊狩野探幽・山雪　山下善也
尾形光琳・乾山　河野元昭
＊二代目市川團十郎　田口章子
伊藤若冲　狩野博幸
＊浦上玉堂　高橋博巳
＊佐竹曙山　成瀬不二雄
葛飾北斎　岸　文和
酒井抱一　玉蟲敏子
孝明天皇　青山忠正
＊和宮　辻ミチ子
徳川慶喜　大庭邦彦
島津斉彬　原口　泉
＊横井小楠　沖田行司
＊古賀謹一郎　小野寺龍太
＊永井尚志　高村直助
＊岩瀬忠震　小野寺龍太

ミネルヴァ日本評伝選

企画推薦　梅原猛　ドナルド・キーン　佐伯彰一　角田文衞

監修委員　上横手雅敬　芳賀徹

編集委員　石川九楊　伊藤之雄　猪木武徳　今谷明　今橋映子　熊倉功夫　佐伯順子　坂本多加雄　武田佐知子　竹西寛子　西口順子　兵藤裕己　御厨貴

上代

＊俾弥呼　古田武彦
日本武尊　西宮秀紀
＊仁徳天皇　若井敏明
雄略天皇　吉村武彦
継体天皇　若井敏明
＊蘇我氏四代　遠山美都男
＊推古天皇　義江明子
聖徳太子　仁藤敦史
斉明天皇　武田佐知子
＊小野妹子・毛人・毛野　大橋信弥
＊額田王　梶川信行
弘文天皇　遠山美都男
持統天皇　丸山裕美子
阿倍比羅夫　熊田亮介
＊藤原四子　木本好信
役小角　脊古真哉
＊柿本人麿　古橋信孝
＊元明天皇・元正天皇　渡部育子
聖武天皇　本郷真紹
光明皇后　寺崎保広
＊孝謙・称徳天皇　勝浦令子

藤原不比等　荒木敏夫
橘諸兄・奈良麻呂　遠山美都男
吉備真備　今津勝紀
＊藤原仲麻呂　木本好信
道鏡　吉川真司
＊藤原種継　木本好信
＊行基　吉田靖雄

平安

＊桓武天皇　井上満郎
嵯峨天皇　西別府元日
宇多天皇　古藤真平
醍醐天皇　石上英一
村上天皇　京樂真帆子
花山天皇　上島享
＊三条天皇　倉本一宏
藤原薬子　中野渡俊治
＊藤原良房・基経　瀧浪貞子
＊紀貫之　神田龍身
＊安倍晴明　斎藤英喜
＊藤原道長　朧谷寿
＊藤原伊周・隆家　倉本一宏
藤原定子　山本淳子
＊藤原彰子　朧谷寿

藤原頼通　末松剛
紫式部　高木和子
清少納言　三田村雅子
和泉式部　ツベタナ・クリステワ
大江匡房　小峯和明
＊阿弖流為　樋口知志
坂上田村麻呂　熊谷公男
＊源満仲・頼光　元木泰雄
平将門　西山良平
＊藤原純友　寺内浩
源義家　大津雄一
最澄　吉田一彦
空海　武内孝善
円珍　岡野浩二
＊空也　石井義長
奝然　上川通夫
＊源信　小原仁
慶滋保胤　吉原浩人
安倍貞任　野中哲照
＊後白河天皇　美川圭
＊式子内親王　奥野陽子
建礼門院　生形貴重
＊藤原頼長・師長　樋口健太郎

＊藤原秀衡　入間田宣夫
平時子・時忠　元木泰雄
平維盛　根井浄
木曾義仲　樋口州男
守覚法親王　阿部泰郎
藤原隆信・信実　山本陽子

鎌倉

＊源頼朝　川合康
＊源義経　近藤好和
源実朝　神田龍身
＊九条兼実　加納重文
九条道家　上横手雅敬
＊北条時政　野口実
＊熊谷直実　佐伯真一
＊北条政子　関幸彦
＊北条義時　岡田清一
曾我十郎・五郎　杉橋隆夫
後鳥羽天皇　兵藤裕己
＊北条時頼　山本隆志
北条時宗　近藤成一
平頼綱　細川重男
竹崎季長　堀本一繁
西行　西澤美仁

鴨長明　浅見和彦
藤原定家　赤瀬信吾
＊京極為兼　今谷明
＊兼好　島内裕子
重源　横内裕人
＊運慶　根立研介
快慶　井上一稔
法然　今堀太逸
＊栄西　中尾良信
明恵　西山厚
＊親鸞　末木文美士
恵信尼・覚信尼　西口順子
覚如　今井雅晴
＊道元　船岡誠
叡尊　細川涼一
＊忍性　松尾剛次
＊日蓮　佐藤弘夫
一遍　蒲池勢至
夢窓疎石　原田正俊
＊宗峰妙超　竹貫元勝

南北朝・室町

後醍醐天皇　上横手雅敬
＊護良親王　新井孝重
＊懐良親王　森茂暁

刊行のことば

歴史を動かすものは人間であり、興趣に富んだ人間の動きを通じて、世の移り変わりを考えるのは、歴史に接する醍醐味である。

しかし過去の歴史学を顧みるとき、人間不在という批判さえ見られたように、歴史における人間のすがたが、必ずしも十分に描かれてきたとはいえない。二十一世紀を迎えた今、歴史の中の人物像を蘇生させようとの要請はいよいよ強く、またそのための条件もしだいに熟してきている。

この「ミネルヴァ日本評伝選」は、正確な史実に基づいて書かれるのはいうまでもないが、単に経歴の羅列にとどまらず、歴史を動かしてきたすぐれた個性をいきいきとよみがえらせたいと考える。そのためには、対象とした人物とじっくりと対話し、ときにはきびしく対決していくことも必要になるだろう。

今日の歴史学が直面している困難の一つに、研究の過度の細分化、瑣末化が挙げられる。それは緻密さを求めるが故に陥った弊害といえるが、その結果として、歴史の大きな見通しが失われ、歴史学を通しての社会への働きかけの途が閉ざされ、人々の歴史への関心を弱める危険性がある。今こそ歴史が何のためにあるのかという、基本的な課題に応える必要があろう。評伝という興味ある方法を通じて、解決の手がかりを見出せないだろうかというのも、この企画の一つのねらいである。

狭義の歴史学の研究者だけでなく、多くの分野ですぐれた業績をあげている著者たちを迎えて、従来見られなかった規模の大きな人物史の叢書として、「ミネルヴァ日本評伝選」の刊行を開始したい。

平成十五年（二〇〇三）九月

ミネルヴァ書房

《著者紹介》

山本隆志（やまもと・たかし）

1947年　群馬県生まれ。

1971年　東京教育大学文学部卒業。

1976年　東京教育大学文学研究科修士課程修了。

現　在　筑波大学名誉教授。博士（文学）（筑波大学）。

著　書　『荘園制の展開と地域社会』刀水書房，1994年。

『群馬県の歴史』共著，山川出版社，1997年。

『講座日本荘園史3　荘園の構造』共著，吉川弘文館，2003年。

『新田義貞』ミネルヴァ書房，2005年。

『東国における武士勢力の成立と展開』思文閣出版，2012年。

『那須与一伝承の誕生』編著，ミネルヴァ書房，2012年。

『日本中世政治文化論の射程』編著，思文閣出版，2012年。

『山名宗全』ミネルヴァ書房，2015年。

『古文書料紙論叢』共著，勉誠出版，2017年，ほか。

ミネルヴァ日本評伝選

北《ほう》条《じょう》時《とき》頼《より》

――誤りて征夷の権を執る――

2024年4月10日　初版第1刷発行　〈検印省略〉

定価はカバーに
表示しています

著　者　山　本　隆　志

発行者　杉　田　啓　三

印刷者　江　戸　孝　典

発行所　株式会社　ミネルヴァ書房

607-8494 京都市山科区日ノ岡堤谷町1

電話代表（075）581-5191

振替口座 01020-0-8076

共同印刷工業・新生製本

ISBN978-4-623-09728-9

Printed in Japan

人名索引

（研究者名は採用していない）

あ　行

か　行

さ　行

は　行

ま　行

や　行

ら　行

わ　行

寺社名・地名索引

あ　行

か　行

さ　行

な　行

は　行